데일 카네기
자기관리론

How to Stop Worrying and Start Living

데일카네기 자기관리론

차례

서문

이 책은 어떻게 쓰여졌고 왜 쓰여졌는가?

35년 전에 나는 뉴욕에서 가장 불행한 사람 중에 하나였다. 그 당시 생계를 위해 트럭을 팔면서도 트럭이 어떤 원리로 움직이는지도 몰랐고 관심도 없었다. 나는 나의 직업을 경멸했다. 뉴욕 서부 56번가의 바퀴벌레가 득실대는 허름한 집에 사는 것에 진저리가 났다. 아침에 벽에 걸어 둔 넥타이를 매려고 보면 바퀴벌레가 새까맣게 붙어있던 모습을 아직도 생생히 기억한다. 바퀴벌레가 득실대는 싸구려 식당에서의 식사도 너무나 싫었다.

매일 밤 나 자신에 대한 실망, 미래에 대한 걱정으로 쓸쓸히 마음 아파하며 집으로 퇴근했다. 대학시절부터 바랬던 꿈이 악몽으로 변한 현실에 나는 반항했다. 이것이 진정한 삶인가? 이것이 내가 그토록 바랐던 삶이던가? 싫어하는 일을 하고, 바퀴벌레와 동거하며 싸구려 음식을 먹고, 미래에 대한 희망이 없는 이것이 내 인생이란 말인가? 나는 책을 읽고 글을 쓰던 학창시절이 너무나 그리웠다.

이제 내가 경멸하는 일을 때려치워도 잃을 것이 없었다. 떼돈을 버는 것에는 관심이 없었다. 다만 진정한 삶을 누리고 싶었다. 젊은이들이 인생의 출발점에서 겪는 결정의 순간이 나에게도 찾아왔다. 그래서 나는 결정을 했고, 이 결정이 나의 미래를 완전히 바꾸어놓았다. 이 결정으로 내가 꿈꿨던 것 이상으로 나는 행복했다.

싫어하는 일은 하지 않고, 사범대학교에서 교육학을 전공했으니까 야간학교에서 성인을 대상으로 강의하기로 결정했다. 자유로운 낮 시간에는 책을 읽고, 강의를 준비하고 소설을 쓸 수도 있을 것이다.

성인들을 대상으로 무엇을 가르칠 것인가? 대학시절에 배운 것을 되돌아보니 사람들 앞에서 자신의 생각을 발표하는 능력이 실생활에서 쓸모 있을 것 같았다. 그 수업은 나의 소심함과 부족한 자신감을 없애고 사람들을 대할 수 있는 용기와 확신을 주었다. 자신이 생각하는 바를 말하는 사람이 리더가 된다는 것을 그 때 깨달았다.

나는 콜럼비아 대학과 뉴욕 대학의 야간 강좌에 대중연설 강사로 지원했지만 탈락했다.

그때는 실망했지만. 지금 되돌아보니 그것이 나에게는 행운이었다. YMCA야간학교에서 강의를 시작했다. YMCA 학생들은 실생활에서 써먹을 수 있는 강의를 원했다. 학생들은 학위나 사회적 지위를 위해 내 강의에 온 것이 아니었다. 그들은 자신들의 문제를 해결하기 위한 단 한 가지 이유로 내 강의에 왔다. 그들은 사람들 앞에 서서 두려움 없이 이야기하기를 원했다. 영업사원들은 주저 없이 까다로운 고객을 상대하고 싶어 했다. 그들은 침착함과 자신감을 키워서 출세하고 싶어 했다. 수업료는 분납제여서 강의에 만족하지 않으면 돈을 지불하지 않아도 되었다. 월급이 아니라 이익의 몇 퍼센트를 받는 계약이어서 내가 먹고 살려면 나의 강의는 실용적이어야 했다.

그 당시에는 나에게 불리한 조건에서 가르쳤지만 지금 생각해보니 더 없이 소중한 경험이었다. 나는 학생들을 격려하고, 학생들의 문제를 해결하기 위해 함께 노력했다. 재미있는 강의로 학생들이 계속 출석하게 만들었다.

나는 이 일을 정말로 좋아했다. 수강생들이 내가 생각한 것보다 더 빨리 자신감을 얻고 승진하는 것을 보는 것은 놀라운 일이었다. 수업은 기대이상으로 성공적이었다.

하루 강의료로 5달러도 주지 않겠다던 YMCA는 30달러를 지급했다. 처음에는 대중연설만 가르쳤지만 세월이 흐르며 사람들이 친구를 사귀고 상대에게 어필하는 능력이 필요하다고 생각했다. 인간관계를 다룬 적합한 교재를 찾을 수 없어서 내가 직접 교재를 썼다. 이 책은 내가 썼다기보다 강의에서 얻은 경험으로 쓰여졌다. 나는 그 책의 제목을 〈인간관계론〉이라고 붙였다.

이 책은 내 수업교재로 썼고, 다른 사람들이 들어보지 못한 다른 책도 4권 썼는데 이렇게 많이 팔리리라고는 상상도 못했다.

세월이 지나면서 성인들이 가지고 있는 가장 큰 문제가 걱정이라는 것을 깨달았다. 수강생의 대다수는 회사의 중역, 영업사원, 엔지니어, 회계사 등 다양한 분야에서 일하는 직업인이다. 그들 모두가 고민거리가 있었다. 강의에는 직장에 다니는 여성이나 전업주부가 있었는데 그들 역시 고민이 있었다. 확실히 내가 필요한 것은 걱정을 어떻게 잠재우는 지에 대한 교재였다. 그래서 적합한 교재를 찾으려고 했다. 뉴욕에서 가장 큰 도서관에 갔는데 놀랍게도 걱정, 고민이라는 제목으로 등

록된 책이 22권밖에 없었다. 벌레라는 표제 아래에는 189권의 책이 있는데 말이다. 벌레에 대한 책이 고민에 대한 책 보다 9배가 많다니 놀랍지 않은가? 걱정은 인간이 가진 가장 큰 문제인데 고등학교, 대학교에서 〈걱정을 하지 않는 방법〉에 대한 강의가 있다는 것은 들어본 적이 없다. 데이비드 시베리는 그의 책 〈효과적으로 고민하기〉라는 책에서 다음과 같은 말을 했다. "우리는 발레를 춰달라고 부탁받은 공부벌레처럼 아무런 준비 없이 성인이 되어간다."

결과는 어떨까? 미국 병원의 절반 이상이 신경 질환을 앓고 있는 환자들로 가득 차 있다.

뉴욕 공립 도서관 서가에 꽂혀있는 걱정에 대한 22권의 책을 살펴보았다. 내가 찾을 수 있는 걱정에 대한 책도 전부 사 보았는데, 내 수업에 교재로 쓰일만한 책이 없었다. 그래서 내가 직접 책을 쓰기로 결정했다.

이 책을 쓰기위해 7년 전부터 준비했다. 그동안 나는 모든 시대의 철학자들이 고민에 대해 말한 것을 찾아보았다. 공자부터 처칠까지 수백 권의 전기문도 읽어보았다. 잭 뎀프시, 오마르 브래들리 장군, 마크 클락 장군, 헨리 포드, 일레노어 루즈벨트와 도로시 딕스까지 유명 인사를 직접 면담했다. 그러나 이것은 시작에 불과했다.

5년간 고민을 해결하는 방법을 연구했다. 내가 아는 한 이런 시도는 없었다. 나는 수강생들에게 고민을 해결하기 위한 방법을 몇 가지 알려주고 이것을 실생활에서 적용해본 뒤 수업에서 결과를 발표하게 했다. 자신이 예전에 사용했던 방법을 발표한 학생들도 있었다.

이 경험의 결과로 고민극복을 어떻게 했는지에 대한 많은 이야기를 들을 수 있었다.

그뿐만 아니라 고민을 이겨낸 사람들이 보낸 편지를 수백 통 읽었다. 이 책은 대학에서 만든 책도 아니고 학구적인 책도 아니다. 나는 고민을 어떻게 해결했는지에 대한 간략한 보고서 형식으로 책을 쓰려고 노력했다. 이 책이 확실히 실용적이다. 이 책은 철저하게 사실에 입각해서 쓰여졌다.

프랑스의 철학자 발레리는 이렇게 말했다. "과학은 성공한 처방의 집대성이다." 이 책은 성공한 방법들의 집대성이다. 하지만 주의 할 것이 있다. 이 책에 새로운 내용은 없겠지만 일반적으로 사용하지 않는 방법들이 많이 있을 것이다. 우리는 이미 성공적으로 살기 위한 방법은 다 알고 있다. 우리는 모든 황금률을 다 알고 있다. 우리의 문제는 무지가 아니라 실천을 하지 않는 데 있다. 이 책의 목적은 그 황금률을 다시 말하고, 실천하고, 보여주고 직접 행동하게 하는 데 있다.

당신은 지금 이 책이 어떻게 쓰여졌는지 보려고 이 책을 집은 것이 아니다. 당신은 어떻게 살아야 하는 지를 알기 위해 이 책을 집은 것이다. 자, 그렇다면 이제 시작해보자. 처음 40~50페이지를 읽고서도 걱정은 그만하고 인생을 즐길 준비가 되어 있지 않으면 이 책을 쓰레기통에 버려도 좋다. 그런 것을 찾을 수 없다면 이 책은 아무런 도움이 되지 않기 때문이다.

데일 카네기

1장

걱정에 대해 알아야 하는
기본 사실

1 오늘에 충실해라

1871년 봄에 어떤 젊은이가 책을 읽다가 그의 인생에 중대한 영향을 미칠 구절을 발견했다. 몬트리올 종합병원의 의학도인 이 청년은 졸업 시험, 어디에서 어떻게 개업을 해야할 지, 앞으로 어떻게 삶을 할 지 걱정을 하고 있었다.

이 때 읽은 구절로 인해 그는 당대 가장 유명한 의사가 되었다. 그는 존스 홉킨스 의과대학을 설립하고, 영국에서 의료인에 주어지는 최고의 영예인 옥스퍼드 의과대학의 교수가 되었다. 그는 영국 기사 작위를 받았다. 그가 죽었을 때 무려 1,466쪽에 달하는 두 권의 전기가 출간되었다.

그가 바로 윌리엄 오슬러 경이다. 그가 1871년 봄에 읽었던 토머스 칼라일의 책 구절을 소개해본다. 이 구절을 읽고 윌리엄 오슬러 경은 고민에서 벗어날 수 있었다.

"우리는 멀리 희미하게 보이는 것을 쫓을 것이 아니라 바로 앞에 명확하게 보이는 것을 실행해야 한다."

그로부터 42년 후 튤립이 만발한 따뜻한 봄날 저녁에 윌리엄 오슬러는 예일 대학교 학생들에게 연설했다. 자신이 4개 대학교 교수였고 유명한 책을 써서 사람들이 자신을 천재라고 생각하지만 자신은 지극히 평범한 사람이라고 말했다.

그의 성공의 비결은 무엇일까? 그것은 바로 오슬러 경이 말한 "하루를 충실하게 살기" 덕분이었다. 이 말은 무슨 말일까? 그는 예일 대학에서 연설하기 전에 대형 증기선을 타고 대서양을 건넜다. 그 배는 선장이 단추만 두르면 배의 각 부분이 차례로 닫혀 방수가 되는 구조였다. 오슬러 경은 다음과 같이 학생들에게 말했다.

"여러분 각자는 장거리 여행을 하기 위해 만들어진 거대한 증기선보다 더 훌륭한 존재입니다. 제가 여러분께 간곡히 부탁드리는 것은 인생이라는 항로를 안전하게 지나가려면 '오늘'이라는 구획을 명확히 구분지어 살아갈 수 있도록 여러분 자신을 조절하는 방법을 잘 배우라는 것입니다. 선교에 오르면 거대한 함선의 모든 기관이 질서정연하게 놓여있는 것이 보일 것입니다. 단추를 누르면 과거는 사라집니다. 다음 단추를 또 누르면 아직 보이지 않는 미래가 철문과 함께 닫힙니다. 그러면 당신의 오늘은 안전합니다. 이미 지나간 과거를 닫아버리십시오! 어리석은 자를 죽음으로 이끄는 과거는 잊어버리십시오. 미래와 과거라는 짐은 강한 사람도 쓰러뜨립니다. 미래나 과거를 모두 닫아버리십시오. 미래란 바로 오늘입니다. 내일은 없습니다. 지금 이 순간에 충실하십시오. 아직 일어나지도 않은 미래를 고민하는 사람에게 정력의 낭비, 정신적 스트레스, 고민은 붙어 다닙니다. 오늘을 충실하게 사는 습관을 기르십시오."

오슬러 박사가 우리에게 미래를 준비하지 말라고 이야기하는 것일까? 아니다. 전혀 그렇지 않다. 그는 미래를 준비하는 최고의 방법은 바로 모든 힘을 다하여 현재의 일에 충실하는 것이라고 강조하여 말하고 있다. 그것이야 말로 내일을 준비하는 유일한 방법이다.

윌리엄 오슬러 경은 예일대학교의 학생들에게 예수의 기도문 중 '오늘날 우리에게 일용할 양식을 주십시오.' 라는 기도로 하루를 시작할 것을 주문했다.

이 기도는 단지 오늘의 양식만을 구하고 있다는 것을 기억해라. 그 기도는 우리가 어제 먹은 딱딱한 빵을 불평하고 있는 것이 아니다. 다음과 같은 말도 아니다.

"하나님, 요즘 가물어서 밀밭이 말라갑니다. 가뭄이 계속될지 모릅니다. 그러면 내년에 밀농사는 어떻게 될까요? 제가 실업자가 되면 빵은 어떻게 구할까요?"

이 기도는 오늘의 양식만을 기도하라고 가르치고 있다. 오늘의 빵만이 우리가 먹을 수 있는 유일한 양식이다.

옛날에 가난한 철학자가 황무지 지역을 거닐고 있었다. 어느 날 한 무리의 사람들이 그의 연설을 듣고자 언덕에 몰려들었다. 거기서 그는 역사상 가장 많이 인용되는 말을 했다.

"내일의 걱정은 하지 말라. 내일 일은 내일 생각해라. 하루의 괴로움은 그 날로 족하니라."

많은 사람들이 "내일의 걱정은 하지 말라." 는 예수의 말을 거부했다. 그들은 예수의 말을 실현 불가능한 이상적인 충고, 동양의 신비주의에서 나온 말로 보고 거절했다. 그들은 이렇게 말했다. "나는 내일 일을 생각해야 되겠어. 내 가족을 위한 보험을 들어야 하고, 노년을 위해 저축을 해야 돼. 성공하기 위해 계획을 세우고 준비해야겠어."

맞는 말이다. 물론 그렇게 해야 한다. 3백 년 전의 생각은 고민을 의미했다. 예수의 말을 정확히 옮기자면 다음과 같다. "내일 일은 걱정하지 말라."

그러니 내일을 생각해라. 주의 깊게 생각하고 계획하고 준비해라. 하지만 걱정은 하지 마라.

전쟁 중에 군 지휘자들은 내일을 계획했지 걱정하면서 시간을 보낼 틈이 없었다. 미국 해군을 지휘하던 어니스트 J. 킹 제독은 다음과 같이 말했다.

"나는 최정예 부대에 최고의 무기를 제공했습니다. 그리고 가장 적절한 작전을 부여했지요. 그것이 내가 할 수 있는 전부였습니다. 만약 배가 침몰했다면, 내게 침몰한 배를 인양할 능력은 없습니다. 이미 지난 일에 마음 졸이는 것보다는 내일의 문제를 해결하기 위해 시간을 쓰는 것이 현명합니다. 게다가 이미 지난 일에 얽매이면 나는 견뎌내지 못할 겁니다."

전시상황이건 아니건 간에 현명한 사고와 미련한 사고의 주된 차이는 이것이다. 현명한 사고는 원인과 결과를 따져서 논리적이며 건설적인 계획을 세우게 한다. 미련한 사고는 긴장과 신경쇠약에 이르는 경우가 많다.

나는 운 좋게도 최근에 세계적으로 유명한 신문 중에 하나인 〈뉴욕 타임즈〉의 발행인 아더 헤이즈 슐츠버거를 인터뷰하는 기회를 얻었다.

슐츠버거 씨는 제2차 세계대전이 유럽을 휩쓸자 미래가 걱정되어 잠을 잘 수가 없었다고 말했다. 한밤중에 거울을 보고 자화상을 그리려고 노력했다고 한다. 그는 그림을 배운 적이 없었지만 걱정을 마음에서 떨쳐 버리고자 그림을 그렸다. 슐츠버거 씨는 찬송가에 나오는 '그저 한걸음만 인도하소서.' 라는 가사를 되뇌이며 걱정을 떨칠 수 있었다고 말했다.

내 갈길 멀고 밤은 깊은 데 빛되신 주

저 본향 집을 향해 가는 길 비추소서

내 가는 길 다 알지 못하나

한 걸음씩 늘 인도하소서.

비슷한 시기에 유럽에서 군 복무하던 어떤 젊은이도 이와 같은 교훈을 배우고 있었다. 메릴랜드 주 볼티모어 출신의 테드 벤저미노는 전쟁으로 심한 신경증에 시달리고 있었다.

"1945년 4월 저는 스트레스가 심해져서 의사가 '경련성 가로결장'이라고 부르는 병에 걸렸습니다.

저는 완전히 지친 상태였습니다. 저는 보병 94사단 소속 유해 발굴 하사관이었습니다. 내가 하는 일은 전사자, 실종자, 부상자들의 기록을 작성하고 관리하는 것이었습니다. 그리고 적군이건 아군이건 간에 전시 중에 급하게 묻어버린 병사들의 시체를 발굴하는 것을 돕는 것도 제 일이었습니다. 죽은 병사들의 유품을 모아서 부모나 친척에게 보내는 것도 제 담당이었습니다. 실수를 해서 유품이 잘못 가지 않을까 걱정했고, '내가 이 일을 견딜 수 있을까' 항상 걱정했습니다. 살아서 16개월 된 아들을 품에 안을 수 있을까 항상 걱정했습니다. 걱정이 지나쳐 체중이 34파운드나 빠졌습니다. 걱정이 지나쳐 미칠 것 같았습니다. 손을 내려다보니 뼈만 앙상했습니다. 쇠약해진 몸으로 집에 갈 생각을 하니 두려워졌습니다. 마음이 약해져서 혼자 있을 때면 눈물이 쏟아졌습니다. 벌지 전투가 시작된 후에는 너무 자주 울어서 정상적인 인간으로 돌아갈 수 있을지 장담할 수 없는 지경에 이르렀습니다.

저는 결국 병원 의무실에 입원했습니다. 군의관의 충고가 제 인생을 완전히 바꾸어 놓았습니다. 신체검사를 한 후에 그는 제 문제가 정신적인 것 같다고 말했습니다. '테드, 자네의 인생을 모래시계라고 생각해보게. 모래시계 꼭대기에는 수천 개의 모래알이 있어. 이 모래알이 중간의 가늘고 작은 홈으로 천천히 균일하게 지나가지. 한 알 이상을 통과시키려고 하면 모래시계는 부서져버리고 말거야. 우리 모두는 모래시계와 같아. 우리가 아침에 일어나면 해야 할 일이 수백 가지야. 하지만 한 번에 한 가지씩 하지 않으면 우리의 몸과 마음은 고장 나 버릴 거야.'

잊을 수 없는 그 날 이후 저는 의사가 제게 해준 말을 꾸준히 실천하고 있습니다.

'한 번에 한 알의 모래, 한 번에 한가지 일.'

의사의 충고 덕분에 전쟁 동안에 정신적으로나 육체적으로 무사하게 지낼 수 있었습니다. 그리고 에드크래프트 인쇄회사에서 홍보담당이라는 현재의 위치에 오를 수 있게 도와주었습니다. 일을 할 때도 전쟁 때와 같은 문제들이 일어납니다. 비축된 재고가 적고, 새로운 양식을 처리해야 하고, 주문을 새로 해야 하고, 주소를 변경해야 하고, 지점을 개설하거나 폐쇄하는 등 할 일은 많은 데 할 시간이 없습니다. 초조해하는 대신에 군의관이 한 말을 기억합니다. '한 번에 한 알의 모래, 한 번에 한가지 일'−이 말을 계속 되뇌면서 좀더 효율적으로 일을 처리하고, 동요되지 않고 제가 해야 할 일을 처리합니다."

요즘 입원환자 절반이 과거와 미래라는 무거운 짐에 짓눌려 정신적으로 문제가 있는 사람들이다. 그러나 그런 사람들 중 대다수는 "내일 일을 걱정하지 말라."는 예수의 가르침, "오늘에 충실하라"는 윌리엄 오슬러 경의 말대로 살았다면, 행복하고 보람찬 인생을 살면서 즐겁게 거리를 활보하고 다녔을 것이다.

우리는 지금 이 순간 과거와 미래가 만나는 지점에 있다. 우리는 단 한 순간도 이 둘 중 어느 곳에도 있을 수 없다. 그렇게 하려다가는 우리의 몸과 마음이 부서질 것이다. 지금부터 잠자리에 들 때까지 우리가 사는 현재에 만족하자. 로버트 루이스 스티븐슨은 다음과 같이 말했다.

"아무리 힘들어도 밤이 올 때까지 누구든 자신의 짐을 질 수 있다. 아무리 힘들어도 하루 동안이면 그 일을 할 수 있다. 해가 질 때까지 누구든 즐겁게, 참을성 있게, 순수하게 하루를 살 수 있다. 이것이 바로 진정한 인생이다."

그렇다. 삶이 우리에게 요구하는 것은 이것이 전부이다. 하지만 미시건주에 사는 E. K. 쉴즈 부인은 낙심해서 거의 자살하기 직전에 이 사실을 깨달았다.

"1937년에 남편을 잃고 저는 매우 절망했습니다. 돈도 없었습니다. 전에 다니던 회사 사장에게 재취업을 부탁하는 편지를 써서 예전의 일을 맡았습니다. 저는 예전에 시골과 도시의 학교에 책을 파는 일을 했습니다. 남편이 아프면서 이미 2년 전에 차를 팔았지만 있는 돈을 다 긁어모아 중고차를 사서 다시 책장사에 나섰습니다.

다시 영업일을 하면 제 절망이 사라질 줄 알았습니다. 하지만 혼자 운전하고, 혼자 먹는 것은 제가 감당하기에 벅찼습니다. 실적이 좋지 않아 얼마 안 되는 자동차 할부금도 갚기가 힘들었습니다.

1938년 봄에 저는 미주리의 베르사유에서 책을 팔고 있었습니다. 그 지역 학교들은 재정이 빈약하고 도로 사정도 좋지 않았습니다. 너무 외롭고 절망스러워서 자살까지 생각했습니다. 절대로 성공할 수 없을 것 같았습니다. 살아야 할 이유가 없었습니다. 매일 아침 일어나서 삶과 직면하는 일이 두려웠습니다. 모든 것이 두려웠습니다. 차 할부금을 내지 못할까 두려웠고, 월세를 못낼 것 같아 두렵고, 먹을 것이 없을 까 두려웠습니다. 건강이 나빠지는 것 같은데 의사를 찾아갈 돈도 없었습니다. 여동생과, 장례치를 돈도 없다는 생각 때문에 죽지 못해 살고 있었습니다.

그런데 어느 날 저를 절망에서 구해주고 다시 살아갈 용기를 준 글을 읽었습니다. '**현명한 자에게는 매일이 새로운 삶이다.**' 저는 그 구절을 타이핑해서 자동차 앞 유리창에 붙여놓고 운전을 할 때 항상 쳐다봅니다. 한 번에 단 하루를 사는 것이 힘든 일이 아니라는 것을 발견했습니다. 어제 일은 잊어버리고 내일 일은 생각하지 않는 법을 배웠습니다. 매일 아침 저는 이렇게 외칩니다. '오늘은 새로운 인생이다.'

저는 외로움, 결핍의 두려움을 극복하고 행복하고 성공적인 삶을 살고 있습니다. 삶에 대한 열정과 사랑이 넘쳐납니다. 저에게 어떤 일이 일어나더라도 다시는 두려워하지 않을 것입니다. 이제 미래를 두려워할 필요가 없다는 것을 압니다. 이제 하루에 한 번의 인생을 살 수 있다는 것을 알고, '현명한 자에게는 매일이 새로운 삶이다.'라는 것을 압니다." 당신은 누가 다음의 시를 썼는지 알고 있는가?

행복하리니 홀로 행복하리니
오늘을 자신의 것이라 말할 수 있는 사람.
내면이 단단하여 이렇게 말하리.
"내일이 최악이라도 나는 오늘을 살리라."

요즘 쓰여진 시 같은가? 이 시는 예수가 태어나기 30년 전에 로마시인 호레이스가 쓴 것이다.

인간 본성 중에 가장 비극적인 것은 제대로 된 삶을 뒤로 미루는 것이다. 우리는 지평선 넘어 마법의 장미정원을 꿈꾸면서도 우리 창 밖에 피어있는 장미꽃은 쳐다보지도 않는다.

우리는 왜 이렇게 바보일까? 스티븐 리콕은 이렇게 썼다.

"우리의 짧은 인생은 얼마나 기묘한가! 아이는 말한다. '내가 청년이 되면……'이라고 말하고 청년은 '내가 어른이 되면……'이라고 말하고, 어른이 되면 '내가 결혼 하면……'이라고 말한다. 하지만 결혼한다고 뭐가 달라지는가? 그 다음에는 '내가 은퇴하면……'이라 하고 은퇴하면 이미 지나가버린 자신의 인생을 되돌아보게 된다. 차가운 바람이 휩쓸고 있다. 그는 모든 것을 놓쳐버렸다. 인생이 매순간을 살아가는 연속임을 깨닫게 되면 그때는 이미 너무 늦은 것이다."

디트로이트의 고(故) 에드워드 L. 에반스는 그가 인생이 매순간을 살아가는 연속임을 깨닫기 전에 걱정으로 자살하려고 했다. 가난한 집에서 자란 에반스는 신문을 팔아 처음 돈을 벌었고 그 다음에는 식료품점의 점원으로 일했다. 나중에 그가 부양해야 할 식구는 7명으로 늘었고, 그는 보조 사서로 일하게 되었다. 월급은 적었지만 그만둘 수가 없었다. 자신의 일을 시작할 용기를 내기까지 8년의 세월이 흘렀다. 자본금은 빌린 돈 55달러였지만 1년에 2만 달러를 벌 정도로 사업이 확장되었다. 그러고 나자 무시무시한 한파가 불어 닥쳤다. 그는 친구를 위해 거액의 보증을 섰는데, 그만 친구의 회사가 부도가 나고 말았다. 엎친데 덮친 격으로 그가 전 재산을 맡겼던 은행이 파산하고 말았다. 그는 무일푼이 되었을 뿐 아니라 만 육천 달러의 빚마저 떠안게 되었다. 그의 정신이 이 상황을 버텨내지 못했다.

"저는 잠을 잘 수도 먹을 수도 없었습니다. 이상하게 몸이 아프기 시작했습니다. 온종일 걱정뿐이었지요. 근심이 병을 몰고 왔습니다. 어느 날 길을 걷다가 갑자기 기절해서 길바닥에 쓰러졌습니다. 저는 더 이상 걸을 수 없었습니다. 입원을 했는데 몸에 종기가 나기 시작했습니다. 이 종기가 몸속에도 나는 바람에 나중에 침대에 누워있는 것도 고통스러웠습니다. 저는 매일매일 쇠약해졌습니다. 마침내 주치의가 이대로는 2주도 버티지 못한다는 말을 했습니다. 저는 큰 충격을 받았습니다. 유언장을 쓰고 침대에 누워 죽을 날만 기다리고 있었습니다. 아무리 발버둥을 치고 걱정을 해도 소용이 없었습니다. 모든 것을 포기하고 편안하게 잠을 잤습니다. 몇 주 동안 두 시간 이상을 자본 적이 없었습니다. 이 고행을 끝내려고 하니까 갓난아기처럼 잠에 빠졌습니다. 피곤함이 사라지고 식욕이 돌아와 살이 찌기 시작했습니다.

몇 주가 지나자 목발을 짚고 걸을 수 있었습니다. 6주가 지나자 다시 일을 시작할 수 있었습니다. 예전에는 연봉이 2만 달러였는데 이제는 일주일에 30달러만 벌어도 감사했습니다. 제가 하는 일은 차를 선적할 때 차의 바퀴를 받치는 블록을 파는 일입니다. 이제 더 이상 걱정하지 않습니다. 이미 일어난 일을 후회하지도 않습니다. 미래에 대한 불안도 없습니다. 저의 모든 시간, 에너지, 열정을 오로지 블록 파는 일에만 집중했습니다."

에드워드 S. 에반스는 빠르게 성장했다. 몇 년 후에 그는 에반스 프로덕트 회사의 대표가 되었다. 그 회사는 뉴욕주식시장에 장기간 상장되었다. 비행기로 그린란드에 가면 그의 이름을 딴 비행장에 착륙할 것이다. 그가 현재에 충실하지 않았다면 이런 성공은 이루지 못했을 것이다.

당신은 화이트 퀸이 한 말을 기억할 것이다.

"규칙은 내일도 잼을 바르고 어제도 잼을 발랐는데 오늘은 잼을 바르지 않는 거야."

우리들 대부분은 지금 발라야 할 잼에는 신경 쓰지 않고 어제 바른 잼 때문에 속을 썩이고 내일 바를 잼 때문에 걱정을 한다.

프랑스의 위대한 철학자 몽테뉴도 이와 같은 실수를 했다.

"내 삶은 끔찍한 불운으로 가득 차 있었다. 하지만 그런 불운은 일어나지도 않았다."

내 삶도 그렇고 당신의 삶도 그렇다.

단테는 다음과 같은 말을 했다.

"오늘이 결코 다시 시작되지 않음을 기억해라."

인생은 엄청난 속도로 지나간다. 우리는 초속 19마일이라는 속도로 달리고 있다. 오늘이 우리가 가진 가장 소중한 재산이다.

로웰 토마스의 철학도 그랬다. 나는 최근에 그의 농장에서 주말을 보냈는데 그는 시편 118편에 나오는 구절을 액자에 넣어서 그의 스튜디오 벽에 걸어놓고 자주 쳐다보았다.

"이 날은 여호와께서 정하신 것이라
 이 날에 우리가 즐거워하고 기뻐하리로다."

존 러스킨의 책상에는 "오늘"이라는 단어를 새긴 돌이 있다. 내 책상에는 돌은 없지만 거울에 시 한편을 붙여놓고 매일 아침 면도할 때마다 들여다본다. 유명한 인도 희곡작가 칼리다사의 시인데 윌리엄 오슬러 경도 이 시를 책상에 붙여놓았다.

새벽에 바치는 인사

오늘 하루를 잘 봐라!
이 하루가 인생이니
그 짧은 하루 안에
너라는 존재가
성장의 기쁨이
행동의 영광이
찬란한 아름다움이 있다

어제는 꿈에 불과하고

내일은 환영일 뿐이나

오늘을 충실하게 살면

어제는 행복한 꿈이 되고

내일은 희망이 가득한 환영이 된다.

그러니 오늘하루를 잘 봐라!

이것이 새벽 여명에 바치는 인사

당신의 인생에서 걱정을 없애고 싶으면 윌리엄 오슬러 경의 방법을 실천해라.

규칙 1

과거와 미래를 철문으로 막아라. 오늘 하루를 충실하게 살아라.

스스로에게 다음의 질문을 해보고 답을 적어보아라.

1. 나는 미래를 걱정하거나 지평선 너머 아득한 곳에 있는 장미정원
   을 동경한 나머지 현실의 삶을 사는 것을 도외시하지 않는가?

2. 나는 이미 끝나버린 과거에 일을 후회하면서 현재의 삶을 망치고
   있지 않은가?

3. 나는 아침에 일어나서 "현재를 즐겨야지"라고 결심하는가?

4. 오늘 하루를 충실하게 살 수 있는가?

5. 언제부터 이렇게 할 수 있을까? 다음 주? 내일? 아니면 오늘?

2 걱정을 해결하는 마법의 공식

이 책을 더 읽기 전에 걱정을 해결하는 빠르고 확실한 방법을 알고 싶은가?

그렇다면 에어컨 산업의 선구자이자 세계적으로 유명한 캐리어사의 사장인 윌리스 H. 캐리어가 실천했던 방법을 당신에게 소개하고자 한다. 이것은 내가 아는 한 최고의 걱정 해결 방법이다. 나는 캐리어 씨와 뉴욕 엔지니어 클럽에서 만나 점심식사를 하면서 직접 이 이야기를 들었다.

"젊었을 때 버팔로 주물공장에서 일했습니다. 미주리 주 피츠버그 유리공장에 가스 정화 시설을 설치하라는 임무를 받았습니다. 가스 정화 시설을 설치하면 가스의 불순물이 제거되어 엔진이 고장 나지 않습니다. 가스를 정화한다는 방법 자체가 그 당시에는 새로운 방법이었습니다. 전에 한번 해본적은 있었는데 이번과 다른 상황이었습니다. 예상치 못한 문제가 일어났습니다. 장치가 어느 정도는 작동했지만 우리 회사에서 장담했던 것과는 거리가 있었습니다.

실패했다는 사실에 충격을 받았습니다. 마치 누군가가 제 머리를 세게 친 것과 같았습니다. 위와 내장이 꼬이고 뒤집히기 시작했습니다. 한동안 너무 걱정이 되어 잠을 이룰 수가 없었습니다.

마침내 걱정 해봤자 상황이 좋아질 것이 없다는 생각이 들었습니다. 그래서 걱정하지 않고 문제를 해결할 수 있는 방법을 찾아냈습니다. 그것은 놀라운 효과가 있었습니다. 나는 이 규칙을 30년이 넘게 실천하고 있습니다. 그것은 간단합니다. 누구라도 할 수 있어요.

첫째, 두려워하지 않고 상황을 냉정하게 분석합니다. 이번 실패로 인해 일어날 수 있는 최악의 경우를 예측해보았습니다. 이번일로 감옥에 가거나 총을 맞을 일은 없을 것이다. 사실 직장을 잃을 수도 있지요. 사장이 기계를 떼어 버리고 투자금 2만 달러를 잃을 가능성은 있었습니다.

둘째, 일어날 수 있는 최악의 상황을 생각한 후에 그것을 감수하기로 결심했습니다. 그리고 혼잣말을 했습니다. '이번 실패는 내 경력에 오점이 되겠지. 직장을 잃을 수도 있어. 하지만 그렇게 되면 다른 직장을 구하면 되잖아. 또 사장의 입장에서 봐도 가스 정화 시설을 실험중인 거고, 2만 달러를 손해 본다고 회사가 망하지는 않을 거야. 그 비용을 연구개발비로 돌릴 수 있겠지. 어차피 실험이었으니까.

최악의 상황을 확인하고 그 결과를 받아들이기로 하자 정말 큰 변화가 일어났습니다. 마음이 편안해지고 몇 일동안 느끼지 못했던 마음의 평화를 느꼈습니다.

셋째, 그때부터 최악의 상황을 좀더 개선시키려는 방향으로 시간과 에너지를 집중했습니다.

2만 달러라는 손실액을 줄이기 위해 모든 수단과 방법을 강구했습니다. 그 장비에 추가로 5천 달러를 투자하면 문제가 해결될 것 같았습니다. 우리는 그렇게 했고 회사가 2만 불을 잃는 대신에 우리는 만 5천 달러의 이익을 냈습니다.

내가 걱정만 하고 있었으면 이런 일은 결코 일어나지 않았을 것입니다. 왜냐하면 걱정의 가장 큰 단점이 집중력을 떨어뜨리는 것이기 때문입니다. 우리가 걱정을 하면 마음이 갈피를 못 잡고 우리는 결단력을 잃어버립니다. 하지만 우리가 최악의 상황을 감수하고 마음속으로 최악의 상황을 받아들이면 쓸데없는 공상들이 없어지고 문제 해결에 온 힘을 쏟을 수 있게 됩니다.

그때 이후로 이 방법을 쭉 써오고 있습니다. 그 결과로 내 삶은 걱정에서 완전히 해방되었습니다."

캐리어 씨의 마법의 공식이 왜 그렇게 소중하고 실제적인 가치가 있을까? 그의 방법은 우리를 걱정에서 해방시켜 준다. 그 방법은 우리를 세상에 단단히 설 수 있게 해준다. 우리는 우리의 처지를 잘 안다. 우리의 마음이 방황하고 있으면 무슨 수로 우리가 어려움을 헤쳐 나갈 수 있겠는가?

응용심리학의 아버지 윌리엄 제임스 교수가 죽은 지 38년이 지났지만 그가 최악의 상황을 직시하는 이 공식을 들으면 진정으로 그것을 인정해줄 것이다. 내가 왜 그렇게 확신하느냐고? 왜냐하면 그가 학생들에게 다음과 같이 말했기 때문이다.

"마음 편히 받아들여라. 이미 일어난 일을 인정하는 것이 불행을 극복하는 첫 번째 과정이기 때문이다."

중국의 철학자 임어당도 그의 유명한 저서 〈생활의 발견〉에서 같은 생각을 말했다.

"진정한 마음의 평화는 최악의 상황을 인정하는 데서 온다. 심리학적으로 보면 그것은 에너지의 해방을 의미한다."

바로 그것이다! 심리학적으로 그것은 에너지의 해방을 의미한다. 최악의 상황을 인정하면 우리는 더 이상 잃을 것이 없다.

캐리어 씨는 이렇게 말한다.

"최악의 상황을 겪고 나자 마음이 즉시 편해지고 그동안 경험할 수 없었던 마음의 평화를 얻었다. 그때부터 생각을 할 수 있었다."

맞는 말 아닌가? 하지만 수백만 명의 사람들은 최악의 상황을 인정하기를 거부하기 때문에 분노의 소용돌이에 빠져 자신의 삶을 파괴하고 있다. 상황을 개선하려는 시도를 거부하고 파멸에서 자신의 인생을 구하는 것을 거부하고 있다. 운명을 개척하려고 노력하려는 대신에 예전의 경험에 집착하다가 우울증의 희생자가 된다.

캐리어의 마법의 공식을 자신의 문제에 적용한 다른 사람의 예를 보고 싶은가? 그렇다면 내 강좌의 수강생인 뉴욕의 석유 중개상의 이야기를 해보겠다.

"저는 협박을 당하고 있었습니다. 저는 이런 일이 영화가 아닌 실제 생활에서 가능하리라고 생각하지 않았습니다. 하지만 저는 실제로 협박을 당했습니다! 상황은 이렇습니다. 제 정유회사에는 많은 배달 트럭과 기사들이 있습니다. 그 당시 물가 관리국의 규제가 심해서 배달할 수 있는 석유의 양이 정해져있었습니다. 저는 몰랐지만 기사들 중 몇몇이 단골에게는 기름을 적게 배달하고 남은 양을 자신의 고객에게 되팔고 있었습니다.

감사관이 와서 제게 뒷돈을 주면 사건을 무마해주겠다고 요구해 온 이후에 이런 불법거래를 알게 되었습니다. 그는 우리 배달 기사들이 하고 있는 일에 대해 결정적 증거가 있으니 제가 돈을 주지 않으면 이 자료를 검찰청에 제출하겠다고 협박했습니다.

개인적으로는 걱정할 것이 없다는 것을 알았습니다. 하지만 법률상으로 회사는 직원의 행위에 책임이 있었습니다. 게다가 그 사건이 법정에 회부되면 언론에 보도되어 회사 이미지에 치명적일 것입니다. 저는 제 아버지가 24년 전에 세운 회사에 자부심을 갖고 있습니다.

저는 너무 걱정을 해서 몸이 아팠습니다. 3일 밤낮을 먹을 수도 없고 잠을 잘 수도 없었습니다. 5천 달러라는 뇌물을 줘야 하나? 마음의 결정을 내려야 했습니다. 악몽과 같은 순간이었습니다.

그러다가 일요일 밤에 우연히 카네기 대중 연설 수업에서 받은 〈걱정하지 않는 법〉이라는 책자를 집어 들었습니다. 책을 읽기 시작했고 캐리어 씨의 이야기를 읽었습니다. '최악의 상황에 직면하라' 라는 말이 있었습니다. 그래서 저는 자문했습니다.

'내가 뇌물을 거부해서 감사관이 사건을 검찰에 넘기면 일어날 수 있는 최악의 일은 무엇인가?'

질문에 대한 저의 답은 이랬습니다.

'회사가 망한다. 그것이 최악이다. 감옥에 갈 리는 없다. 일어날 수 있는 일은 평판이 나빠지는 것이겠지. 좋아. 회사가 망하면 그건 받아들일 수 있어. 그 다음에 무슨 일이 일어날까? 사업이 망하면 일자리를 찾아봐야겠지. 그것도 나쁘지는 않아. 석유에 대해 많이 아니까 나를

기꺼이 고용할 회사는 많겠지.'

3일 밤낮동안 저를 괴롭혔던 우울함은 사라지기 시작했습니다. 마음이 차분해지고 놀랍게도 생각할 수가 있었습니다.

머리가 맑아져 '최악의 상황을 개선해라' 라는 3단계까지 생각을 할 수 있었습니다. 해결책을 생각하면서 완전히 새로운 각도로 문제를 볼 수 있었습니다. 변호사에게 사실을 털어놓으면 내가 생각지도 못했던 방법을 생각할 지도 모른다는 생각이 들었습니다. 전에는 이런 생각을 못했다고 말하면 바보처럼 보인다는 것을 알지만 생각할 겨를이 없었습니다. 전에는 걱정만 했으니까요! 다음날 아침 제일 먼저 변호사를 만나리라는 다짐을 하고 깊이 잠이 들었습니다.

사건은 어떻게 끝났을까요? 다음날 아침 제 변호사는 검사를 찾아가서 사실대로 말하라고 하더군요. 저는 시킨 대로 했습니다. 제가 이야기를 마치자 저는 놀라운 이야기를 들었습니다. 검사는 이런 협박사건이 몇 개월째 계속 되고 있고, 저를 협박한 감사관이 경찰 수배범이라는 사실을 말해주었습니다. 사기꾼에게 5천 달러를 건네야 하는지 3일 밤낮동안 고민했던 저에게 얼마나 위안이 되던 지요!

이제 문제가 생기면 캐리어 씨의 마법의 공식을 적용합니다."

캐리어 씨의 고민은 고민도 아니다. 메사츄세츠 윈체스터에 사는 얼 P. 헤이니 씨의 이야기를 들어보자. 다음은 1948년 11월 17일 보스턴 스태틀러 호텔에서 헤이니 씨가 나에게 해 준 이야기이다.

"20대에 고민을 많이 해서 위궤양을 앓았습니다. 어느 날 밤 설사가 심해서 시카고에 노스웨스턴 의대와 연계되어 있는 병원에 달려갔습니다. 체중은 175파운드에서 90파운드로 줄었습니다. 아무것도 하지 말고 누워있으라고 의사에게 경고를 들었습니다. 유명한 위궤양 전문의를 포함해서 세 명의 의사가 제 병이 불치병이라고 진단했습니다. 시간마다 알칼리 분말과 우유 반 숟가락, 크림 반 숟가락만으로 연명했습니다. 간호사가 아침저녁으로 고무관을 집어넣어 위 속 내용물을 빨아냈습니다.

이렇게 수개월이 흘렀습니다. 마침내 저는 이런 말을 할 지경에 이르렀습니다.

'얼 헤이니, 죽을 일 밖에 안 남았다면, 남은 시간을 최대한 활용하는 건 어때? 언제나 죽기 전에 세계를 여행하고 싶어 했잖아. 지금이야말로 여행하기에 제일 좋은 때야.'

의사에게 세계여행을 떠날 것이고 하루에 두 번씩 내가 직접 위의 내용물을 빨아내겠다고 하자 의사들은 깜짝 놀랐습니다.

'불가능해요!'

그들은 환자가 이런 말을 하는 것을 들어본 적이 없었습니다. 지금 세계여행을 떠나면 여행 도중에 장사지낼 것이라고 경고했습니다.

'아니요. 저는 죽지 않을 거예요. 나는 친척들에게 네브라스카 브로큰 보우의 가족 묘지에 묻히겠다고 약속했습니다. 그래서 관을 가지고 갈 생각입니다.'

관을 준비해서 배에 실었습니다. 그리고 증기선 회사와 내가 죽을 경우 시신을 냉동해 고향으로 가져오는 계약을 맺었다. 나는 오마르의 시에 용기를 얻어 여행을 떠났습니다.

아, 우리가 죽어서 먼지가 되기 전에

쓸 게 남아 있다면 마음껏 써라.

술도, 노래도, 가수도 없는

먼지아래 묻히리니.

로스엔젤레스에서 동양으로 가는 프레지던트 아담스 호에 승선하자 마자 기분이 좋아졌습니다. 알칼리 분말을 안 먹게 되었고 위세척기로 위장을 씻어내는 일을 중단했습니다. 곧 모든 종류의 음식을 먹기 시작했습니다. 제게 아주 해롭다는 이국의 낯선 음식과 음료수를 먹고 있었습니다. 시간이 지나면서 담배까지 피우고 위스키로 만든 하이볼도 마셨습니다. 몇 년 동안 이렇게 즐거웠던 적이 없었습니다! 계절풍과 태풍을 만나 죽을 뻔 하기도 했습니다. 하지만 이 모험에서 정말 큰 즐거움을 느꼈습니다.

배 안에서 게임도 하고, 노래도 부르고, 친구도 사귀며 밤늦게까지 놀았습니다. 우리가 일본과 인도에 도착하자 이곳의 가난과 배고픔에 비하면 고국에서의 사업상 문제들은 배부른 고민이었음을 깨달았습니다. 부질없는 걱정을 하지 않으니 기분이 정말 좋았습니다. 미국에 돌아오니 90파운드나 살이 쪄 있었습니다. 위궤양이 있었다는 사실조차 잊었습니다. 인생에서 이렇게 행복한 적이 없었습니다. 나는 사업을 다시 시작해서 그때 이후로 하루도 아픈 적이 없었습니다."

얼 P. 헤이니는 은연중에 자신도 캐리어 씨가 걱정을 극복하기 위해 사용하던 방법을 쓰지 않았나 하고 말했다.

"첫째, '일어날 수 있는 최악의 일이란 무엇인가?' 하고 자문했더니 답은 죽음이었습니다.

둘째, 죽음을 받아들일 마음의 준비를 했습니다. 의사들은 내 병이 불치병이라고 했습니다.

셋째, 남은 시간동안이라도 최대한 즐김으로서 상황을 개선하려고 노력했습니다. 배에 타서도 계속 걱정했다면 돌아올 때는 관속에 들어가 있었을 것입니다. 하지만 편안하게 생각하려고 했고, 모든 문제를 잊었습니다. 마음의 평화가 목숨을 구했습니다."

고민이 있다면 캐리어 씨의 다음 세 가지 마법의 공식을 적용해보아라.

규칙 2

1. 자문해라. "지금 일어날 수 있는 최악의 상황이 무엇인가?"
2. 피할 수 없다면 받아들일 준비를 해라.
3. 침착하게 최악의 상황을 개선시키기 위해 노력해라.

3 걱정이 미치는 영향

걱정에 대처할 줄 모르는 사업가는 단명한다.

– 알렉시스 카렐 박사

얼마 전에 이웃이 나와 내 가족에게 천연두 백신을 맞으라고 권했다. 그는 뉴욕 전역에서 이웃에게 천연두 접종을 권유하는 수천 명의 자원봉사자 중 한명일 뿐이었다. 겁먹은 사람들이 몇 시간이나 접종을 위해 줄을 섰다. 접종소는 모든 병원 뿐 아니라 소방서, 경찰서와 대형공장에까지 설치되었다. 2천명이 넘는 의사와 간호사들이 밤낮없이 열심히 일했다. 이 소동의 원인이 대체 무엇일까? 뉴욕시에서 8명이 천연두에 감염되어 그 중에 두 명이 죽었다. 8백만이나 되는 인구 중에 2명이 죽은 것이 이 소동의 원인인 것이다.

지금까지 37년을 뉴욕에서 살았지만 지금까지 누구도 천연두에 비해 수십 배나 많은 피해를 입히는 걱정이라는 정신적 질병에 대해 경고를 해 준 사람이 없었다.

어떤 누구도 미국에서 10명 중에 한명이 신경쇠약에 걸린다고 경고

해준 적이 없었다. 그래서 나는 당신에게 경고해주기 위해 이 글을 쓰고 있다.

노벨의학상 수상자인 알렉시스 캐럴 박사는 다음과 같이 말했다.

"걱정에 대처할 줄 모르는 사업가는 단명한다."

이 말은 가정주부, 수의사, 벽돌공의 경우에도 마찬가지이다.

몇 년 전에 나는 산타페 철도회사의 보건담당임원 중의 한명인 O. F. 고버 박사와 함께 차로 텍사스와 뉴멕시코를 여행했다. 그의 정확한 직함은 걸프 콜로라도 산타페 병원협회 수석 내과의이다. 우리는 걱정의 영향에 대해 이야기 했는데 그는 이런 말을 했다.

"병원에 찾아오는 환자의 70%는 걱정과 두려움을 없애기만 하면 병을 치료할 수 있습니다. 사람들의 병이 상상에 의한 것은 아닙니다. 그들의 병은 지끈지끈한 치통보다 심합니다. 제가 말하는 병은 신경성 소화불량, 위궤양, 심부전, 불면증, 두통, 마비증상 등입니다. 이 병들은 실제 있는 병입니다. 제가 실제 앓은 적이 있어 잘 알고 있습니다. 저도 12년 동안 위궤양으로 고생하고 있거든요. 두려움은 걱정을 낳습니다. 걱정은 긴장하게 만들고 위액이 비정상적으로 바뀌어 위궤양이 생깁니다."

조셉 R. 몽테규 박사는 〈신경성 위장장애〉라는 책에서 비슷한 이야기를 한다.

"당신이 먹는 음식 때문에 위궤양이 걸리는 것이 아니다. 스트레스로 인해 위궤양이 생긴다."

메이요 클리닉의 W. C. 알바레즈 박사는 다음과 같이 말한다.

"위궤양은 스트레스의 기복에 따라 완화되기도 하고 악화되기도

한다."

메이요 클리닉에서 위 질환으로 치료를 받은 1만 5천명의 환자가 그의 말을 뒷받침한다. 5명 중에 4명은 위 질환을 앓아야 할 신체적 문제가 전혀 없다. 두려움, 걱정, 증오, 극단적 이기심, 현실 사회 부적응 같은 것들이 위 질환과 위궤양의 주된 원인이다. 위궤양이 당신을 죽일수도 있다. 〈라이프〉 잡지에 따르면 위궤양은 치명적 질병 순위에서 10위를 차지한다.

나는 최근에 메이요 클리닉의 헤럴드 C. 허바인 박사와 편지를 주고받았다. 그는 전미 개업의 연례 총회에서 평균나이 44.3세인 기업체 임원 176명의 연구 결과를 발표했다. 그는 기업체 임원 3분의 1이 나이 45세에 도달하기 전에 고도의 긴장에서 오는 특유의 질환인 심장병, 위궤양, 고혈압에 걸렸다고 발표했다. 성공을 위해 얼마나 큰 대가를 치르고 있는가! 게다가 그들은 아직 완전히 성공한 것도 아니다. 성공을 위해 위궤양과 심장병에 걸렸다면 과연 성공한 것이라고 할 수 있겠는가? 세상을 다 가져도 건강을 잃으면 무슨 소용이 있겠는가? 세상을 다 가져도 침대에 누워 하루에 세끼밖에 먹을 수 없다면 무슨 소용인가? 막노동을 하는 사람도 이 정도는 할 수 있다. 아니 막노동을 해도 이보다 더 잘 자고 중역들보다 음식을 더 맛있게 먹을 수 있다. 솔직히 나는 철도회사나 담배회사의 임원이 되려고 45살에 건강을 망치느니 앨라배마에서 밴조를 껴안고 노래를 흥얼거리는 소작농이 되는 게 더 좋다.

담배 얘기가 나왔으니 말인데, 세계에서 가장 유명한 담배회사 사장이 캐나다 숲에 휴양을 왔다가 심장마비로 갑자기 죽었다. 그는 수백만 달러를 벌었지만 61세에 죽고 말았다. 그는 성공과 자신의 수명을 맞

바꾼 셈이다.

재산이 수백만 달러인 그 담배회사 중역은 미주리에서 농사를 짓다가 89세에 1달러도 남기지 않고 돌아가신 우리 아버지의 절반만큼도 성공적인 삶을 살지 못한 것 같다.

유명한 메이요 형제는 자신들 병원 환자의 절반은 신경질환을 앓고 있는 사람이라고 공언했다. 하지만 부검을 통해 이들 환자의 신경을 현미경으로 보면 대부분의 경우 건강한 사람의 신경만큼 건강하다. 신경질환은 신경이 물리적으로 손상되어 생기는 것이 아니라 무기력감, 절망, 불안, 근심, 두려움, 패배감, 절망 같은 감정 때문에 생긴다. 플라톤은 다음과 같이 말했다.

"의사들의 최대 실수는 마음을 치료하려 하지 않고 몸만 치료하려고 하는데 있다. 하지만 마음과 몸은 하나이고 그들은 개별적으로 치료되어서는 안 된다!"

의학이 이 위대한 진리를 깨닫는데 2천3백년이나 걸렸다. 최근에 정신신체의학이라고 불리는 새로운 종류의 의학이 주목받고 있다. 이 의학은 몸과 마음을 동시에 치료한다. 지금이 정신신체의학이 발달하기 최적의 시점이다. 기존 의학은 천연두, 콜레라, 황열병 병균에 의한 질병을 박멸했다. 하지만 기존 의학은 걱정, 공포, 증오, 패배감, 절망으로 야기되는 마음의 병은 치료할 수 없었다. 이런 마음의 병에 의한 사상자는 급속도로 빠르게 증가하고 있다.

의사들은 미국인 20명 중에 1명이 정신병원을 찾을 것이라고 전망하고 있다. 제2차 세계대전에 징집된 젊은이들 중 6명 중에 1명이 정신적인 문제 때문에 입대 거부를 당했다.

정신병의 원인이 무엇일까? 아무도 정확한 답을 모른다. 하지만 많은 경우에 두려움과 걱정이 주된 요소일 가능성이 높다. 각박한 현실을 견디지 못하고 걱정에 시달리는 사람들은 주변과의 관계를 단절하고 자신만의 꿈의 세계로 도피해 자신의 걱정을 해결한다.

이 글을 쓰고 있는 내 책상위에는 에드워드 포돌스키 박사의 책 〈걱정을 멈추면 병이 낫는다〉라는 책이 있다. 이 책의 소제목 중 몇 개를 소개해 본다.

걱정이 심장에 끼치는 영향

걱정은 고혈압을 낳는다

류마티즘은 걱정 때문에 생긴다

당신의 위를 위해서 걱정은 조금만 해라

걱정을 하면 감기에 걸린다

걱정과 갑상선

걱정 많은 당뇨병환자

정신의학의 메이요 형제라고 불리는 칼 메닝거 박사의 책 〈내 안의 적〉에서 메닝거 박사는 걱정을 피하는 방법을 제시하지는 않지만 걱정, 절망, 증오, 분노, 배반 그리고 두려움이 몸과 마음을 어떻게 파괴하는 지 생생하게 보여준다.

걱정은 가장 둔한 사람도 아프게 할 수 있다. 그랜트 장군은 남북전쟁이 끝날 때쯤 이 사실을 깨달았다.

그랜트 장군은 리치몬드를 9개월째 포위하고 있었다. 지치고 배고픈 리치몬드 장군의 군대는 패배했다. 연대가 한꺼번에 탈영하기도 했다. 병사들이 텐트에서 기도회를 열었다. 그 기도회에서 병사들은 소리지르고, 울고 환영을 보기도 했다. 전쟁의 끝이 가까워오고 있었다. 리치몬드 장군의 병사들은 리치몬드에 있는 목화와 담배 저장고에 불을 지르고 무기고를 태웠다. 병사들은 화염이 치솟는 동안 도시를 탈출했다. 그랜트가 이끄는 군대가 맹렬히 뒤를 쫓으며 양 측면과 후방에서 남부군에 총을 쏘아댔다.

셰리던장군의 기병대는 적의 퇴로를 막고 철로를 뜯고 군수품을 실은 열차를 포획했다.

거의 눈을 뜨지 못할 정도로 심각한 두통을 겪던 그랜트 장군은 부대에서 벗어나 한 농가에서 휴식을 취했다. 그의 회고록에서 그는 다음과 같이 기록하고 있다.

"나는 밤새 겨자를 푼물에 발을 담그고 겨자반죽을 손목과 목 뒤에 붙이고 아침까지 두통이 좋아지기를 기다리고 있었다."

다음날 아침 그의 편두통은 말끔히 사라졌다. 그의 두통을 치료한 것은 겨자 반죽이 아니라 기병이 가지고 온 항복의사를 담은 리치몬드 장군의 편지였다.

"장교가 편지를 가지고 올 때까지 나는 심각한 편두통에 시달리고 있었다. 내가 편지를 읽자마자 그 두통은 사라졌다."

그랜트 장군을 아프게 한 것은 걱정과 긴장이었다. 그의 감정이 자신감, 성공, 승리로 바뀌자마자 그의 두통은 순식간에 사라졌다.

70년 후에 루즈벨트 내각의 재무장관 헨리 모겐소 주니어는 걱정이 현기증의 원인이 된다는 사실을 발견했다. 일기에서 그는 대통령이 밀의 가격을 올리기 위해 하루에 4백 4십만 부셸이나 사들인 일을 크게 걱정했다. 그는 일기에 다음과 같이 적고 있다.

"그 일이 진행되는 동안 나는 말 그대로 현기증이 나는 것 같았다. 나는 점심을 먹고 집에 가서 두 시간동안 누워있었다."

걱정이 사람들에게 미치는 영향을 보려면 도서관이나 의사에게 갈 필요가 없다. 내가 책을 쓰고 있는 집 밖의 창문을 내다보면 된다. 우리 집에서 한 블록도 미치지 않은 곳에 신경쇠약에 걸린 사람이 있고, 걱정으로 당뇨에 걸린 사람이 있다. 주식 시장이 폭락했을 때 그의 당수치가 올라갔다.

프랑스의 유명한 철학자 몽테뉴가 자신의 고향 보르도의 시장에 당선되었을 때 그는 시민들에게 다음과 같이 말했다.

"열심히 일하겠습니다. 하지만 제 폐와 간까지 나빠지도록 과로하지는 않겠습니다."

걱정이 사람에게 어떤 영향을 미치는지 이웃집까지 보지 않아도 된다. 내가 사는 집의 주인은 걱정이 지나쳐 일찍 죽었다.

걱정을 하면 류머티즘과 관절염에 걸려 휠체어 신세를 질 수도 있다. 코넬 의과대학의 러셀 L. 세실 박사는 관절염의 세계적 권위자이다. 그는 관절염을 부르는 4가지 요인을 다음과 같이 지적한다.

1. 결혼 실패
2. 재정적 어려움
3. 외로움과 걱정
4. 오랫동안 품고 있는 원한

당연히 이 4가지 감정적 요인만이 관절염의 원인이 될 수는 없다. 관절염의 요인은 다른 여러 가지 원인이 있을 수 있다. 하지만 다시 말하지만 관절염을 부르는 가장 일반적인 요인은 위의 4가지이다.

예를 들어보자. 내 친구는 경제공황 당시에 큰 타격을 입었다. 가스회사는 가스공급을 중단하고 은행은 집을 차압했다. 그의 아내는 갑자기 관절염에 걸렸다. 갖은 약과 식이요법에도 불구하고 아내의 관절염은 낫지 않았다. 그러나 경제적 상황이 좋아지면서 병세도 좋아졌다.

걱정은 충치의 원인이 되기도 한다. 윌리엄 맥고니글 박사는 미국 치과의사협회에서 다음과 같은 발표를 했다.

"걱정, 두려움, 잔소리 등에 의해 생긴 불쾌한 감정이 신체의 칼슘 밸런스를 무너트려 충치가 생기기도 한다."

맥고니글 박사는 부인의 갑작스러운 투병으로 부인이 입원해 있는 3주 동안 충치가 9개나 생긴 환자에 대해 말했다.

갑상선에 이상이 생긴 사람을 본 적이 있는가? 나는 본 적이 있는데, 그들은 부들부들 떨면서 죽을 것 같은 모습을 하고 있다. 신체의 항상성을 조절하는 갑상선의 불균형 때문이다. 심장박동이 빨라지고 모든 신체기관이 통풍구를 열어젖힌 용광로처럼 빠르게 움직인다. 신체의 작동을 제대로 조절하지 못하면 환자는 기력이 소진되어 죽을 것이다.

얼마 전에 나는 갑상선을 앓고 있는 친구와 필라델피아에 간 적이 있다. 우리는 갑상선 전문가로 38년 동안 활동하고 있는 전문의 이스라엘 브램 박사를 만나 상담을 받았다. 그의 대기실에 커다란 나무 액자가 있는데 거기에 다음과 같은 환자에게 주는 충고가 있다. 나는 편지봉투의 뒤편에 그 글을 옮겨 적었다.

마음의 휴식

사람의 마음에 가장 편안함을 주는 것은 건강한 종교생활, 잠, 음악 그리고 웃음이다.

하나님을 믿고, 잠 잘 자고

좋은 음악을 사랑하고, 인생의 즐거운 면을 보려고 해라.

그러면 건강과 행복은 당신의 것이 될 것이다.

내 친구에게 의사가 한 첫 번째 질문은 다음과 같다. "어떤 스트레스 때문에 이 증세가 발생했습니까?" 그는 나의 친구에게 걱정을 멈추지 않으면 심장질환, 위궤양 또는 당뇨병 같은 다른 합병증이 생길 것이라고 경고했다. "이 질병들은 서로 사촌간인데, 모두 걱정을 해서 생기는 것입니다." 그렇다. 그들은 친척간이다. 걱정이 이런 질병들을 생기게 하는 것이다.

내가 멀 오버론과 인터뷰를 했을 때, 그녀는 걱정을 하면 영화배우로서 자신이 가진 가장 중요한 자산인 외모가 망가지기 때문에 걱정하지 않기로 했다고 말했다.

"내가 처음 영화계에 발을 들여놓았을 때, 나는 겁이 났어요. 런던에 아는 사람이 아무도 없었습니다. 몇몇 제작자를 만났지만 누구도 나를 쓰려고 하지 않았어요. 내가 가진 얼마 안 되는 돈도 떨어져 가고 있었습니다. 2주 동안 크래커와 물만으로 연명했습니다. 나는 스스로에게 이렇게 말했죠. '배우가 안 될지 몰라. 연기를 해 본 적도 없고, 경험도 없잖아. 예쁜 얼굴 말고는 가진 게 없잖아?'

나는 거울 앞에 섰습니다. 거울에 비친 얼굴을 보자 걱정으로 얼굴이 어떻게 변하는가 볼 수 있었습니다. 걱정스러운 얼굴을 보았습니다. 그래서 말했죠. '당장 걱정을 그만둬! 걱정할 형편이 아니야. 가진 게 얼굴밖에는 없는데 걱정이 얼굴을 망칠거라구!'

걱정만큼 여자의 얼굴을 심술궂게 보이게 하고 나이 들게 하는 것은 없다. 걱정은 표정을 굳게 한다. 걱정은 이를 악물어 얼굴에 주름이 생기게 한다. 걱정으로 찌푸린 표정은 사라지지 않는다. 걱정은 머리도 세게 만들고 어떤 경우에는 탈모의 원인이 되기도 한다. 걱정은 피부에도 영향을 미쳐서 피부발진, 뾰루지, 여드름이 생기게 한다.

심장병은 오늘날 미국에서 사망원인 1위를 차지하는 질병이다. 제2차 세계 대전 중에 전사한 미군의 숫자는 30만 명 정도 되지만 같은 기간 동안 심장병으로 사망한 사람은 2백만 명 이상이다. 그 중에서 1백만 명은 걱정과 극도의 긴장이 병의 원인이 되었다. 심장병은 알릭시스 캐럴 박사가 말한 "걱정에 대처할 줄 모르는 사업가는 단명한다" 고 말한 주된 원인 중에 하나이다.

남부지방의 흑인과 중국인들은 세상일을 차분히 받아들이기 때문에 걱정으로 인한 심장병에 잘 걸리지 않는다. 의사들이 심장마비로 죽는 경우는 농장 일꾼보다 20배나 많다. 의사들은 긴장된 삶을 살고 그 결과 심장마비로 죽는 사람이 많은 것이다.

"하나님은 우리의 죄를 용서해 주실지 모르지만 우리의 마음은 우리의 죄를 절대 용서하지 않는다." 라고 윌리엄 제임스가 말했다.

매년 미국에서는 전염성이 강한 질병으로 죽는 사람보다 자살로 죽는 사람이 더 많다.

왜 그럴까? 원인은 대부분 "걱정" 이다.

중국 군주가 죄수를 고문할 때, 죄수의 손과 발을 묶고 머리위에 물이 계속해서 똑똑 떨어지게 했다. 머리위에 떨어지는 물방울은 마침내 망치를 치는 소리처럼 들려 죄수는 미쳐버리고 만다. 이와 같은 고문이 스페인 종교 재판과 히틀러의 강제수용소에서 사용되었다.

걱정은 물이 떨어지는 소리와 같다. 꼬리에 꼬리를 무는 걱정은 사람을 미치게 하고 자살하게 만든다.

내가 어린 시절 미주리에 살 때 빌리 선데이의 지옥 불 이야기를 듣고 거의 미치는 줄 알았다. 그러나 그는 걱정에 사로잡힌 사람들이 겪는 육체적 고통이라는 지옥의 불길에 대해서는 언급하지 않았다. 예를 들어 당신이 만성적으로 걱정하는 사람이라면 언젠가 사람이 겪을 수 있는 극심한 고통인 협심증으로 고생할 수 있다.

협심증이 오면 당신은 고통스러워 비명을 지를 것이다. "하나님! 제발 이 병만 낫게 해주세요. 이제 다시는 걱정은 하지 않겠습니다." (내 말이 과장되었다고 생각한다면 주치의에게 물어봐라.)

삶을 사랑하는가? 오랫동안 건강하게 살고 싶은가? 그 비결을 알려주겠다. 다시 알렉시스 캐럴 박사의 말을 인용한다.

"현대사회의 혼란 속에서도 내면의 평화를 유지하는 사람은 정신질환에 걸리지 않는다."

현대사회의 혼란 속에서도 내면의 평화를 유지할 수 있겠는가? 보통 사람들의 답은 "그렇다" 일 것이다. 우리 중 대부분은 우리가 알고 있는 것 보다 더 강하다. 우리는 여태 한 번도 사용하지 않은 내적 능력이 있다. 소로우의 명저 〈월든〉에서 그는 이렇게 말했다.

"자기가 꿈꾼 대로 자신감 있게 나아가면, 자신이 바라는 대로 삶을 살아가려고 노력하면 그는 평소에 기대할 수 없었던 성공에 이르게 될 것이다."

이 책을 읽는 독자는 올가 K. 자베이 못지않은 내면의 힘을 가졌을 것이다. 그녀는 가장 비극적인 상황에서도 걱정을 물리칠 수 있다는 것을 발견했다. 우리가 이 책에서 이야기하고 있는 원리를 적용하면 걱정을 극복할 수 있으리라 생각한다. 내게 보낸 편지에서 올가 K. 자베이는 다음과 같이 이야기한다.

"8년 반 전 나는 암에 걸렸다는 진단을 받았습니다. 메이요 형제 같은 전문가들의 진단도 같았습니다. 나는 막다른 골목에 서 있었고, 죽음이 입을 크게 벌리고 나를 기다리고 있었습니다. 나는 젊었고 죽고 싶지 않았습니다! 절망에 빠져 주치의에게 전화를 걸어 가슴속의 절망을 털어놓았습니다.

'왜 그래, 올가? 당신 안의 투지는 어디로 가 버린 거야? 그렇게 계속 울면 당연히 죽을 거야. 그래. 최악의 상황이 당신에게 닥쳤어. 그래. 현실을 직시하라고! 걱정은 집어치우고 행동을 해봐.'

바로 그때 나는 맹세를 했습니다. 손톱이 살을 찌르고 차가운 냉기가 척추를 타고 흐르는 것 같았습니다.

'이제 걱정 따윈 하지 않을 거야. 이제 울지 않을 거야. 나는 이길 거야! 나는 살 거야!

라듐을 처방할 수 없는 암에는 보통 하루에 10분 30초씩 30일간 방사선 치료를 합니다. 저는 49일 동안 하루에 14분 30초 동안 방사선 치료를 받았습니다. 앙상한 몸에서 뼈가 튀어나오고 다리가 납덩이처럼 무거워도 저는 걱정하지 않았습니다. 한 번도 울지 않았습니다! 저는 웃었습니다! 억지로라도 웃으려고 했습니다.

저는 단순히 웃는 것만으로 암을 치료할 수 있다고 생각할 정도로 어리석지 않습니다. 하지만 명랑한 기분이 질병과 싸우는 데 도움을 준다고 확고하게 믿습니다. 어쨌든 저는 암이 치료되는 기적을 경험했습니다. 지난 몇 년 동안 이보다 더 건강한 적은 없었습니다. '현실을 직시해라. 걱정을 멈추고 행동을 하라!' 는 주치의의 격려 덕분이었습니다."

나는 이 장의 제목을 다시 한 번 되풀이함으로 이 장을 마치려고 한다.

알렉시스 캐럴 박사의 말 "걱정에 대처할 줄 모르는 사업가는 단명한다."

예언자 모하메드의 광신도들은 코란의 구절을 가슴에 문신처럼 새겨놓는다. 나는 이 책의 독자들도 "걱정에 대처할 줄 모르는 사업가는 단명한다." 는 말을 가슴속에 문신처럼 깊이 새기기를 바란다.

캐럴 박사가 당신 이야기를 한 것일까?

그럴지도 모른다.

걱정에 대해 알아야 할 기본 사실

규칙 1. 걱정을 피하고 싶다면 윌리엄 오슬러 경이 말한 것처럼 해라.
"오늘에 충실하라."
"미래의 일로 조바심 내지 말라. 잠들기 전까지 하루를 충실히 살아라."

규칙 2. 걱정거리가 당신을 구석으로 몰면 캐리어의 마법의 공식을 사용해봐라.

　　1. 자문해라.

　　　"지금 일어날 수 있는 최악의 상황이 무엇인가?"

　　2. 피할 수 없다면 받아들일 준비를 해라.

　　3. 침착하게 최악의 상황을 개선시키기 위해 노력해라.

규칙 3. 걱정을 하면 건강을 해치는 엄청난 대가를 치르게 된다는 것을 기억해라. "걱정에 대처할 줄 모르는 사업가는 단명한다."

2장

———

걱정을 분석하는
기본 테크닉

1 걱정을 분석하고 해결하는 방법

나는 6명의 충실한 하인이 있다.

(내가 아는 모든 것은 그들이 가르쳐주었다.)

그들의 이름은 '누가', '언제', '어디서', '무엇을', '어떻게', '왜' 이다.

–러드야드 키플링

캐리어의 마법의 공식이 당신의 걱정을 전부 해결해줄 수 있을까? 물론 그렇지는 않다.

그러면 해답은 무엇일까? 해답은 우리가 문제 분석의 3단계를 익혀서 다양한 종류의 걱정에 대처할 수 있어야 한다는 것이다. 기본 3단계는 다음과 같다.

1. 사실을 파악하라.
2. 사실을 분석하라.
3. 결론을 도출하고, 그것을 실행하라.

너무 뻔한가? 아리스토텔레스도 이 방법을 가르쳤고, 이 방법을 사용했다. 우리의 낮과 밤을 지옥으로 만들어버리는 문제를 해결하려면, 우리도 이 방법을 사용해야 한다.

먼저 첫 번째 단계를 보자. 사실을 파악하라. 사실을 파악하는 것이 왜 중요한가? 우리가 사실을 정확하게 파악하지 못하면 문제를 지혜롭게 해결하려는 시도도 하지 못하기 때문이다. 사실이 없으면 우리가 할 수 있는 일이라고는 혼란에 빠져서 조바심을 내는 것뿐이다. 내 생각이냐고? 아니다. 이것은 콜럼비아 대학의 총장으로 22년간 재직한 허버트 E. 호크스의 생각이다. 그는 22만 명의 학생들이 걱정을 해결하는 데 도움을 주었다. 그는 다음과 같이 말한다.

"혼란이 걱정의 중요한 원인입니다. 세상 걱정의 절반은 결정을 내리는 데 필요한 충분한 지식을 얻기 전에 결정을 하려고 하는 사람들이 만듭니다. 다음 주 화요일 어떤 문제에 대한 결정을 해야 하는데 그 사이에 문제와 관련된 모든 사실을 확인하는 데 집중합니다. 나는 걱정하지 않습니다. 나는 그 문제로 골머리를 앓지 않습니다. 잠도 잘 잡니다. 그저 사실을 확인하는데 집중합니다. 결정을 내려야 할 화요일이 다가오고 내가 사실을 다 확인하면 문제는 대게 저절로 해결됩니다!"

나는 그 말이 고민에서 완전히 해방되었냐는 말이냐고 물었다.

"나의 삶은 걱정에서 완벽하게 자유롭습니다. 누구든 공정하고 객관적인 시각으로 사실을 확인하는 데 시간을 들인다면 걱정은 없어져 버릴 것입니다."

다시 한 번 강조한다. "누구든 공정하고 객관적인 시각으로 사실을 확인하는 데 시간을 들인다면 걱정은 없어져 버릴 것입니다."

하지만 우리는 어떻게 하고 있는가? 토머스 에디슨은 이렇게 말했다. "생각하지 않고 문제를 해결할 수 있는 방법은 없다." 우리가 사실에 신경 쓴다고 해보자. 우리는 우리가 생각하고 있는 사실만을 쫓을 뿐 다른 사실들은 무시한다. 우리는 우리의 행동을 정당화하는 사실, 우리의 선입견을 정당화 시켜줄 사실만을 원한다.

앙드레 모루와는 다음과 같이 말했다.

"우리의 욕망과 부합하는 것은 진실해 보인다. 그렇지 않은 모든 것에 우리는 분노한다."

우리가 문제에 대한 해답을 구하는 일을 어려워하는 게 놀랄만한 일인가? 2 더하기 2는 5라고 믿으면서 초급 수학을 풀려고 하면 같은 문제가 생기지 않겠는가? 그런데도 세상에는 2 더하기 2는 5, 아니 2더하기 2가 500이라고 우기는 사람들 때문에 자신과 다른 사람의 삶을 지옥으로 만드는 사람들이 너무나 많다.

어떻게 하면 될까? 우리는 감정을 사고로부터 분리시켜야 한다. 호크스 총장이 말한 것처럼 사실을 "공정하고 객관적으로" 봐야 한다.

우리가 걱정을 하고 있을 때 그렇게 하는 것은 쉬운 일이 아니다. 우리가 걱정을 하면 우리의 감정이 날카로워진다. 하지만 공정하고 객관적인 시선으로 사실을 확인하는 데 도움이 될 수 있는 두 가지 방법을 제시해 보겠다.

1. 사실을 확인하려고 노력할 때, 나는 나 자신을 위해서가 아니라 다른 사람을 위해 정보를 수집하는 것처럼 행동한다. 이렇게 하면 냉정하고, 공정하게 사실을 볼 수 있게 도움을 준다. 이렇게

하면 나의 감정을 배제하는 데 도움이 된다.

2. 정보를 수집할 때 나와 반대되는 입장을 변론하는 변호사인 것 처럼 행동한다. 다른 말로 하면 나에게 불리한 사실들, 내 기대 와 어긋나는 사실들, 내가 보고 싶지 않은 사실들을 모으려고 노 력한다.

그런 다음 내 입장과 반대편 입장을 기록한다. 보통 진실은 양쪽 극 단의 중간 어딘가에 있다.

내가 말하려는 요지는 이것이다. 당신이나 나 아니면 아이슈타인이 건 미국 연방대법관이건 간에 사실을 확인하지 않고서는 어떤 문제에 도 현명한 판단을 내릴 수 없다. 토머스 에디슨도 이 사실을 알았다. 그 가 죽었을 때 그가 직면했던 문제와 관련된 사실을 기록한 공책이 2천 5백 권이나 되었다.

우리의 문제를 해결하는 제1규칙은 '사실을 확인하라' 이다. 호크스 총장이 한 대로 하자. 공정하게 모든 사실을 확인하지 않고는 문제를 풀려는 시도조차 하지 않는다.

하지만 사실을 분석하고 해석하지 않으면 사실을 수집하는 것만으 로는 아무 소용이 없다.

나는 귀중한 경험을 통해 사실을 기록하면 사실을 분석하는 것이 훨 씬 쉽다는 것을 발견했다. 사실 종이에 사실을 적고, 문제를 나열하는 것만으로도 현명한 결정을 내리는 데 큰 도움이 된다. 찰스 케터링은 "명쾌하게 쓰여진 문제는 반은 풀린 것과 다름없다."

이 말이 현실에서 어떻게 적용되는 지 보여주겠다. 극동지역에서 가장 성공한 미국 사업가인 갈렌 리치필드의 예를 들어보겠다.

"일본군이 진주만을 공격하고 얼마 지나지 않아 상하이를 침공하였습니다. 저는 상하이의 아시아 생명보험사의 매니저였습니다. 그들은 우리에게 '군 청산인'을 보냈습니다. 그는 나에게 우리의 자산을 청산하는 일을 하는 데 협조하라는 명령을 내렸습니다. 선택의 여지가 없었습니다. 협조하지 않으면 목숨을 부지할 수 없었습니다.

저는 시키는 대로 하는 척 했습니다. 다른 대안이 없었으니까요. 하지만 75만 달러에 해당하는 유가증권 한 묶음을 빼돌렸습니다. 이 유가증권은 홍콩 지사에 속한 것이어서 상하이 자산과는 관련이 없었습니다. 그래도 혹시 일본군이 이 사실을 알면 제가 곤란해질까 두려웠습니다. 그리고 일본군은 곧 이 사실을 알아채고 말았습니다.

그들이 이 사실을 발견했을 때 저는 사무실에 없었고 제 수석 경리과장이 있었습니다. 그는 제게 일본 장성이 화가 나서 발을 구르고 욕을 해대고 저를 도둑, 반역자라 불렀다고 전해주었습니다. 저는 일본군에게 반항한 셈이었습니다. 그것이 무엇을 의미하는지 저는 알고 있었습니다. 저는 브리지하우스로 끌려 갈 판이었습니다!

브리지하우스! 그곳은 일본군의 고문실입니다! 고문실에 끌려가니 자살을 선택한 친구들도 있고, 거기서 10일 동안 취조와 고문을 당한 친구도 있었습니다. 이제 제가 브리지하우스에 끌려갈 판이었습니다!

제가 무엇을 했을까요? 저는 일요일 오후에 그 소식을 들었습니다. 문제해결을 위한 정확한 방법을 몰랐다면 겁에 질려 벌벌 떨고 있었겠지요. 오랫동안 고민이 있을 때마다 타자기에 가서 두 가지 질문과 그 질문에 대한 답을 쳤습니다.

　1. 내가 걱정하고 있는 것이 무엇인가?

　2. 이것에 대해 나는 무엇을 할 수 있는가?

전에는 이 두 가지 질문을 쓰지 않은 상태에서 답을 하려고 했습니다. 하지만 몇 년 전부터는 그러지 않았습니다. 두 가지 질문과 그에 대한 답을 적는 것이 생각을 명확하게 하는 데 도움을 준다는 것을 알았기 때문이죠.

그래서 일요일 오후에 저는 상하이 YMCA에 있는 제 방으로 가서 타자기를 꺼내서 쳤습니다.

　1. 내가 걱정하고 있는 것이 무엇인가?

나는 내일 아침 브리지하우스에 끌려가는 것이 두렵다.

그러고 나서 두 번째 질문을 쳤습니다.

　2. 이것에 대해 나는 무엇을 할 수 있는가?

저는 몇 시간동안 생각해서 제가 취할 수 있는 4가지 행동과 그 행동이 가져올 결과를 적어보았습니다.

　1. 일본군 제독에게 상황을 설명할 수 있다. 하지만 그는 영어를 못
　　한다. 통역을 이용해서 그에게 설명한다면 그를 화나게 할 수 있

다. 그러면 바로 죽음이다. 그는 잔인한 성격이라 변명을 듣느니 나를 브리지하우스에 보내버릴 것이다.

2. 탈출을 시도할 수도 있다. 불가능하다. 그들은 언제나 나를 감시하고 있다. YMCA에 있는 내 방을 드나들 때도 신고해야 한다. 도망치려고 하면 붙잡혀서 총살당할 것이다.

3. 방에 머물면서 사무실 근처에는 얼씬도 하지 않는다. 그렇게 하면 일본군 장성이 나를 의심해서 나를 잡아다가 변명할 기회도 주지 않고 브리지하우스에 보내버릴 것이다.

4. 월요일에 평소처럼 사무실에 출근한다. 출근하면 일본군 장성이 너무 바빠서 내가 한 일에 대해서는 생각조차 못할 수도 있다. 그가 내가 한 일을 생각해 내도 그는 그때쯤이면 성질이 죽어서 나는 신경도 쓰지 않을지 모른다. 이렇게 되면 나는 무사할 것이다. 그가 내게 트집을 잡으면 그에게 설명할 기회는 아직 있다. 그러니 월요일 아침에 평소대로 출근해서 아무 일도 없었던 것처럼 행동하면 브리지하우스를 피할 수 있다.

네 번째 계획대로 월요일 아침에 평소대로 출근하기로 결정하자 마음이 편해졌습니다.

다음날 아침에 출근했을 때 일본군 장성은 입에 담배를 물고 앉아있었습니다. 그는 평소대로 나를 노려보았지만 아무 말도 하지 않았습니다. 6주일 후에 그는 도쿄로 돌아갔고 제 걱정도 거기서 끝났습니다.

앞서 말씀드린 것처럼 일요일 오후에 취할 수 있는 모든 방법을 적고 조용히 결정을 내린 것이 제 목숨을 구했을지 모릅니다. 그렇게 하지 않았다면 갈피를 못 잡고 우왕좌왕 헤매다가 실수를 저질렀을지 모릅니다. 문제를 곰곰이 생각해서 결정을 내리지 못했으면 일요일 오후 내내 걱정에 휩싸여서 그날 밤 잠을 못 잤을지 모릅니다. 그러면 월요일 아침 지치고 걱정스러운 표정으로 출근했을 것이고, 그것만으로도 일본군 장성의 의심을 사서 그가 어떤 조치를 가했을 지도 모릅니다.

여러 번의 경험으로 결정을 내리는 것이 얼마나 중요한 가를 깨달았습니다. 확고한 결정을 내리지 못하고, 어쩔 줄 몰라 하면서 우왕좌왕 하면 신경쇠약에 걸리고 삶이 지옥으로 변합니다. 일단 명확한 결정을 내리면 50%의 고민은 사라집니다. 그리고 그 결정을 실행하는 과정에서 40%의 고민이 사라집니다.

이 4가지 단계를 거치면서 제 고민의 90%는 사라집니다.

1. 걱정하고 있는 문제를 정확하게 적는다.
2. 그에 대해 내가 할 수 있는 것을 적는다.
3. 무엇을 할 지 결정한다.
4. 결정을 즉각적으로 실행에 옮긴다.

갈렌 리치필드는 현재 대형 금융보험회사 스타 파크 프리맨의 극동지역 담당책임자로 일하고 있다.

내가 말한 것처럼 갈렌 리치필드는 오늘날 아시아에서 활동하는 가장 중요한 미국 사업가 중에 한명이다. 그는 자신의 성공은 걱정을 분석하고 걱정을 정면돌파하는 자신의 방법 덕분이라고 말했다.

그의 방법이 뛰어난 이유는 무엇일까? 그의 방법은 효율적이고 구체적이고 문제의 핵심을 꿰뚫는다. 무엇보다도 세 번째 규칙이자 필수 규칙으로 '해결을 위해 행동하라.'는 실천하지 않으면 사실을 확인하고 분석하는 과정은 소용이 없게 된다는 말이다.

윌리엄 제임스는 이런 말을 했다.

"결정을 내리고 실행하기로 했으면 결과에 대한 책임과 염려는 잊어버려라."

그가 의미한 바는 일단 사실에 근거해서 결정을 내렸으면 주저 없이 행동하라는 것이다. 다시 생각해보기 위해 멈추지 마라. 머뭇거리거나 걱정하거나 이미 지나 온 과정을 다시 밟아서는 안 된다. 자기 자신에 대한 믿음을 잃지 마라. 뒤를 돌아보지 마라.

오클라호마의 유명한 석유업자인 웨이트 필립스에게 어떻게 결단하고 실행에 옮기는지 물어본 적이 있었다. 그는 다음과 같이 대답했다.

"저는 어떤 문제든 지나치게 생각하면 혼란과 걱정만 불러일으킨다는 것을 발견했습니다. 조사나 생각을 정도 이상으로 하면 해가 되는 때가 옵니다. 결정을 내린 다음 뒤 돌아보지 말고 행동을 해야 할 때가 있습니다."

걱정을 해결하기 위해 갈렌 리치필드의 방법을 쓰는 것이 어떨까?

질문 1. 내가 걱정하고 있는 것이 무엇인가?
(아래 빈칸에 질문에 대한 답을 써 보아라.)

질문 2. 이것에 대해 나는 무엇을 할 수 있는가?

(아래 빈칸에 질문에 대한 답을 써 보아라.)

질문 3. 문제에 대해 내가 할 수 있는 일

질문 4. 언제부터 시작할 것인가?

2 업무상의 고민을 반으로 줄이는 법

당신이 사업가라면 지금 이렇게 말할지 모른다. "이 장의 제목이 웃기는군. 19년 동안 사업을 해왔는데, 다른 사람이 할 수 있는 것이면 나도 벌써 했지. 업무 고민을 반 이상 줄여주는 법을 말해준다고. 거 참 웃기는군!"

맞는 말이다. 나도 몇 년 전에 이런 제목을 봤으면 똑같이 느꼈을 것이다.

솔직하게 얘기해보자. 아마 나는 당신의 업무 걱정을 절반으로 줄여주지 못할 지 모른다. 그렇게 할 수 있는 사람은 당신밖에 없다. 하지만 내가 할 수 있는 것은 당신에게 다른 사람들이 어떻게 하고 있는 가를 보여주고 나머지는 당신에게 맡기는 것이다.

내가 이 책에서 세계적으로 유명한 알렉시스 캐럴 박사의 말을 인용한 것을 기억할 것이다. "걱정에 대처할 줄 모르는 사업가는 단명한다."

걱정은 이렇게 심각한 문제다. 내가 당신의 걱정을 10%만 줄여줘도 좋지 않은가? 그렇다고? 좋다! 지금부터 사업상의 문제를 해결하기 위한 회의 시간의 75%를 줄인 한 사업가의 이야기를 들려주겠다.

게다가 내가 하려는 이야기는 "X씨", "오하이오 주의 어떤 사람" 같은 당신이 직접 확인하기 어려운 허구의 인물이 아니라 실제 인물인 레온 심킨의 이야기이다. 그는 미국에서 유명한 출판사 중의 하나인 사이먼 앤 슈스터의 공동경영자이자 총 책임자를 맡고 있다.

다음은 레온 심킨이 경험담이다.

"15년 동안 나는 매일같이 거의 반나절을 회의를 하느라 보냈습니다. 이걸 할까, 저걸 할까 아니면 아예 하지 말아야 할까? 우리는 긴장하여 의자에서 몸을 꼬거나 방을 서성이고 토론을 했습니다. 밤이 되면, 저는 말 그대로 녹초가 되었습니다. 죽을 때까지 계속 이렇게 살아야 될 것 같은 생각이 들었습니다. 15년 동안 이렇게 살아왔고 더 좋은 방법을 생각할 엄두도 내지 않았습니다. 누군가 제게 회의에서 보낸 시간과 회의에서 생긴 긴장의 4분의 3을 줄여준다고 얘기했다면, 저는 그를 무모하고 실정은 모르는 낙관주의자라고 욕했을 것입니다. 하지만 저는 정확히 그렇게 할 수 있는 방법을 생각해냈습니다. 이 방법을 8년째 계속해오고 있습니다. 이 방법은 놀랄 정도로 능률과 건강, 행복을 가져다주었습니다.

마법처럼 들리지만 그 원리를 보면 엄청나게 단순합니다.

비밀은 이렇습니다. 이 회의 절차를 모두 중단하고 예전에는 직원들이 문제를 모두 나열하고 나서 마지막에 "이제 어떻게 할까요?" 하고 의견을 구했었습니다. 새로운 규칙을 만들었습니다. 문제점을 발표하고 싶은 사람은 누구든지 다음과 같은 4개의 질문에 답할 수 있는 메모를 미리 작성해서 제출해야 합니다.

질문 1. 무엇이 문제인가?

(과거에는 진짜 문제가 무엇인지 정확하게 모른 체 걱정된 표정으로 1시간이고 2시간이고 회의를 하면서 시간을 보냈습니다. 우리는 무엇이 문제인지 구체적으로 쓰지도 않고 열띠게 토론만 했습니다.)

질문 2. 문제의 원인이 무엇인가?

(예전에 문제의 근원을 명확히 찾아내려고 노력하지도 않은 채 걱정만 하면서 회의하느라 낭비한 시간을 생각하면 오싹합니다.)

질문 3. 문제를 해결할 수 있는 해결책은 무엇이 있는가?

(예전엔 어떤 사람이 한 가지 해결책을 제시합니다. 다른 사람이 해결책을 제시한 사람과 논쟁을 합니다. 그러다보니 모두가 흥분을 하고 토론이 주제에서 벗어나서 회의 끝에는 아무도 문제 해결을 위해 우리가 할 수 있는 다양한 방법을 적은 사람은 아무도 없었습니다.)

질문 4. 당신이 제안하는 해결책은 무엇인가?

(예전에는 회의에 들어오면서 몇 시간씩 밖에서 서성대면서 상황에 대해 고민을 할 뿐이었습니다. 해결책을 생각해보고 적어오는 사람은 없었습니다.)

회사에서 자신들의 문제를 들고 나에게 오는 직원들은 거의 없습니다. 왜냐고요? 그들은 이 4가지 질문에 답하기 위해서 모든 사실을 확인하고, 문제를 철저히 검토해야 하기 때문입니다. 그렇게 하는 과정에서 4분의 3은 토스터기에서 빵이 튀어나오는 것처럼 해결책이 부지불식간에 나오기 때문에 저를 찾아올 필요도 없습니다. 상의가 필요한 경우에도 토론은 예전에 걸리던 시간의 3분의 1로 줄어들었습니다. 절차에 따라 논리적인 과정을 거쳐 합리적인 결론에 도달하기 때문입니다.

이제 사이먼 앤 슈스터에서 문제점을 토론하는 데 걸리는 시간이 훨씬 많이 줄어들고 문제를 해결하기 위한 행동을 더욱 많이 하게 되었습니다."

내 친구인 미국 최고의 보험 왕 프랭크 베트거는 위와 비슷한 방법을 써서 사업상의 걱정이 줄었을 뿐 아니라 수입도 거의 두 배가 되었다고 말한다.

"몇 년 전, 내가 막 보험을 팔기 시작했을 때 무한한 열정과 일에 대한 사랑으로 가득 차 있었지. 그러던 중 문제가 생겼어. 나는 너무나 낙심해서 내 일을 경멸하고 그 일을 포기하려고 까지 했어. 어느 토요일 아침에 조용히 앉아서 걱정의 근원이 무엇인지 찾아내려고 하지 않았다면, 나는 아마 그만두었을 거야.

1. 나는 우선 스스로에게 이런 질문을 했어. '정확히 문제가 뭘까?' 문제는 내가 고객을 엄청나게 많이 방문하지만 수익은 그에 비례해 많지가 않았어. 면담할 때는 괜찮은 데 막상 보험 계약을 하려고 하면 고객이 이렇게 말하지. '생각 좀 해볼게요. 다음에 다시 한 번 와주세요.' 다음에 방문하면 계약은 이루어지지 않으니까 우울하게 되더군.

2. '가능한 해결책은 무엇일까?' 이 질문에 답을 하기위해서는 사실을 면밀히 살펴봐야했어. 지난 12개월의 기록을 꺼내 살펴보았어.

나는 놀라운 발견을 했지! 실적 가운데 70%는 첫 방문 때 이루어진 것이었어! 23%의 경우 계약이 두 번째 방문에 이루어지고! 7%는 세 번, 네 번, 그 이상씩 방문해야 성사된 것이었어. 이 7%의 계약이 나를 지치게 하고 내 시간을 잡아먹었던 거였어. 달리 말해 내 실적의 7%밖에 되지 않는 일에 업무 시간의 절반을 쓰고 있었던 거지!

3. '문제의 답은 무엇일까?' 답은 분명했어. 나는 한 곳을 두 번 이상 방문하지 않기로 하고 남은 시간을 새로운 고객을 찾는 일에 썼어. 결과는 믿을 수 없었지."

프랭크 베트거는 미국에서 가장 잘 알려진 보험 판매 왕이다. 그는 피델리티에서 일하고, 1년에 백만 달러 이상의 계약고를 올리고 있다. 하지만 그에게도 포기하려던 순간이 있었다. 그가 막 포기하려던 순간에 문제를 분석했고 이는 그에게 성공으로 가는 발판을 마련해주었다.

당신의 사업 문제에 이 질문들을 적용할 수 있는가? 단언컨대 이 질문들은 당신의 걱정을 50% 줄여줄 수 있을 것이다. 다시 한 번 그 질문을 반복하면 다음과 같다.

1. 문제는 무엇인가?

2. 문제의 원인은 무엇인가?

3. 가능한 해결책이 무엇인가?

4. 문제해결을 위한 당신의 제안은 무엇인가?

걱정을 분석하는 기본 방법

규칙 1. 사실을 파악하라. 콜럼비아 대학의 학장 호크스의 말을 기억해라. "세상 걱정의 절반은 결정을 내릴 때 필요한 충분한 지식 없이 결정하려고 하는 사람들이 만들어낸다."

규칙 2. 모든 사실을 면밀히 검토한 후에 결정을 해라.

규칙 3. 결정을 하면 실행하라! 결정을 실행으로 옮기기 위해 열심히 노력하고 결과에 대한 걱정은 하지 마라.

규칙 4. 당신 또는 당신의 동료가 어떤 문제에 대해 걱정을 할 경우, 다음의 질문과 그에 대한 답을 적어보아라.
   1) 문제는 무엇인가?
   2) 문제의 원인은 무엇인가?
   3) 가능한 해결책이 무엇인가?
   4) 최선의 해결책은 무엇인가?

3장

걱정하는 습관을
없애는 방법

1 걱정을 머릿속에서 지우려면

나는 수강생 중에 한명인 매리언 J. 더글라스가 강좌를 들으러 왔던 몇 년 전의 그 밤을 결코 잊지 못한다. (그의 요청으로 실명은 쓰지 않겠다.) 그러나 지금부터 하는 이야기는 그가 수강생들 앞에서 직접 한 이야기이다. 그의 가정에 한 번도 아니고 두 번이나 비극이 불어 닥쳤다. 첫 번째 비극은 그가 사랑하는 5살짜리 딸아이를 잃었을 때이다. 딸의 죽음은 그들 부부에게는 견딜 수 없는 일이었지만 10개월 뒤에 두 번째 아이가 생겼다. 하지만 그 아이도 태어난 지 5일 만에 죽고 말았다. 두 번의 상실은 부부에게는 견딜 수 없는 아픔이었다.

"저는 도저히 받아들일 수 없었습니다. 잠을 잘 수도, 먹을 수도 없었습니다. 휴식을 취할 수도 없고 편한 마음을 가질 수도 없었습니다. 의욕을 상실해서 살 수가 없었습니다."

마침내 그는 의사를 찾았다. 한 의사는 그에게 수면제를 권했고 다른 의사는 여행을 권했다. 그는 두 가지 모두를 해보았지만 어떤 것도 도움이 되지 않았다.

"제 몸이 집게에 끼어 그 집게가 점점 더 조여 오는 것처럼 느껴졌습니다."

슬픔에 사로잡힌 적이 있는 사람은 그의 심정을 이해할 수 있을 것이다.

"하지만, 저에게는 한 아이가 남아있었습니다. 4살짜리 아들이었죠. 그 아이가 제 문제에 해결책을 주었습니다. 제가 너무나 슬퍼하며 자리에 앉아있는데 아이가 저에게 부탁을 하더군요. '아빠, 제게 보트를 만들어 주시겠어요?' 저는 보트를 만들 기분이 아니었습니다. 사실 어떤 일도 하고 싶지 않았습니다. 하지만 제 아들 녀석은 고집이 센 녀석입니다! 결국 아들 녀석에게 굴복하고 말았습니다.

그 장난감을 조립하는 데 거의 세 시간이 걸렸습니다. 장난감 조립이 끝날 때쯤 몇 달 동안 느껴보지 못했던 편안함과 평화를 느꼈습니다.

그 발견이 저를 무기력감에서 벗어나 생각이라는 것을 할 수 있게 해주었습니다. 계획하고 생각하느라 바쁠 때에는 걱정을 하기가 어렵다는 것을 깨달았습니다. 제 경우에는 장난감 배를 만들 때 고민이 사라졌습니다. 그래서 이제부터 바쁘게 살아야겠다고 결심했습니다.

다음날 밤 저는 집을 돌아다니며 해야 할 일의 목록을 작성했습니다. 책장, 계단, 유리창, 블라인드, 손잡이, 자물쇠, 물이 새는 수도꼭지 등 고쳐야 할 것이 많았습니다. 2주에 걸쳐서 손봐야 할 것의 목록을 작성했더니 놀랍게도 242개나 되었습니다.

지난 2년 동안 그 대부분을 수리했습니다. 매일 분주하게 보냈습니다. 일주일에 이틀은 뉴욕에서 성인 대상 강좌를 들었습니다. 제가 살고 있는 지역의 시민 활동에도 참가해서 지금은 학교 교육위원회 위원장을 맡고 있습니다. 참석하는 모임도 많습니다. 적십자와 다른 활동들을 위한 기금모금에도 참석하고 있습니다. 너무 바빠서 걱정할 시간이 없습니다."

걱정 할 시간이 없다! 그것은 윈스턴 처칠이 전쟁이 절정일 무렵 하루 18시간 일할 때 한 말이다. 그의 막중한 책임에 스트레스를 받느냐는 질문에 그는 다음과 같이 답했다.

"나는 너무 바빠서 걱정할 시간이 없습니다."

찰스 케터링도 그가 자동차 시동기 개발을 시작했을 때 같은 문제를 겪었다. 케터링은 최근에 은퇴할 때까지 GM의 부사장으로 있으며 GM 연구소의 총책이었다. 그는 한때 몹시 가난해서 헛간을 실험실로 썼다. 그의 아내가 피아노 강습을 해서 생활비를 벌었다. 나중에 보험금을 담보로 500달러를 빌려야 할 정도였다. 나는 그의 부인에게 걱정되지 않느냐고 물었다.

"그럼요. 너무나 걱정이 돼서 잠을 잘 수가 없어요. 하지만 남편은 안 그래요. 연구에 빠져서 걱정할 틈이 없어요."

위대한 과학자 파스퇴르는 "도서관과 연구실에서 찾는 평화"라는 말을 한 적이 있다. 왜 그런 장소에서 평화를 찾을 수 있는 것일까? 도서관과 연구실에 있는 사람들은 그들의 연구에 몰두해서 걱정할 틈이 없기 때문이다. 연구원들은 신경쇠약에 걸리는 일이 없다. 그들은 그런 사치를 부릴 시간이 없다.

왜 바쁘게 일에 매달리는 것이 걱정을 없애는 데 도움을 주는 것일까? 이것은 심리학에서 밝혀진 가장 기본적인 법칙 중에 하나이다. 그 법칙은 아무리 똑똑한 사람이라도 한 번에 한 가지 이상의 생각을 하는 것은 불가능하다는 것이다. 믿을 수 없는가? 그러면 실험을 하나 해보자.

의자에 편안히 기대서 눈을 감고 자유의 여신상과 당신이 내일 아침 해야 할 일을 동시에 생각한다고 가정해보자.

두 가지를 하나씩 생각할 수는 있지만 절대로 두 가지 모두를 동시에 생각할 수 없다는 것을 알았을 것이다. 걱정의 영역에서도 마찬가지다. 어떤 일을 재미있게 하는 데 동시에 걱정으로 축 늘어져 있는 것은 불가능하다. 하나의 감정이 다른 감정을 몰아낸다. 육군 정신과 군의관들이 전쟁 중에 기적을 이루어 낸 것은 이런 단순한 발견 덕택이었다.

전쟁의 끔찍한 경험으로 충격을 받아 신경쇠약증에 걸린 병사들이 병원에 오면 그들이 내리는 처방은 "바쁘게 만들라" 였다.

환자들은 한순간도 쉴 새 없이 활동을 해야 했다. 주로 낚시, 사냥, 축구, 골프, 사진 찍기, 정원손질, 춤추기 같은 야외활동이 주를 이루었다. 환자들에게 끔찍한 경험을 생각할 틈이 없었다.

"작업 요법" 은 요즘 정신과에서 활동을 약처럼 처방할 때 쓰는 용어이다. 이 방법은 새로운 것이 아니다. 기원전 5세기 그리스에서는 이미 이 방법을 사용하고 있었다.

벤자민 프랭클린이 활동하던 시기에 퀘이커 교도들도 필라델피아에서 이 방법을 사용했다. 1774년 어떤 사람이 퀘이커교에서 운영하는 요양소를 방문했다. 그는 정신병 환자들이 리넨을 짜느라 바쁜 것을 보고 놀랐다. 퀘이커 교도들이 환자들에게 약간의 노동을 시키면 증세가 완화된다는 것을 설명해줄 때까지 그는 이 불쌍한 환자들이 착취를 당한다고 생각했다. 약간의 노동은 신경을 안정시켜준다.

어떤 정신과의사든 당신에게 바쁘게 움직이는 것이 정신 질환에 가장 잘 듣는 최고의 치료제 중 하나라고 말해줄 것이다. 헨리 W. 롱펠로우도 사랑하는 아내와 사별했을 때 이 사실을 직접 깨달았다. 그의 아내가 봉인용 밀납을 촛불에 녹이던 중 옷에 불이 붙었다. 롱펠로우는 아내의 비명을 듣고 아내를 구하기 위해 달려갔지만 아내는 화상으로 죽고 말았다. 한동안 그 끔찍한 기억으로 그는 거의 미칠 지경이었다. 하지만 운이 좋게도 그에게는 돌봐줘야 할 세 명의 어린 자녀가 있었다. 슬펐지만 롱펠로우는 자녀들에게 어머니 노릇까지 해야 했다. 그는 아이들을 데리고 산책을 가고, 아이들에게 동화책을 읽어주고, 아이들과 함께 놀았다. 아이들과 함께 보내며 〈아이들의 시간〉이라는 시도 지었다. 그는 또한 단테의 작품도 번역했다. 여러 가지 일로 바빠서 그는 슬픔을 잊고 마음의 평화를 찾을 수 있었다. 테니슨은 가장 친한 친구아더 할램을 잃고 다음과 같은 말을 했다.

"일에 몰두해서 나 자신을 잊어버려야 한다. 그렇게 하지 않으면 절망에 빠질 것이다."

대부분의 사람들은 열심히 일하고 있을 때 일에 몰두하는 것이 어렵지 않다. 하지만 일이 끝나고 나서가 위험하다. 여가시간을 즐길 때가 가장 행복해야 하지만 그때 걱정이라는 우울한 마귀가 우리를 공격한다. 잘 살고 있는 것인가? 쳇바퀴 같은 삶을 사는 것은 아닌가? 상사가 오늘 한 말에 무슨 의도가 있었던 것은 아닌가? 대머리가 되고 있는 것은 아닌가? 같은 잡념이 끊임없이 머릿속을 파고든다.

우리가 바쁘지 않을 때 우리의 뇌는 거의 진공상태와 같다. 물리학을 배운 학생은 누구나 "자연은 진공상태를 싫어한다." 라는 말을 알고 있다. 우리가 알고 있는 것 중에 진공에 가장 가까운 것은 백열등의 내부이다. 전구를 깨뜨려 보아라. 자연은 비어있는 공간을 채우기 위해 공기를 밀어 넣을 것이다. 자연은 공허한 마음도 무엇인가로 채운다. 무엇으로 채울까? 대개는 감정이다. 왜일까? 왜냐하면 걱정, 두려움, 증오, 시기, 질투라는 감정은 원시적인 활력과 역동적인 에너지에 의해 움직이기 때문이다. 이런 감정들은 너무나 강렬해서 우리 마음속에서 평화롭고 행복한 생각을 몰아내는 경향이 있다.

콜럼비아 사범대학 교육학과 교수 제임스 L. 머셀은 이 사실을 다음과 같이 잘 설명하고 있다.

"걱정이 당신을 몰아붙여 지치게 하는 때는 당신이 일할 때가 아니라 당신이 휴식하고 있을 때입니다. 쉬고 있을 때 당신의 상상력은 미친 듯 날뛰면서 모든 종류의 그릇된 가능성을 불러들이고, 조그만 실수도 과장합니다. 이럴 때는 당신의 정신은 부하가 걸리지 않은 채 작동하는 모터와 같습니다. 결국에 베어링이 타거나 산산조각 날 것입니다. 걱정을 하지 않으려면 생산적인 일에 완전히 몰두해야 합니다."

이런 사실을 깨닫고 실행에 옮기기 위해 당신이 대학교수가 될 필요는 없다. 세계 대전 중에 나는 시카고에서 온 주부를 만났다. 그녀는 자신이 어떻게 "걱정을 하지 않기 위해서는 건설적인 일에 완전히 몰두해야 한다"는 규칙을 발견했는지 말해주었다. 나는 뉴욕에서 미주리에 있는 내 농장에 가면서 들른 식당차에서 그녀와 그녀의 남편을 만났다. (나는 이야기의 진실성을 강조하기 위해 실명과 주소를 명기하는 데 유감스럽게도 그 부부와 통성명을 하지 못했다.)

이 부부는 자신들의 아들이 일본이 진주만을 공격한 다음날 입대했다고 말했다. 부인은 외아들 걱정을 하느라 건강을 잃었다고 말했다. 아들은 어디에 있을까? 무사할까? 작전 중일까? 부상당했을까? 죽었을까?

내가 그녀에게 어떻게 걱정을 극복했는지를 묻자 그녀는 자신을 바쁘게 만들었다고 대답했다. 처음에는 하녀를 내보내고 집안일을 스스로 해서 몸을 바쁘게 움직였다. 하지만 그것만으로 큰 도움이 되지 않았다.

"머리를 쓰지 않고 기계적으로 집안일을 할 수 있는 게 문제였어요. 그래서 계속해서 아들 걱정을 했습니다. 잠자리를 준비하고 설거지를 하면서 낮 동안 정신적으로 육체적으로 저를 바쁘게 할 일이 필요하다는 것을 깨달았습니다. 그래서 큰 백화점의 판매원으로 취직했습니다. 그게 효과가 있었습니다. 무척 바빴습니다. 고객들이 몰려들어서 가격, 치수, 색깔을 물으니 일초도 다른 생각할 틈이 없었습니다. 밤이 되면 피곤한 다리를 쉬게 해 줘야 한다는 생각 말고는 다른 생각을 할 수가 없었습니다. 저녁을 먹자마자 죽은 듯 잠이 들었습니다. 걱정할 시간도, 걱정할 힘도 없었습니다."

그녀는 존 쿠퍼 포이즈가 〈불쾌한 일을 잊는 기술〉에서 말한 것을 자신의 체험을 통해 깨달았다.

"주어진 일에 몰두할 때 일종의 안정감, 내면의 평화, 행복한 마비상태가 찾아온다. 이 감정이 인간의 마음을 진정시켜준다."

얼마나 큰 축복인가! 세계에서 가장 유명한 여성 탐험가 오사 존슨은 나에게 걱정과 슬픔에서 벗어나는 그녀의 비결을 말해주었다. 당신은 〈나는 모험과 결혼했다〉라는 책에서 그녀의 인생이야기를 읽은 적이 있을 것이다. 이 세상에 모험과 결혼한 여자가 있다면 바로 그녀일 것이다. 그녀가 16살이었을 때 그녀는 마틴 존슨과 결혼해 캔사스를 떠나 보르테오의 정글에 정착했다. 25년 동안 이 캔사스 출신 부부는 아시아와 아프리카의 멸종 위기의 야생동물에 대한 영화를 찍으면서 전 세계를 여행했다. 몇 년 전에 미국으로 돌아온 이 부부는 강연을 다니며 그들이 찍은 유명한 영화를 보여주었다. 그들은 덴버에서 해안으로 가는 비행기를 탔는데 그만 비행기가 산으로 추락하고 말았다. 남편인 마틴 존슨은 즉사했다. 의사들은 오사에게 다시는 침대에서 일어나지 못할 것이라고 말했다. 하지만 그들은 오사 존슨이라는 사람을 몰랐다. 3개월 후 그녀는 휠체어를 타고 많은 청중 앞에서 강연을 하고 있었다. 사실 그녀는 이 무렵 휠체어에 앉아 100회 이상 강연을 했다. 내가 그녀에게 왜 그렇게 했느냐고 묻자 그녀는 다음과 같이 답했다.

"그렇게 하면 슬퍼하고 고민할 시간이 없으니까요."

버드 제독은 혼자서 5개월 동안 남극을 뒤덮고 있는 만년설에 말 그대로 파묻혀 오두막에서 지낼 때 같은 진리를 발견했다. 태고의 신비를 간직하고 있는 이 만년설은 미국과 유럽대륙을 합친 것보다 더 큰 미지의 대륙을 덮고 있었다. 버드 제독은 그곳에서 혼자 5개월 동안 지냈다. 반경 100마일 안에 살아 있는 생명체는 아무것도 없었다. 어찌나 추운지 바람이 불면 입김이 어는 소리를 들을 수 있었다. 그의 책 〈혼자서〉에서 버드 제독은 영혼을 갉아먹는 암흑 속에서 보낸 5개월에 대해 말하고 있다. 낮도 밤처럼 어두웠다. 맨 정신을 유지하기 위해 그는 스스로를 끊임없이 바쁘게 움직였다.

"밤에 등불을 끄기 전에 내일 할 일을 계획하는 습관을 길렀다. 예를 들어 탈출용 터널을 만드는 데 한 시간, 쌓인 눈을 치우는 데 30분, 연료통을 평평하게 만드는 데 한 시간, 식량 터널 벽에 선반을 만드는 데 한 시간, 썰매에 부서진 브리지를 고치는 데 2시간…….

시간을 이런 식으로 배분하는 것은 멋진 생각이었다. 이렇게 함으로서 자제심을 키울 수 있었다. 이런 일을 하지 않았더라면, 목적 없이 하루하루가 흘렀을 것이고, 목적이 없었으면 생활 자체가 무너졌을 것이다."

마지막에 한 말을 기억해라. "목적이 없었으면 생활 자체가 무너졌을 것이다." 우리가 걱정을 하면, 오래전부터 하던 일을 약처럼 사용하자. 하버드 대학교 임상의학 교수였던 리처드 C. 캐버트 박사는 그의 책 〈인간은 무엇으로 사는가?〉에서 다음과 같은 주장을 했다.

"의사로서 의혹, 주저함, 우유부단, 두려움으로 마음의 병을 앓고 있는 사람들이 일을 함으로서 병을 치료하는 것을 보는 것은 기쁨이었다. 일을 통해 얻게 되는 자신감은 에머슨이 주장하는 자기 신뢰와 같다."

당신과 내가 바쁘게 움직이지 않는다면, 우리가 자리에 앉아 빈둥거리며 상념에 젖어 들면, 우리는 찰스 다윈이 말하는 "위버 기버"를 수도 없이 만들어 낼 것이다. "위버 기버"는 옛이야기에 나오는 꼬마 악마인데, 이 꼬마 악마는 우리를 공허하게 만들고, 우리의 행동력과 의지력을 파괴한다.

나는 조바심을 내거나 속을 끓이지 않게 자신을 바쁘게 만들어서 이 "위버 기버"를 이겨낸 뉴욕의 사업가를 안다. 그의 이름은 트렘퍼 롱

맨으로 그의 사무실은 월스트리트 40번지에 있다. 그는 내 강좌의 수강생 중 한 명이었는데 그가 걱정을 이겨낸 이야기가 너무 재미있고 인상적이어서 수업 후에 그와 식사자리를 만들었다. 우리는 자정이 지날 때까지 식당에 앉아 그의 경험에 대해 이야기를 나누었다. 그가 한 이야기를 옮겨보겠다.

"18년 전에 저는 너무 걱정이 많아서 불면증에 걸렸습니다. 항상 긴장해 있고, 화도 잘 내고, 초조했습니다. 이러다가는 신경쇠약에 걸릴 것 같았습니다.

그때 걱정할 만한 일이 있었습니다. 저는 크라운 과일 추출회사의 회계담당이었습니다. 회사는 갤런 단위의 통조림에 50만 달러를 투자한 상태였습니다. 20년동안 이 딸기 통조림을 아이스크림 업체에 팔아왔는데 갑자기 내셔널 데어리나 보든즈 같은 대형 아이스크림 제조업체가 생산량을 급격히 늘리면서 돈과 시간을 절약하기 위해 배럴 단위로 포장된 딸기를 사들이면서 갑자기 판매가 중단되었습니다.

50만 달러에 해당하는 딸기가 재고품으로 남게 되었을 뿐만 아니라 향후 1년간 1백만 달러의 딸기를 구매하겠다는 계약도 맺은 상태였습니다. 회사는 이미 은행에서 35만 달러를 대출한 상태였습니다. 대출금을 상환하거나 연장할 방법이 없었습니다. 제가 걱정하는 것도 놀라운 일이 아니지요?

저는 상황이 바뀌었고 이대로 가다가는 파산이라고 사장을 설득하기 위해서 공장이 위치해있는 캘리포니아 왓슨빌에 달려갔습니다. 사장님은 믿으려 하지 않았습니다. 모든 잘못을 뉴욕 지사에 돌렸습니다.

며칠을 설득한 끝에 마침내 딸기 포장을 멈추게 할 수 있었습니다.

그리고 샌프란시스코에 있는 청과 시장에 신선한 딸기를 팔기로 계약을 맺었습니다. 문제가 거의 해결되었습니다. 그때 걱정을 하지 않았어야 했지만 걱정을 멈출 수 없었습니다. 걱정은 습관과 같습니다. 제게 그런 걱정하는 버릇이 생겨버렸습니다.

뉴욕으로 돌아온 뒤, 이탈리아에서 구매한 체리, 하와이에서 구매한 파인애플 등 모든 일에 걱정을 하기 시작했습니다. 항상 긴장을 하고, 신경이 예민해져서 잠을 잘 수가 없었습니다. 거의 신경쇠약 직전까지 가고 있었습니다.

절망 끝에 제 불면증과 걱정을 해결할 새로운 생활 방식을 찾았습니다. 몸을 바쁘게 움직였습니다. 제 모든 능력을 써야 해결되는 문제들이 많아서 걱정을 할 시간이 없었습니다. 예전에는 하루에 7시간씩 일했지만 이제는 하루에 15~16시간씩 일합니다. 매일 아침 8시에 출근해서 거의 자정까지 사무실에서 일합니다. 새로운 일과 새로운 책임을 떠맡았습니다. 자정에 집에 돌아오면 지쳐서 침대에 눕자마자 곯아떨어졌습니다.

3개월 이상 이런 식으로 생활했습니다. 3개월이 지나자 걱정하는 습관이 없어져서 예전대로 하루에 7~8시간씩 일했습니다. 벌써 18년 전일이지만 그 이후 불면증이나 걱정으로 고생한 적이 없습니다."

조지 버나드 쇼의 말이 맞았다. 그는 몇 마디로 이 이치를 정리했다.

"괴로워지는 것은 당신이 행복한 지 불행한 지 고민할 여유가 있기 때문이다."

그러니 당신이 행복한 지 불행한지 굳이 생각하려고 애쓰지 마라! 몸을 바쁘게 움직여라. 움직이면 혈액 순환이 될 것이고, 머리가 바쁘게 움직여 삶의 긍정적인 에너지가 걱정을 몰아낼 것이다. 바빠져라. 이것이 세상에서 가장 값싸고, 가장 효과가 좋은 약이다.

규칙 1

바쁘게 생활해라. 고민이 있으면 일에 몰두해라.

2 딱정벌레에게 무릎 꿇지 마라

내가 살아있는 한 아마 영원히 기억할 극적인 이야기가 있다. 그것은 뉴저지에 사는 로버트 무어가 내게 직접 해준 이야기이다.

"저는 1945년 3월 제 인생에서 가장 큰 교훈을 얻었습니다. 인도차이나 해안의 수심 276피트나 되는 해저에서 있을 때 일입니다. 저는 잠수함 바야 318호에 탑승한 88명의 승무원 중 한 사람이었습니다. 레이더에 일본 호위선 한척이 잡혔습니다. 날이 밝자 우리는 공격을 위해 잠항을 시작했습니다. 잠망경으로 보니 구축함, 유조선, 기뢰 부설함이 다가오고 있었습니다. 우리는 구축함에 어뢰 3발을 발사했지만 빗나갔습니다. 어뢰의 기계장치가 고장 났기 때문입니다. 구축함은 우리측의 공격의도를 모르는 지 계속 전진해오고 있었습니다. 우리는 기뢰부설함을 공격할 준비를 하고 있었는데 갑자기 배가 방향을 바꾸더니 곧장 우리를 향해 돌진해왔습니다. (일본군 비행기가 바다 속 60피트에 있던 잠수함을 발견하고 기뢰부설함에 무선으로 우리 잠수함의 위치를 알려주었기 때문입니다.) 우리는 적에게 발견되는 것을 피하려고 150피트까지 내려가서 적의 공격에 대비했습니다. 우리는 수문에 볼트를 더 박고, 잠수함에서 어떤 소리도 나지 않도록 선풍기, 냉각장치와 모든 전기장치의 가동을 멈추었습니다.

3분후에 지옥 같은 일이 벌어졌습니다. 6개의 폭뢰가 사방에서 터져서 배가 276피트 아래로 주저앉았습니다. 모두들 겁에 질렸습니다. 수심 1천 피트 이내에서 공격당하는 것은 위험합니다. 5백 피트 이내에서 공격당하는 것은 치명적입니다. 우리는 수심 5백 피트의 절반 정도 되는 거리에서 공격을 당했습니다. 안전도 측면에서 말하자면 무릎 정도의 높이 일 뿐이었습니다. 15시간동안 일본 기뢰부설함은 폭뢰를 투하했습니다. 폭뢰가 잠수함에서 17피트 이내에서 폭파하면 잠수함에 구멍이 생깁니다. 폭뢰 수십 발이 15피트 이내에서 폭발했습니다. 승무원들에게 침대에 누워 움직이지 말고 대기하라는 명령이 떨어졌습니다. 저는 겁에 질려 숨을 쉴 수가 없었습니다. '이제는 죽겠구나!' 선풍기와 냉각장치를 꺼놓았기 때문에 잠수함내의 기온은 섭씨 40도가 넘었습니다. 하지만 저는 너무 추워서 스웨터와 털이 달린 외투를 찾아 입었습니다. 그렇게 많이 옷을 껴입었는데도 추워서 몸이 떨렸습니다. 이가 덜덜덜 떨렸습니다. 차가운 식은땀이 흘렀습니다. 공격은 15시간이나 계속되다가 갑자기 멈췄습니다. 일본 기뢰부설함에 폭뢰가 다 떨어져서 본부로 돌아가 버린 것 같았습니다.

공격이 계속되던 15시간은 마치 1천 5백 만년 같았습니다. 제가 살아온 인생이 주마등처럼 제 머릿속에 떠올랐습니다. 제가 저질렀던 잘못과 제가 걱정하던 하찮고, 어리석은 일이 기억났습니다. 해군에 입대하기 전에 저는 은행원이었습니다. 긴 근무시간과 쥐꼬리 같은 월급, 불투명한 앞날에 대해 끊임없이 걱정했습니다. 제 소유의 집이 없고,

새 차를 사지 못하고, 부인에게 멋진 옷을 사주지 못해서 걱정했습니다. 항상 잔소리하고 꾸짖던 상사를 얼마나 싫어 했는지 모릅니다. 저녁에 퇴근해서 별 일 아닌 것을 가지고 아내와 싸움을 했던 일이 떠올랐습니다. 예전에 자동차 사고로 생긴 이마의 흉터로 고민하기도 했습니다. 몇 년 전까지만 해도 얼마나 큰 고민거리였는지 모릅니다! 하지만 폭뢰가 터져서 죽을지 모르는 상황에서 그런 고민들이 얼마나 터무니없게 느껴졌는지 모릅니다. 그때 제 자신에게 살아서 태양과 별을 다시 본다면 절대 다시는 걱정은 하지 않으리라 다짐했습니다. 잠수함에서 보낸 15시간의 끔찍한 시간이 시라큐스 대학에서 4년 동안 공부한 것보다 인생에 대해서 더 많은 것을 알려주었습니다."

우리는 인생의 커다란 재난에는 용감하게 맞서면서 사소한 일들로 무너진다. 사무엘 페피스는 그의 일기에서 해리 베인 경이 참수 당하는 광경을 본 일을 적었다. 해리 경은 처형대에 올랐을 때 사형 집행인에게 그의 목숨을 구걸하지 않고 다만 목에 난 종기는 건드리지 말아달라고 부탁했다.

버드 제독은 남극의 혹독한 추위와 어둠속에서 이 사실을 깨달았다. 대원들은 큰일보다는 사소한 일에 야단법석이었다. 그들은 위험, 어려움, 영하 60도까지 내려가는 추위도 불평 없이 견뎠다.

"상대방 장비가 자신의 자리를 침범한다고 생각해서 서로 말을 하지 않게 된 대원도 있었다. 음식을 삼키기 전에 28번 씹어야만 하는 플레처식 식사법 추종자가 있었는데, 그 사람이 보이지 않는 장소를 찾을 때까지 밥을 먹지 않는 사람도 있었다. 극지대에서는 이런 사소한 것조차 충분한 교육을 받은 사람을 미치게 하는 힘을 가지고 있다."

그리고 여러분은 다음과 같은 말을 덧붙일 수도 있을 것이다.

"결혼생활에서 사소한 것들이 사람들을 미치게 하고, 사소한 일들이 세상 고민의 절반을 차지한다."

적어도 전문가들은 이것에 동의한다. 시카고에서 4만 건 이상의 결혼을 조정한 조셉 사베스 판사는 다음과 같이 말한다.

"결혼생활에서 불행의 원인은 대부분 사소한 일이다."

뉴욕의 프랭크 W. 호간 검사는 이렇게 말한다.

"형사재판에 회부되는 사건의 과반수는 사소한 일에서 비롯된다. 술집에서의 주정, 가정에서의 말다툼, 모욕적인 언행, 비방하는 말, 무례한 행동 같은 사소한 일이 폭행과 살인으로 이어진다. 우리가 아주 잔인하거나, 크게 잘못한 것은 없다. 우리의 자존심과 인격에 약간의 상처만 입어도 큰 사건으로 번진다."

엘레노어 루즈벨트는 결혼 초기에 요리를 잘 못하는 요리사 때문에 며칠씩 고민을 했다.

"지금이라면 어깨 한번 으쓱하고 잊어버릴 거예요."

이런 것이 감정적으로 성숙한 사람의 행동이다. 예카테리나 여제도 요리사가 음식을 잘못했을 때 웃어넘기곤 했다고 한다.

우리 부부는 시카고의 친구 집에서 저녁 식사를 하게 되었다. 고기를 썰다가 친구가 실수를 했다. 나는 눈치 채지 못했다. 내가 눈치 챘다고 해도 나는 신경도 쓰지 않았을 것이다. 하지만 그의 아내가 그것을 보고 우리가 있는 자리에서 남편에게 면박을 주었다. "존, 무슨 짓을 하고 있는 거예요! 음식 접대 좀 제대로 하세요!"

그러고는 우리에게 말했다.

"저이는 항상 실수를 한다니까요. 노력하려고 하지를 않아요."

그는 고기를 잘 썰지 못하지만, 저런 여자와 20년 이상을 함께 살아온 것에 경의를 표한다. 잔소리를 들으면서 북경 오리나 상어지느러미를 먹는 것보다 편안한 분위기에서 핫도그에 겨자를 발라서 먹는 것이 낫다.

그 일이 있은 후 얼마 지나지 않아 우리 부부는 저녁식사에 몇몇 친구를 초대했다. 친구들이 도착하기 직전에 부인이 냅킨 3개가 식탁보와 어울리지 않는 것을 발견했다.

"요리사에게 달려가 보았더니 남아있던 냅킨 3개는 세탁소에 보내버렸다네요. 손님들이 올 때가 돼서 식탁보를 바꿀 시간이 없었어요. 울고 싶은 기분이었죠! 하지만 내 생각은 이랬어요. '실수 한번 한 것 가지고 오늘 저녁 식사를 망칠 수는 없잖아?' 나는 재미있게 보내리라 다짐하고 식탁에 갔어요. 그리고 재미있게 보냈죠. 친구들이 나를 성질 더러운 사람으로 보는 것 보다는 칠칠맞은 사람으로 보는 편이 더 나을 것 같았어요. 어쨌든 내 생각에 냅킨이 식탁과 어울리지 않는다는 걸 알아차린 사람은 아무도 없었어요!"

잘 알려진 법률 격언에 이런 것이 있다. "법은 사소한 일에 관여하지 않는다." 걱정에서 벗어나 마음의 평화를 원하는 사람은 이렇게 해야 한다.

사소한 일에 얽매이지 않으려면 새롭고 유쾌한 사고방식을 가지면 된다. 〈파리에 가야했던 사람들〉 말고도 많은 책을 쓴 내 친구 호머 크로이는 자신의 놀라운 경험담을 들려주었다. 책을 집필할 때 그의 뉴욕 아파트의 시끄러운 라디에이터 소리에 미칠 지경이었다. 스팀이 땅땅

거리다가 칙소리가 나면 그는 부글부글 화가 났다.

"그 무렵에 친구들과 캠핑을 갔었어. 이글거리는 불속에서 나무들이 타는 소리를 들으니 내 아파트의 라디에이터 소리와 비슷하다는 생각이 들었어. 비슷한 소리인데도 아파트의 라디에이터 소리는 싫어하고 장작 타는 소리는 좋아할까? 집에 돌아가서 이렇게 혼잣말을 했지. '장작이 타는 소리는 기분이 좋아. 라디에이터 소리도 마찬가지야. 소리에는 신경 끄고 잠이나 자자.' 그리고 그렇게 했지. 며칠 라디에이터 소리가 들리더니 곧 그 소리는 들리지도 않게 되더군.

수많은 사소한 고민도 마찬가지야. 그 사소한 고민들을 싫어하고 노심초사하는 것은 우리가 그 사소한 일들을 지나치게 크게 생각하기 때문이야."

디즈레일리는 "인생은 사소한 일에 신경 쓰기에 너무 짧다"라고 말했다. 앙드레 모루와는 이 말과 관련해 〈디스위크〉에서 이런 말을 했다.

"이 말이 고통스러운 경험을 극복하는 데 도움을 주었습니다. 우리는 우리가 무시하고 잊어버려야 할 사소한 것들에 쉽게 화를 냅니다. 우리가 살아있을 시간은 짧은데 그 소중한 시간을 쓸데없는 일로 걱정하느라 낭비합니다. 우리의 인생을 가치 있는 행동과 감정, 위대한 사상과 진실한 애정, 지속적인 과업에 바쳐야 합니다. 인생은 사소한 일에 신경 쓰기에 너무 짧습니다."

루드야드 키플링처럼 위대한 인물도 가끔씩 "인생은 사소한 일에 신경 쓰기에 너무 짧다"는 사실을 잊었다. 그와 그의 처남은 버몬트 역사상 가장 유명한 법정 다툼을 벌였다. 그 다툼이 너무 유명해서 이를 다룬 〈루드야드 키플링의 버몬트 불화〉라는 책도 출판되었다.

그 사건의 자초지종은 다음과 같다. 키플링은 버몬트 출신 여성인 캐롤라인 발레스티어와 결혼하여 버몬트에 정착해서 살려고 했다. 그의 처남인 비티 발레스티어와는 친한 친구가 되었다. 그 둘은 함께 일하고, 취미생활도 함께했다.

키플링은 처남이 건초를 베어가도 좋다는 조건하에 처남에게서 땅을 샀다. 어느 날 처남은 키플링이 이 건초 밭에 꽃밭을 만들기로 했다는 것을 알았다. 처남은 불같이 화를 냈다. 키플링도 처남에 맞받아쳤다.

며칠 후에 키플링이 자전거를 타고 가는데 마차를 몰던 처남이 길을 가로막아 키플링은 넘어지고 말았다. "다른 사람이 모두 자제심을 잃고 당신을 비난하더라도 당신은 대응하지 마라." 라고 썼던 키플링은 냉정을 잃고 처남을 고소했다. 희대의 재판이 열렸다. 기자들이 버몬트로 밀려왔다. 그 소식이 전 세계에 보도되었다. 하지만 사건은 해결되지 않았다. 이 다툼으로 말미암아 키플링과 그의 아내는 미국을 떠나 다시는 돌아오지 않았다. 건초더미 때문에 이런 쓸쓸한 일이 일어났다.

2천 4백 년 전에 페리클레스는 다음과 같이 말했다.

"우리는 사소한 일에 너무도 많은 시간을 들이고 있다."

해리 에머슨 포스딕 박사가 해준 재미있는 이야기 중 한 가지를 소개하고자 한다. 숲의 거인의 승리와 패배 이야기이다.

콜로라도의 롱스피크 경사면에는 거대한 나무의 잔해가 있다. 박물학자들은 이 나무가 약 4백년은 넘었을 것이라고 말한다. 콜럼버스가 산 살바도르에 상륙했을 때 어린 나무였고, 청교도들이 플리머스에 정착했을 때는 어느 정도 크게 자라있었다. 이 나무는 4백년을 살아오면서 벼락에 맞은 적이 14번이나 되고, 수많은 산사태와 폭풍우를 이겨냈다. 그런데 딱정벌레 한 무리가 나무에 몰려와 나무를 쓰러뜨리고 말았다. 딱정벌레들은 작지만 끊임없는 공격으로 나무껍질을 파고들어가 나무를 죽이고 말았다. 세월에 시들지 않고 벼락도 돌풍에도 끄떡없었던 이 숲의 거인은 어떤 사람이든 손가락으로 간단히 죽일 수 있는 미약한 존재인 딱정벌레에 죽고 말았다.

우리 인간도 이 숲의 거인과 비슷하지 않은가? 사나운 폭풍이나 눈사태, 번개 같은 인생의 큰일은 이겨내면서 손끝으로 간단히 죽일 수 있는 미약한 존재 같은 걱정 때문에 마음이 좀먹고 있지는 않은가?

몇 년 전에 나는 와이오밍 고속도로 순찰대인 찰스 사이프레드와 친구들과 함께 와이오밍 텔톤 국립공원을 여행하고 있었다. 그 공원의 존 D. 록펠러의 사유지로 갈 예정이었다. 하지만 우리가 타고 있던 차가 길을 잘못 들어 길을 잃고 말았다. 다른 차들이 들어가고 한 시간이 지나서야 사유지의 입구로 들어설 수 있었다. 사이프레드는 사유지로 들어서는 문의 열쇠를 가지고 있었기 때문에 덥고, 모기로 바글바글한 숲에서 우리가 도착할 때까지 1시간동안 기다리고 있었다. 모기는 성인군자라도 미치게 만들 정도로 극성맞았다. 하지만 모기들은 찰스 사이프레드를 이길 수 없었다. 우리를 기다리면서 그는 버드나무가지를 꺾어 피리를 만들었다. 우리가 도착했을 때 그는 모기는 아랑곳없이 피리를 불고 있었다. 나는 사소한 것에 휘둘리지 않았던 찰스 사이프레드를 기념하기 위해 그 피리를 징표로 얻었다.

규칙 2

우리가 무시하고 잊어버려야 할 사소한 일로 신경 쓰지 말자. "인생은 사소한 일에 신경 쓰기에는 너무나 짧다."

3 걱정을 무력화 시키는 법칙

 나는 어린 시절 미주리의 농장에서 자랐다. 어느 날 어머니가 체리를 따는 것을 돕다가 갑자기 울음을 터뜨렸다. 어머니가 말씀하셨다.

 "데일, 도대체 왜 우니?"

 "생매장 당할까봐 무서워서 그래요." 나는 엉엉 울며 말했다.

 그 당시에 나는 모든 것이 걱정스러웠다. 비바람이 불면 벼락에 맞아 죽지 않을까 걱정했고, 집안 형편이 어려워지면 먹을 것이 없을까봐 걱정했다. 죽으면 지옥에 갈까 걱정했다. 심지어 내 귀를 잘라버리겠다고 협박하던 나보다 나이 많은 샘 화이트가 진짜로 내 귀를 잘라버릴까 걱정했다. 내가 모자를 들고 살짝 인사하면 여자아이들이 나를 비웃지 않을까 걱정했다. 나와 결혼할 여자가 없을까봐 걱정했다. 결혼식이 끝난 직후 아내에게 무슨 말을 해야 할지 걱정했다. 한적한 시골교회에서 결혼하고 술로 장식한 마차를 타고 농장으로 돌아올 때 아내에게 무슨 말을 해야 할지 걱정했다. 나는 밭을 갈면서 이런 '중대한' 문제에 대해 고민했다.

 세월이 흐르면서 내가 걱정하던 일의 99%는 절대 일어나지 않을 것임을 알게 되었다.

예를 들어 나는 예전에 벼락에 맞아 죽을까봐 걱정했는데, 국가안전위원회에 따르면 일 년에 벼락에 맞아 죽는 사람은 35만 명 중에 하나라고 한다.

생매장 당하면 어쩌나 하는 걱정은 어처구니없는 헛소리였다. 시체를 방부처리하기 전 오래전 옛날에도 생매장하는 것은 천만 명 가운데 하나도 되지 않았다.

8명 중에 1명은 암으로 죽는다. 내가 뭔가에 대해 걱정한다면 벼락에 맞아 죽는 것이나 생매장 당하는 것 대신에 암에 걸리는 것을 두려워했어야 했다.

물론 내가 말하고 있는 고민은 내가 어렸을 때 하던 걱정이다. 하지만 성인이 하는 걱정도 터무니없는 것이 많다. 우리가 '평균율의 법칙'으로 봤을 때 우리 걱정에 정당성이 있는가를 충분히 평가해보고 조바심 내지 않으면 우리 걱정의 90%는 없앨 수 있을 것이다.

세계에서 가장 유명한 보험사인 런던의 로이즈 보험사는 사람들이 거의 일어나지 않을 일을 걱정하는 성향을 이용해서 천문학적으로 많은 돈을 벌었다. 런던의 로이즈 보험사는 사람들이 걱정하는 일이 결코 일어나지 않는 쪽에 내기를 건다. 그들은 이것을 도박이라고 하지 않고 보험이라고 부른다. 하지만 이것은 '평균율의 법칙'에 기반을 둔 내기이다. 이 회사는 2백년 넘게 최고 보험사의 위상을 유지해오고 있다. 인간의 본성이 변하지 않는 한 이 회사는 향후 5천 년간은 최고의 위치를 지킬 것이다. 사람들은 재난에 대비해서 갖가지 보험에 가입하지만 '평균율의 법칙'에 따르면 재난은 사람들이 생각하는 것만큼 자주 일어나지 않기 때문이다.

'평균율의 법칙'을 살펴보면 새롭게 드러나는 사실에 놀랄 것이다. 예를 들어, 5년 후 내가 게티즈버그 전투만큼 치열한 전투에서 싸워야 한다면 나는 겁이 나서 내가 들 수 있는 모든 보험은 죄다 들어놓을 것이다. 나는 유언장을 작성하고, 내가 벌여놓은 일들을 전부 정리해 놓을 것이다.

"전투에서 살아남지 못할 지도 몰라. 남은 시간을 충실하게 사는 게 좋겠어."

하지만 '평균율의 법칙'에 따르면 50~55세까지 사는 것은 게티즈버그 전투에서 싸우는 것만큼이나 위험하고 치명적이다. 평화시의 50~55세 사이의 사망률과 16만 3천명의 병사가 싸운 게티즈버그 전투에서 병사들의 사망률은 거의 같다.

나는 이 책의 몇 장을 캐나다 로키 산맥에 있는 보우 호수 해변에 있는 제임스 심슨의 별장에서 썼다. 어느 여름날 그곳에 들렀을 때, 샌프란시스코에서 온 샐린저 부부와 만났다. 샐린저 부인은 정숙하고 품위 있는 여성이었는데 걱정은 해본 적이 없는 인상을 주었다. 어느 날 저녁 벽난로 앞에서 그녀에게 걱정으로 고생해 본 적이 있느냐고 물었다.

"걱정으로 고생해 본 적이 있느냐고요? 제 인생이 걱정으로 무너질 뻔 했어요. 걱정을 극복하는 법을 배우기 전까지, 거의 11년을 제가 만든 지옥에서 살았어요. 저는 쉽게 화를 내고 성격이 급했습니다. 극심한 긴장 속에서 살았어요. 매주 집에서 버스를 타고 샌프란시스코로 쇼핑을 갔어요. 쇼핑을 하면서 마음이 편하지가 않았어요. 다리미를 다리미판에 그냥 두고 왔으면 어쩌나? 하녀가 아이들을 집안에 두고 도망가 버렸으면 어쩌나? 아이들이 자전거를 타고 나가서 차에 치어 죽으면 어떡하지? 쇼핑을 하다가 갑자기 식은땀을 흘리며 밖으로 뛰어나가 아무 일도 없나 확인하러 집에 갔어요. 제 첫 번째 결혼이 파경을 맞은 것은 당연한 일이었죠.

제 두 번째 남편은 변호사입니다. 어떤 일에도 걱정을 하지 않는 조용하고 분석적인 사람이죠. 제가 긴장을 하고 걱정을 하면 제게 이렇게 말합니다.

'진정하고 생각해봐. 당신이 정말 걱정하는 것이 뭐야? 평균율의 법칙을 써서 그 일이 실제로 일어날 수 있는지 한번 살펴볼까?'

예를 들어 제가 뉴 멕시코 앨버커키에서 칼스배드 동굴로 운전을 했을 때가 기억납니다. 도로 사정이 좋지 않았는데 중간에 폭풍우를 만났습니다.

차는 흔들리고 미끄러져서 통제할 수가 없었습니다. 차가 도로 옆의 웅덩이에 빠질 것 같았어요. 하지만 남편은 계속해서 제게 이런 말을 하는 거예요. '지금 아주 천천히 운전하고 있으니까 아무 일도 없을 거야. 차가 도랑으로 빠져도 평균율의 법칙에 따라 우리는 다치지 않을 거야.' 그의 침착함과 자신감이 저를 안정시켜 주었습니다.

어느 해 여름 캐나다 로키 산맥의 토퀸 계곡으로 캠핑여행을 갔습니다. 해발 7천 피트에서 캠핑을 하고 있었는데 갑자기 폭풍이 불어 텐트를 산산 조각낼 것 같은 바람이 불기 시작했습니다. 텐트는 밧줄로 단단하게 나무에 묶여 있었지만, 바깥쪽의 텐트는 바람에 펄럭이면서 날카로운 소리가 났습니다. 텐트가 찢어져 공중으로 날아갈 것만 같았어요. 정말 무서웠죠! 하지만 남편은 제게 계속 다음과 같은 말을 했습니다. '여보, 우리는 지금 가이드와 함께 여행 중이야. 이 사람들은 전문가야. 60년이나 산에서 텐트를 쳐왔어. 텐트도 바람에 날아간 적은 한 번도 없었어. '평균율의 법칙'에 따라 이 텐트는 오늘밤도 무사할거야. 설사 텐트가 날아가도 우리는 다른 텐트에서 자면 되잖아? 그래서 저는 안심했죠. 그리고 그날 밤에 편안하게 잠을 잘 수 있었습니다.

몇 년 전에 우리가 사는 캘리포니아에 소아마비가 유행한 적이 있었습니다. 예전의 저였다면 예민하게 반응했겠지만 남편이 저를 안정시켜 주었습니다. 우리는 가능한 모든 예방 조치를 취했습니다. 아이들이 사람 많은 곳에는 가지 않게 하고, 학교에도 보내지 않고, 극장에도 보내지 않았습니다. 위생국에 알아보니 캘리포니아 역사상 소아마비가 가장 심했을 때도 주 전역에 소아마비에 걸린 아이는 1,835명에 불과하다는 사실을 알았습니다. 그리고 보통 때는 200~300 명이라더군요. '평균율의 법칙'에 따르면 한 아이가 병에 걸릴 확률은 매우 작다는 것을 알 수 있죠.

'평균율의 법칙에 따르면 그런 일은 일어나지 않을 거야.' 이 말이 제 걱정의 90%는 없애주었습니다. 그리고 이 말이 지난 20년 동안 저에게 상상할 수도 없는 평화를 주었습니다."

미국 역사상 인디언과의 싸움에서 가장 큰 공을 세운 조지 크룩 장군은 그의 자서전 77페이지에서 다음과 같이 말한다.

"걱정과 불행은 현실에서가 아니라 상상에서 온다."

지난 수십 년을 돌아보면 내 고민의 대부분도 상상에서 왔음을 알 수 있다. 짐 그랜트는 자기도 역시 그랬다고 말한다. 그는 그랜트 유통회사를 소유하고 있다. 그는 플로리다에서 한 번에 화물차 10대에서 15

대 분량의 오렌지와 자몽을 주문한다. 그는 아래와 같은 생각들이 자신을 괴롭히곤 했다고 말했다.

"기차가 탈선하면 어떻게 하지? 내 과일들이 시골 길바닥에 쏟아지지는 않았을까? 차가 다리를 지나갈 때 다리가 무너지면 어떻게 하지? 물론 보험은 들어두었지만 과일이 제 시간에 배달이 안 되면 어떻게 하지?"

그는 걱정을 너무 많이 해서 자신이 위궤양이 걸렸을까 두려워 의사를 찾았다. 의사는 그에게 신경과민을 제외하고는 건강에 이상이 없다고 말했다.

"그제야 정신이 번쩍 들었습니다. 제 스스로에게 물었습니다. '이봐, 짐 그랜트, 그동안 운행한 화물차가 몇 대정도 되지?' 답은 이랬습니다. '약 2만 5천대.' 다시 질문을 했습니다. '그 중에 얼마나 많은 차들이 고장 났었지?' 여기에 대한 답은 '아마 다섯 대.' 다시 스스로에게 말했습니다. '2만 5천대에서 5대 밖에 안 된다고? 그게 무슨 의미인지 알아? 확률이 5천분의 1이란 말이야. 즉, 평균율의 법칙에 따르면 화물차가 고장날 확률이 5천분의 1이란 말이야. 걱정할 게 뭐가 있냐?'

그러고 나서 또 이렇게 말했습니다. '다리가 무너질 수도 있지!' 이렇게 물었습니다. '다리가 무너져서 화물차가 부서진 적이 있어?'

'한대도 없어.' 제게 또 말했습니다. '확률이 5천분의 1밖에 안 되는 아직 무너지지도 않은 다리, 아직 탈선하지도 않은 철로 때문에 걱정하느라 위궤양에 걸리면 정말 바보 같지 않아?'

이런 식으로 생각하자 제가 너무 바보같이 느껴졌습니다. 그때 저는 평균율의 법칙을 적용해서 그 이후로 걱정을 하지 않았고, 위궤양 걱정은 해본 적이 없었습니다."

알 스미스가 뉴욕 시장이었을 때, 그의 정적들이 공격을 하면 그가 계속해서 다음과 같은 말로 답변했다.

"기록을 검토해보겠습니다. 기록을 검토해보겠습니다."

그러고 나서 그는 사실을 제시했다. 앞으로 어떤 일이 일어날까 걱정이 되면, 알 스미스에게서 힌트를 얻자. 기록을 검토해보고, 우리를 좀먹는 고민에 어느 정도 근거가 있는 지 검토해보자. 프레드릭 말스테드가 죽을까 두려웠을 때 바로 그렇게 했다. 여기 그가 뉴욕에서 열린 성인 강좌에서 이야기한 것을 옮긴다.

"1944년 6월 초, 저는 오마하 해변 근처의 좁은 참호 속에 있었습니다. 나는 999 통신 중대의 일원으로 우리는 노르망디에 참호를 팠습니다. 바닥에 네모난 구덩이를 판 것에 불과한 참호를 돌아보며 혼잣말했습니다. '이건 무덤 같군.' 누워서 잠을 자려고 하는데, 정말이지 무덤처럼 느껴졌습니다. '어쩌면 이건 내 무덤일지 몰라.' 이런 생각이 드는 것을 막을 수가 없었습니다. 밤 11시경 독일 폭격기가 날아와서 폭격을 시작하자 저는 공포로 몸이 뻣뻣하게 굳었습니다. 처음 2~3일간은 잠을 잘 수가 없었습니다. 4일이나 5일째 밤이 되자 거의 신경쇠약에 걸릴 지경이었습니다. 뭐든지 하지 않으면 미칠 것 같은 생각이 들었습니다. 이미 5일이 지났고, 나뿐 아니라 우리 부대의 모든 사람이 살아있다는 생각을 계속했습니다. 두 명이 부상당했는데, 독일군 폭격이 아니라 아군 대공포에 의한 부상이었습니다. 뭔가 건설적인 일을 해서 걱정을 하지 않기로 결심했습니다. 그래서 유탄을 막기 위해 참호위에 두꺼운 나무 지붕을 만들었다. 참호 주변의 지역이 얼마나 넓은지 생각했습니다. 깊고 좁은 참호 속에 있는 내가 죽을 수 있는 유일한 경우는 폭탄이 정통으로 떨어지는 것인데, 그 확률이 1만 분의 1도 되지 않는다는 생각을 했습니다. 이런 식으로 생각을 바꾸고 하루 이틀이 지나자 마음이 진정되어 공습 중에도 잠을 잘 수가 있었습니다!"

미 해군은 장병들의 사기를 진작시키기 위해 평균율의 법칙을 사용했다. 예전에 해군에 복무했던 사람은 자신이 그의 동료들과 함께 고옥탄가 휘발유를 운반하는 유조선에 배치되자 걱정이 태산 같았다. 고옥탄가 휘발유를 실은 유조선이 어뢰라도 맞으면 유조선은 폭발해서 승무원들은 전부 죽을 것이라고 굳게 믿고 있었다.

하지만 미 해군은 그렇지 않다는 것을 알고 있었다. 해군은 어뢰에 맞은 100대의 유조선 중에 60척은 침몰하지 않았다는 정확한 통계를 제시했다. 어뢰에 맞은 40척 가운데 5척만이 10분 이내에 침몰했다. 그것은 탈출할 충분한 시간이 있다는 것을 의미했다. 또한 사상자가 극소수에 그쳤다는 사실을 보여주었다. 이렇게 해서 사기가 올라갔을까? 미네소타에 사는 클라이드 W. 마스는 다음과 같이 말했다.

"평균율의 법칙이 제 불안감을 없애주었습니다. 모든 승무원들도 안심을 했습니다. 우리는 우리에게 기회가 있을 것이고, 평균율의 법칙으로 보았을 때 우리는 전사하지 않을 것이라는 것을 알았습니다."

규칙 3

기록을 살펴보자. 자문해보자. "평균율의 법칙에 따르면 내가 걱정하고 있는 일이 실제로 일어날 확률이 얼마나 될까?"

4 피할 수 없으면 받아들여라

내가 어렸을 때 미주리의 오래된 폐가의 다락방에서 친구들과 놀았다. 나는 다락방에서 내려오려고, 잠깐 창문턱에 발을 디뎠다가 뛰어내렸다. 왼쪽 검지에 반지를 끼고 있었는데 뛰어내리면서 반지가 못에 걸려 손가락이 절단되었다.

나는 겁이 나서 소리를 질렀다. 곧 죽을 것 같았다. 하지만 손을 치료하고 나서는, 한 번도 그 일에 대해 걱정하지 않았다. 걱정해봤자 무슨 소용이 있겠는가? 나는 피할 수 없는 일은 그냥 받아들였다.

지금은 왼손 손가락이 4개밖에 없다는 사실도 한 달에 한번 정도 생각할까 말까이다.

몇 년 전에 뉴욕 도심의 오피스 빌딩에서 화물용 엘리베이터를 운행하는 사람을 만났다. 나는 그의 왼손이 손목부터 잘려나간 것을 보았다. 손이 없는 것이 마음에 걸리지 않느냐고 물었다. 그는 말했다.

"아니오, 그런 것은 생각해본 적도 없습니다. 단지 저는 아직 독신이어서 바늘에 실을 꿸 때만 왼손이 없는 게 아쉽습니다."

우리가 얼마나 빨리 상황을 받아들이는 지 정말 놀랍다.

나는 종종 15세기에 지어진 암스테르담의 성당의 폐허에 있던 글귀를 생각한다. 플랑드르어로 새겨진 글귀는 이렇게 새겨져 있다.

"원래 그런 것이다. 달리 방법이 없다."

우리가 인생을 사는 동안, 우리는 많은 불쾌한 상황에 부딪힐 것이다. 그것은 피할 수가 없다. 그 상황을 피할 수 없다고 생각하고 받아들이든지 아니면 반발하고 결국 신경쇠약으로 삶을 망치는 것 중 선택을 할 수 있다.

내가 좋아하는 철학자들 가운데 윌리엄 제임스는 현명한 충고를 했다.

"그대로 받아들여라. 상황을 있는 그대로 받아들이는 것이야 말로 불행한 결과를 극복하는 첫 번째 방법이다."

오레곤 주에 사는 엘리자베스 콘리는 고생 끝에 그 사실을 깨달았다. 그녀가 최근 내게 보내온 편지를 소개한다.

"북 아프리카 전투에서 미군이 승리하는 것을 축하하던 바로 그날 저는 제가 가장 사랑하는 조카가 작전수행 중 실종되었다는 전보를 받았습니다. 얼마 지나지 않아 조카가 전사했다는 또 다른 전보가 도착했습니다.

저는 슬픔에 빠졌습니다. 그때까지 저는 삶이 행복하다고 느꼈습니다. 제가 좋아하는 직업이 있고, 조카를 키우는 데 도움을 주었습니다. 조카는 더없이 착하고 아름다운 젊은이의 표본이었습니다. 저는 물위에 빵을 던졌는데 그게 케이크가 돼서 제게 돌아오는 느낌이었어요! 그런데 조카가 전사했다는 전보가 온 겁니다. 모든 것이 무너졌습니다. 살아야 할 의미가 없었습니다. 일에도 신경 쓰지 않고, 친구들도 귀찮았습니다. 될 대로 되라며 모든 것을 팽개쳤습니다. 가슴이 아프고 화가 났습니다. 왜 내 사랑하는 조카가 죽어야 하지? 살아갈 날이 창창한 착한 아이를 왜 데려간 거야? 저는 받아들일 수가 없었습니다. 슬픔이 너무 커서 일을 그만두고 어디로든 멀리 떠나서 숨어살기로 결심했습니다.

일을 그만둘 준비를 하면서 제 책상을 정리하고 있었는데 조카가 제게 보내준 편지를 발견했습니다. 그 편지는 제 어머니가 몇 년 전에 돌아가셨을 때 조카가 제게 쓴 편지였습니다.

'물론, 우리 모두 할머니를 그리워하겠지요. 특히 이모는요. 하지만 이모가 슬픔을 잊고 잘 살아가리라고 믿어요. 이모의 인생관이 뚜렷하니 이모는 잘 이겨낼 수 있을 거예요. 저는 이모가 제게 가르쳐주신 그 진리를 잊지 못할 거예요. 제가 어디에 있던지 저는 항상 이모가 제게 '웃어라', '사내처럼 무슨 일이든지 당당하게 받아들여라'라고 한 말을 항상 기억할게요.'

저는 그 편지를 읽고 또 읽었습니다. 조카가 제 옆에서 말하고 있는 것 같은 느낌이었어요.

'왜 이모가 제게 가르쳐 주신대로 하지 않으세요? 무슨 일이 일어나든 잘 이겨내라고 하셨잖아요. 슬픔은 미소 속에 숨기고, 슬픔을 이겨내라고 하셨잖아요.'

그래서 저는 다시 일을 시작했습니다. 더 이상 슬퍼하지 않고, 반항하지 않았습니다. 끊임없이 제 스스로에게 이렇게 말했습니다. '이미 지난 일이야. 상황을 바꿀 수는 없어. 하지만 조카가 바라는 대로 슬픔을 이겨낼 수는 있어.'

저는 모든 정신을 일에 쏟았습니다. 병사들에게 편지를 썼습니다. 밤에는 성인 대상 교육 강좌를 들었습니다. 새로운 관심거리를 찾고 새로운 친구를 만들었습니다. 제게 찾아온 변화를 믿을 수가 없습니다. 이미 지난 일을 슬퍼하는 것은 멈추었습니다. 저는 이제 제 조카가 바랐던 것처럼 매일을 기쁘게 살고 있습니다. 제 삶은 다시 평화로워졌습니다. 운명을 받아들이고 풍요롭고 완전한 삶을 살고 있습니다."

오리건 주의 엘리자베스 콘리는 우리가 조만간 배워야 할 것을 미리 배웠다. 즉 피할 수 없는 일은 받아들이고, 협력하라는 것이다.

"원래 그런 것이다. 달리 방법이 없다."

왕조차도 끊임없이 스스로에게 이 규칙을 되뇌었다. 조지 5세는 다음과 같은 글귀를 액자로 만들어 버킹엄 궁전에 있는 서재 벽에 걸어두었다.

"달을 따 달라고 울지 말고, 이미 엎질러진 물을 아쉬워하지 않도록 가르쳐 주소서."

쇼펜하우어도 같은 생각을 이런 말로 표현했다.

"깨끗하게 단념하는 것이야 말로 인생이라는 여정을 준비하는 데 가장 중요한 덕목이다."

환경이 우리를 행복하게 하거나 불행하게 만들지 않는다. 우리의 감정을 결정하는 것은 환경에 반응하는 우리의 방식이다. 예수는 천국이 우리 마음 안에 있지만 지옥도 우리 마음에 있다고 말씀하셨다.

우리는 재난과 비극을 견디고 승리를 얻을 수 있다. 우리는 잘 모르지만 우리는 놀랄 만큼 강한 내면의 힘이 있다.

부스 타킹턴은 항상 말했다.

"나는 인생이 내게 주는 모든 것을 감내할 수 있지만 눈이 머는 것만은 견딜 수 없을 것 같다."

그런데 그가 60대가 되었을 때 바닥의 카펫을 내려다보았는데 색이 뿌옇게 흐려보였다. 그는 카펫의 무늬를 제대로 식별할 수가 없었다. 안과전문의에게 갔더니 그가 시력을 잃어가고 있다는 비극적인 사실을 알게 되었다. 한쪽 눈은 거의 실명단계였고 다른 눈도 거의 시력을 잃어가고 있었다. 그가 가장 두려워하던 일이 실제로 일어났다.

타킹턴은 이 최악의 비극에 어떻게 반응했을까? 그가 "이제 끝이야! 내 인생은 끝장난 거야?"라고 했을까? 아니다. 놀랍게도 그는 명랑한 기분이었다. 그는 유머로 그의 상황을 표현하기 까지 했다. 그를 성가시게 하는 것은 눈 속을 떠다니다가 그의 시야를 막는 반점들이었다. 반점 중에도 가장 큰 반점이 그의 시야를 막으면 그는 이렇게 말하곤 했다. "안녕하쇼! 할아버지께서 또 오셨네! 이렇게 화창한 아침에 어디를 가시려나?"

운명이 이렇게 강한 정신을 어떻게 꺾을 수 있을까? 실명이 되자 타킹턴은 이렇게 말했다.

"사람이 어떤 일이든 받아들이듯 나는 눈이 보이지 않는 사실도 받아들일 수 있게 되었다. 다른 오감을 모두 잃어도 내면의 힘으로 살아갈 수 있다. 우리가 알든 모르든 우리는 마음으로 보고 마음의 힘으로 살아간다."

시력을 회복하려는 희망으로 타킹턴은 일 년에 12번이 넘는 수술을 받았다. 그것도 부분마취로! 그가 불평을 했을까? 그는 주어진 상황을 피할 수 없다는 것을 알았기에 상황을 받아들였다. 고통을 조금이라도 줄이기 위한 유일한 방법은 품위 있게 받아들이는 것뿐이었다. 그는 병원의 1인실을 거부하고 그와 마찬가지로 질병을 앓고 있는 다른 사람들과 함께 있을 수 있는 병동으로 들어갔다. 그는 병동의 사람들에게 힘을 주려고 노력했다. 그가 계속되는 수술을 받아야 했을 때, 부분마취를 해서 수술과정을 정확히 알 수 있는 수술을 받으면서도 자신이 얼마나 운이 좋은 지를 기억해내려고 노력했다.

"정말 놀라운 일이야! 과학이 이제는 사람 눈처럼 섬세한 것에도 수술을 할 수 있는 기술을 가졌다니, 정말 놀라워!"

보통사람이라면 그처럼 12번 이상의 수술을 받고 시력을 잃는다면 신경쇠약에 걸렸을 것이다. 하지만 타킹턴은 말했다.

"나는 이 경험을 어떤 행복한 경험과도 바꾸지 않겠다."

이 경험은 그에게 받아들임의 의미를 가르쳐주었다. 인생을 살다가 어떤 일이 닥쳐도 그가 견디지 못할 것은 없다는 것을 가르쳐 주었다. 존 밀턴처럼 그는 다음과 같은 사실을 깨닫게 되었다.

"눈이 머는 것은 비극적인 일이 아니다. 앞이 보이지 않는 것을 견디지 못하는 그것이 비극이다."

뉴잉글랜드의 여권주의자 마가렛 풀러는 자신의 신조가 다음과 같다고 말했다.

"나는 우주를 받아들인다!"

성질 더러운 영국의 토머스 칼라일이 이 말을 듣고 퉁명스럽게 말했다.

"물론 그러셔야지!"

그렇다. 우리는 피할 수 없다면 받아들이는 게 낫다.

우리가 반항하거나 발버둥 친다고 해서 상황을 피할 수 없다. 하지만 우리는, 우리자신은 바꿀 수 있다. 내가 그래봤기 때문에 잘 안다.

나는 예전에 피할 수 없는 상황을 받아들이지 않으려고 발버둥친 적이 있었다. 나는 바보처럼 저항했다. 불면증으로 밤은 지옥으로 변했다. 내가 원하지 않는 일들이 일어났다. 나는 처음부터 상황을 바꿀 수 없다는 것을 알았지만 어리석게 1년 동안 고생했다.

월트 휘트먼의 시를 진작 알았어야 했다.

나무와 동물들이 그러하듯

어두운 밤, 폭풍, 배고픔, 조롱, 사고, 냉대를.

나도 그렇게 맞이할 수 있기를.

나는 12년 동안 소떼를 돌보는 일을 했다. 하지만 암소가 가물어서, 건초가 말라버려서, 추위나 진눈깨비 때문에, 수소가 다른 암소에게 관심이 있다고 해서 열을 내는 것을 본 적이 없다. 동물들은 밤, 폭풍, 배고픔에 의연하게 맞선다. 동물들은 결코 신경쇠약에 걸리는 일이 없고, 위궤양을 앓지도 않는다. 동물들은 절대로 미치는 법이 없다.

내가 지금 우리에게 오는 역경에 굴복하기만 하면 된다고 주장하는 것처럼 보이는가? 전혀 아니다! 그것은 단지 운명론에 불과하다. 상황을 개선할 여지가 있으면 열심히 상황개선을 위해 노력해라! 하지만 상식적으로 생각해서 어쩔 수 없다는 생각이 들면 냉정한 마음으로 되지도 않는 일은 바라지 말자.

콜럼비아 대학의 호크스 총장은 전래 동요가사의 한 구절을 자신의 좌우명으로 삼고 있다고 말했다.

태양아래 모든 아픔은

치료제가 있거나 치료제가 없다.

치료제가 있으면 찾아 나서고,

치료제가 없으면 잊어버려라

이 책을 쓰는 동안 나는 미국의 성공한 사업가들과 인터뷰를 진행했다. 나는 그들이 피할 수 없는 일은 받아들이면서 걱정 없는 삶을 사는 모습에 깊은 인상을 받았다. 그들이 그렇게 하지 않았으면 그들은 긴장감에 무너졌을 것이다.

몇 가지 예를 소개하겠다.

전국 가맹점을 가지고 있는 페니 스토어의 설립자인 J. C. 페니는 내게 이런 말을 했다.

"제가 가진 전 재산을 잃는다고 해도 저는 걱정하지 않을 것입니다. 걱정한다고 해서 뭐 하나 생기는 것이 아니니까요. 제가 할 수 있는 최선을 다한 후에 결과는 하나님께 맡기겠습니다."

헨리 포드도 비슷한 말을 내게 했다.

"내가 어찌할 수 없는 일이라면, 나는 그냥 내버려둡니다."

내가 크라이슬러의 사장인 K. T. 텔러에게 고민이 생기면 어떻게 해결하는 지 물었더니 그는 다음과 같이 대답했다.

"힘든 일이 생기면, 할 수 있는데 까지 최선을 다해봅니다. 해보고 안 되면 그냥 잊어버립니다. 미래에 어떤 일이 닥칠지 아는 사람은 아무도 없으므로 나는 미래에 대해 절대 걱정을 하지 않습니다. 미래에 영향을 미치는 요인은 참으로 많습니다. 누구도 그 요인이 무엇인지 모르고, 이해할 수도 없습니다. 그런데 왜 미래를 걱정하나요?"

당신이 K. T. 텔러에게 철학자라고 한다면 그는 당황할 것이다. 그는 훌륭한 사업가이기 때문이다. 하지만 그의 생각은 19세기 전 로마 철학자 에픽테투스의 사상과 비슷하다.

"행복으로 가는 단 하나의 방법이 있다. 인간의 의지를 벗어나는 일은 걱정하지 않는 것이다."

'성스러운 사라'라고 알려져 있는 사라 베르나르는 피할 수 없는 일에 어떻게 대처해야 하는 지 잘 보여준다. 지난 반세기동안 그녀는 전 세계에서 가장 사랑받는 여배우였다. 그러던 그녀가 71세에 파산해서 전 재산을 잃었다. 엎친데 덮친 격으로 그녀의 주치의 포치 교수는 그녀의 다리를 절단해야 한다는 진단을 내렸다. 대서양을 건너면서 폭풍우를 만나 갑판에서 떨어졌을 때 다리에 심한 상처가 났는데 이 상처가 정맥염으로 악화되었다. 그녀의 다리는 쪼그라들었다. 고통이 너무 심해서 의사는 다리를 절단해야 한다고 생각했다. 그는 성질이 불같은 여배우에게 앞으로 무슨 일이 닥칠지 말하는 것이 두려웠다. 그는 이 끔찍한 소식을 들으면 그녀가 히스테리 발작을 일으킬 것이라고 생각했다. 하지만 그의 생각이 틀렸다. 사라는 그를 잠시 쳐다보고는 조용히 말했다.

"그렇게 해야 한다면, 그렇게 해야죠."

그것은 운명이었다. 그녀가 침대에 실려 수술실로 가는 동안 그녀의 아들은 울면서 서 있었다. 그녀는 그에게 밝게 손을 흔들며 명랑하게 말했다.

"어디 가지마. 금방 돌아올게."

수술실로 가면서 그녀는 자신이 했던 연극의 한 장면을 연기했다. 누군가가 그녀에게 기분을 좋게 하려고 연기를 하느냐고 물었다.

"아뇨. 의사와 간호사들의 기분을 좋게 하려고요. 수술 전에는 긴장이 많이 되니까요."

회복한 후에 사라 베르나르는 7년이나 더 세계를 여행하며 관객의 마음을 사로잡았다.

"우리가 피할 수 없는 일과 싸우는 것을 멈추면 우리의 삶을 더 풍족하게 만들어 주는 에너지가 생깁니다." 라고 엘지 맥코믹은 〈리더스 다이제스트〉에 기고한 글에서 말한다.

피할 수 없는 일과 싸우면서 동시에 새로운 삶을 창조해나갈 정도로 활력이 넘치는 사람은 없다. 둘 중 어느 하나를 선택해야 한다. 피할 수 없는 인생의 진눈깨비에서 휘어짐을 선택하든지 그것에 저항하다가 부러지던지 선택은 당신의 몫이다.

나는 미주리 주의 내 농장에서도 이런 일을 봤다. 농장에 나무를 많이 심었는데 처음에 나무들은 놀라운 속도로 자랐다. 그러다가 진눈깨비가 내려 나뭇가지마다 얼음이 두껍게 쌓였다. 무게에 눌려 우아하게 휘어지는 대신에 이 나무들은 꼿꼿이 버티다가 결국에는 부러지고 쪼개지고 말았다. 결국에 그 나무들을 베어내야 했다. 그 나무들은 북부에 있는 나무들에게 있는 지혜가 없었다. 나는 캐나다의 울창한 숲을 많이 여행했지만 진눈깨비나 얼음으로 부러진 전나무나 소나무를 본 적이 없다. 이 침엽수들은 불가피한 상황에 굽히고, 휘는 방법을 안다.

유도 사범들은 제자들에게 '버드나무처럼 휘어져라. 참나무처럼 저항하지 말라.'고 가르친다.

당신은 자동차 타이어가 길에서 어떻게 충격을 견디는지 아는가? 처음에 제조업자들은 노면의 충격에 저항하는 타이어를 만들었다. 그랬더니 이내 타이어가 찢어지고 말았다. 그리고 나자 그들은 도로의 충격을 흡수하는 타이어를 만들었다. 그 타이어는 견뎌냈다. 우리도 험한 인생의 행로에서 충격과 동요를 감싸 안는 법을 배우면 더 오래 견디고, 행복한 인생을 살 수 있을 것이다.

우리가 충격을 흡수하는 대신의 인생의 충격에 저항하면 무슨 일이 생길까? 우리가 버드나무처럼 휘어지지 않고 참나무처럼 저항하면 어떻게 될까? 답은 쉽다. 우리는 수많은 내적 갈등을 겪을 것이다. 걱정하고, 긴장하고, 지치고, 신경쇠약에 걸릴 것이다.

더 나아가 냉엄한 삶의 현실을 거부하고 우리 자신이 만든 공상의 세계에 침잠한다면, 그때 우리는 비로소 미치게 되는 것이다.

전쟁 중에 수백만의 겁에 질린 병사들은 피할 수 없는 일에 수긍하거나 공포심에 무너졌다. 뉴욕의 윌리엄 H. 캐설리어스의 경우를 보자. 그는 뉴욕 강좌에서 다음과 같은 발표를 해서 상을 탔다.

"연안경비대에 입대하고 나서 저는 대서양 연안에서 가장 치열한 전투가 벌어지는 곳에 배치되었습니다. 저는 폭발물 관리를 맡게 되었습니다. 생각해보세요. 제가요! 크래커나 팔던 제가 폭발물을 관리하다니요! 수천 톤의 폭발물 위에 서 있다는 생각만으로도 등에서 식은땀이 흘렀습니다. 저는 단지 이틀간의 교육을 받았습니다. 교육을 받으면서 배운 것은 저를 더욱 두렵게 만들었습니다. 제 첫 번째 임무를 결코 잊지 못할 것입니다. 어둡고 춥고 안개가 자욱하게 낀 어느 날 뉴저지

주 베이언에 있는 캐번 곳의 부두에 가라는 명령을 받았습니다.

저는 5번 선창에 배치되었습니다. 5명의 인부와 함께 일했습니다. 그들은 모두 건장한 체격이지만 폭발물에 대해 아는 것이 없었습니다. 그들이 싣고 있는 것 하나에 1톤의 폭발물이 있는데 낡은 배를 산산조각 내버리기에 충분한 양이었습니다. 이 폭발물들은 두 개의 철사 줄로 묶여 내려오고 있었습니다. 저는 계속 혼잣말을 했습니다. 줄 하나라도 끊어지면……. 오, 맙소사! 저는 겁이 났습니다! 저도 모르게 몸이 떨리고, 입에 침이 마르고 다리가 떨렸습니다. 심장이 요동쳤습니다. 하지만 도망갈 수는 없었습니다. 도망은 곧 탈영이니까요. 제 명예는 더럽혀지고 부모님의 체면도 말이 아닐 것입니다. 탈영으로 총살당할 지도 모르는 일이었습니다. 저는 도망칠 수 없어 그대로 있기로 했습니다. 이 인부들이 엄청난 폭발물을 부주의하게 다루는 것을 지켜볼 수밖에 도리가 없었습니다. 배가 폭파되기 일보직전이었습니다. 한 시간여를 공포에 떨다가, 평상심을 되찾기 시작했습니다. 저는 스스로에게 이런 말을 했습니다.

'이봐! 폭발이 일어나면 어때? 큰 차이는 없잖아. 이렇게 죽으면 편하기는 할 거야. 암으로 죽는 것보다 훨씬 낫지. 바보처럼 굴지 마. 영원히 살 수는 없잖아! 이 일을 할 거야? 아니면 총살당할 거야? 차라리 이 일을 즐기려고 해봐'

몇 시간동안 계속 이 말을 되풀이했습니다. 그랬더니 마음이 좀 편안해 지더군요. 마침내 피할 수 없는 상황은 받아들이기로 하니 걱정과 공포를 극복할 수 있었습니다.

그 교훈을 절대 잊지 못할 것입니다. 제가 어떻게 할 수 없는 걱정스러운 일이 생길 때마다 어깨를 한번 으쓱하고 말합니다. '잊어버려.' 이건 크래커 판매하는 사람에게도 효과가 있습니다."

멋지지 않은가? 이 크래커 판매원에게 힘껏 박수를 쳐주자.

십자가에 못 박힌 예수의 죽음 이외에 가장 유명한 죽음이 소크라테스의 죽음이다. 지금부터 만세기가 지나도 사람들은 소크라테스의 죽음을 묘사한 플라톤의 글을 읽고 감동할 것이다. 문학 역사상 가장 감동적이고 아름다운 구절 중에 하나이다. 맨발의 소크라테스를 시기하고 질투한 아테네의 몇몇 사람들이 소크라테스에게 무고죄를 씌워 사형 판결을 받게 했다. 친절한 간수는 소크라테스에게 독배를 주며 이렇게 말했다.

"피할 수 없는 일이라면 담담히 받아들이십시오."

소크라테스는 그렇게 했다. 그는 거의 신과 같이 죽음을 침착하게 받아들였다.

"피할 수 없는 일이라면 담담히 받아들여라."

이 말은 기원전 399년에 한 것이지만 오늘날 더 필요하다.

지난 8년 동안 나는 고민을 해결하는 방법을 다룬 책과 잡지들을 읽었다. 이런 독서의 결과 내가 발견한 고민 해결에 관한 최고의 충고가 무엇인지 알고 싶은가? 욕실 거울에 붙여두고 세수할 때마다 마음속에 고민도 씻어버리기 바란다. 이 소중한 기도문은 뉴욕 유니언 신학교의 라인홀드 니버 박사가 쓴 것이다.

주여 제게 허락하여 주소서.
바꾸지 못할 것을 받아들이는 평온한 마음,

바꿀 수 있는 것을 바꿀 수 있는 용기,

이 둘을 구별하는 지혜를

허락하여 주소서.

규칙 4

피할 수 없으면 받아들여라.

5 걱정에 손절매 주문을 내라

월 가에서 돈을 버는 방법을 알고 싶은가? 다른 사람들도 답을 알고 싶어할 것이다. 내가 그 답을 알고 있다면 이 책은 한권에 1만 달러에 팔릴 것이다. 하지만 성공한 중개인들이 사용하는 좋은 방법이 있다. 뉴욕의 투자 자문으로 일하고 있는 찰스 로버트는 다음과 같은 이야기를 내게 했다.

"제가 처음에 텍사스를 떠나 뉴욕에 왔을 때 주식에 투자하기 위해 친구들에게 빌린 2천 달러가 전부였습니다. 저는 주식 투자 요령을 잘 알고 있다고 생각했지만 제가 가진 돈을 몽땅 잃고 말았습니다. 몇몇 거래에서 큰 수익을 내기도 했지만 결국 모두 잃었습니다.

제 돈을 잃었으면 크게 걱정을 하지 않았을 텐데 친구들 돈을 잃어서 걱정스러웠습니다. 친구들은 물론 그 돈에 크게 구애를 받지 않았지만 저는 친구들을 대하기가 두려웠습니다. 하지만 놀랍게도 친구들은 그 일을 농담 삼아 이야기할 정도로 대단히 긍정적이었습니다.

저는 제가 운과 다른 사람의 의견에 의존해서 주먹구구식으로 투자를 해왔다는 것을 알고 있었습니다. H. I. 필립스가 말한 대로 저는 귀로 주식투자를 해온 셈이었습니다.

제 실수를 되돌아보기 시작했고 다시 주식투자를 시작하기 전에 주식 전반에 대해 제대로 공부해보기로 결심했습니다. 그래서 수소문 끝에 현존하는 가장 성공한 투자자인 버튼 S. 캐슬즈를 찾아갔습니다. 그는 오랫동안 성공한 투자자로 명성을 이어오고 있고, 그런 명성이 단지 운으로 얻어지는 것이 아니라는 것을 알았기에 저는 제가 그에게서 많은 것을 배울 것이라고 믿었습니다.

그는 저의 투자 포트폴리오에 대한 질문 몇 가지를 하고, 주식투자에서 가장 중요한 원칙을 말해주었습니다. 그는 이렇게 말했습니다.

'나는 어떤 거래에도 손절매 조항을 달아놓는다네. 예를 들어 내가 한 주에 50달러에 주식을 사면, 45달러가 되면 즉시 손절하라는 주문을 넣는 거지.'

이 말은 매수한 주식이 5포인트 하락하면 주식을 자동으로 매도해서 손실을 5포인트로 제한한다는 말입니다.

'거래가 잘 되면 이익은 평균 10, 25, 50포인트에 달할 때도 있을 거야. 결과적으로 손실을 5포인트로 제한하면 거래에서 절반 이상 실패해도 여전히 많은 돈을 벌 수 있지 않겠나?'

저는 그 원칙을 즉시 채택해서 그 이후로도 줄곧 그렇게 해오고 있습니다. 이 원칙이 제 고객과 저에게 많은 돈을 벌게 해주었습니다.

시간이 흐르면서 이 손절매 원칙을 주식시장이 아닌 다른 곳에서도 사용할 수 있다는 것을 깨달았습니다.

저는 걱정, 성가신 일, 화나는 일에도 손절매 주문을 하기 시작했습니다. 그것은 마법 같은 효과가 있었습니다.

저는 약속시간을 잘 지키지 않는 친구와 자주 점심 식사를 합니다. 예전에 그는 점심 식사 시간이 절반이 지나가도록 나타나지 않아 제 속을 끓게 했었습니다. 마침내 저는 친구에게 이렇게 말했습니다.

'빌, 자네를 기다리는 손절매 기준은 정확히 20분이야. 20분이 지나도 오지 않으면 점심 약속은 물 건너 간 줄 알아. 나는 그냥 갈거야.' "

내가 오래전에 조급함, 자기정당화 욕구, 후회, 정신적 긴장에 대해 손절매 주문을 했으면 얼마나 좋았을까! 왜 내 마음의 평화를 위협하는 상황을 제대로 판단해서 "이봐, 데일 카네기! 이 상황은 이 정도 신경 쓰면 될 일이야. 그이상은 안 돼." 라고 말할 수 있는 상식이 없었을까?

그러나 나는 적어도 이것 하나만은 잘했다고 인정할 수 있다. 미래에 대한 내 꿈과 계획 그리고 몇 년간의 작업이 물거품이 되려 하고 있었다. 30대 초반에 나는 소설가가 되기로 결심했다. 제2의 프랭크 노리스나 잭 런던 아니면 토마스 하디가 되고 싶었다. 유럽에서 2년 동안 지낼 무렵 제1차 세계대전 후 달러가 풍족한 시절이라 그리 어렵지 않게 지낼 수 있었다. 나는 유럽에서 내 역작을 쓰면서 2년을 지냈다. 나는 그 작품에 눈보라는 제목을 지었다. 제목은 아주 적합했다. 왜냐면 출판사들의 반응은 다코타의 평원에 휘몰아치는 눈보라처럼 냉정했기 때문이었다. 출판 대리인이 나에게 소설가로서의 재능이 없다고 말했을 때 심장이 멎을 것 같았다. 멍한 상태로 그의 사무실을 나갔다. 내 머리를 곤봉으로 친다고 해도 그렇게 멍할 것 같지는 않았다. 나는 망연자실했다. 인생의 기로에 서 있고 중대한 결정을 할 시점이라는 것을 깨달았다. 무엇을 해야 할까? 어느 쪽으로 가야하나? 이런 멍한 상태를 벗어날 때까지 몇 주가 걸렸다. 그때는 "걱정에 손절매 주문을 하라"는 구절을 들은 적이 없었지만 지금 돌이켜보니 나는 정확히 그렇게 했다. 나는 땀 흘려 소설을 쓰던 2년이란 시간이 나름대로 가치가 있었음을 인정하고 거기서부터 앞으로 나아갔다. 나는 성인 교육 강좌를 개발해서 가르치는 본연의 일로 돌아왔고 남는 시간에는 전기문을 썼다.

내가 그때의 결정을 기뻐하고 있을까? 그때를 생각할 때마다 나는 길거리에 나가 춤이라도 추고 싶은 느낌이다. 내가 제2의 토머스 하디가 되지 못한 것을 단 하루, 단 한 시간도 후회한 적이 없다.

백 년 전 부엉이가 우는 월든 호숫가에서 헨리 소로우는 손수 만든 잉크에 거위 털로 만든 만년필을 적셔가며 일기에 다음과 같이 썼다.

"어떤 일의 가치는 시간을 얼마나 들였느냐로 판단된다."

다른 말로 하면, 우리가 어떤 일에 우리 시간을 지나치게 소비하면 미련하다는 말이다.

길버트와 설리반은 유쾌한 대사와 음악은 만들 줄 알았지만, 자신들의 삶을 유쾌하게 만드는 방법은 몰랐다. 그들은 '인내', '피나포어', '미카도' 같은 아름다운 오페라를 만들어 세상을 즐겁게 해주었다. 하지만 그들은 성질을 조절할 수 없었다. 그들은 카페트의 가격 때문에 사이가 나빠졌다. 설리번이 그들이 구입한 극장에 깔 새로운 카페트를 주문했는데 길버트가 영수증을 보고 화를 냈다. 그들은 이 싸움을 법정까지 끌고 갔고 평생 다시는 이야기하지 않았다. 설리번이 새로운 작품에 쓸 곡을 길버트에게 보내면 길버트는 가사를 붙여서 다시 설리번에게 보냈다. 그들이 함께 무대 인사를 할 일이 있었는데 서로 마주치지 않으려고 그들은 무대의 양 끝쪽에 섰다. 그들은 링컨이 한 것처럼 분노에 손절매 주문을 내는 현명함이 없었다.

남북전쟁 중에 링컨의 친구들이 링컨의 정적을 비난하자 링컨은 다음과 같이 말했다.

"자네들이 나보다도 개인적인 원한이 심한 것 같군. 어쩌면 내가 너무 화를 내지 않는 지도 몰라. 하지만 그럴만한 가치가 있는 일이라고 생각하지 않아. 인생의 절반을 싸움에 낭비할 정도로 시간이 많은 사람은 없어. 어느 누구라도 나를 비난하지 않으면, 나는 지난일은 잊어버린다네."

내가 에디스 숙모라고 부르는 분도 링컨의 용서하는 마음을 가졌다면 얼마나 좋을까. 프랭크 삼촌과 숙모가 살던 농장은 저당이 잡혀 있었고, 온통 잡초로 뒤덮여 있었고, 척박하고 물대기도 힘들었다. 그들의 형편은 안 좋았고, 한 푼이라도 아껴 써야 했다. 하지만 에디스 숙모는 휑한 집을 꾸밀 수 있는 커튼과 자질구레한 것들을 사는 것을 좋아했다. 그녀는 세간을 댄 에버소울 포목점에서 외상으로 샀다. 프랭크 삼촌은 빚을 지는 것을 걱정했다. 삼촌은 몰래 포목점에 자기 부인에게 외상으로 물건을 주지 못하게 했다. 숙모는 이 사실을 알고는 화를 냈다. 그 화가 사건이 지난 50년 까지도 계속되고 있다. 나는 그녀가 그 이야기를 하는 것을 한번이 아니라 여러 번 들었다. 내가 마지막으로 그녀를 만났을 때 그녀는 70대 후반이었다. 나는 숙모에게 이렇게 말했다.

"에디스 숙모님, 삼촌이 숙모 체면이 깎이게 한 것은 잘 못한 거예요. 하지만 솔직히 거의 50년이나 그 일로 불평을 하는 건 삼촌이 한 일보다 더 나쁜 것 같다고 생각하지 않으세요?"(사실 이 말은 소귀에 경 읽기였다.)

에디스 숙모는 오래 간직해온 감정의 응어리 값을 톡톡히 치렀다. 그 대가로 마음의 평화를 잃었다.

벤자민 프랭클린이 7살이었을 때 실수를 했는데 그는 70년 동안이 나 그 실수를 기억했다. 일곱 살이었을 때 그는 피리를 너무나 좋아했 다. 피리를 너무 좋아해서 장난감 가게에 들어가 계산대에 가지고 있던 동전을 모두 쏟아 붓고는 가격도 묻지 않고 피리를 달라고 졸라댔다. 그 는 70년 후에 친구에게 이런 편지를 썼다.

"피리를 달라고 한 다음 집에 왔어. 집에 와서 신이 나서 피리를 불 어댔지."

하지만 그의 형과 누나들은 그가 피리의 정가보다 더 많은 돈을 지 불했다는 것을 알고는 배꼽을 잡고 웃었다. 벤자민은 말했다.

"나는 짜증이 나서 울었어."

세월이 흘러 프랭클린이 세계적인 인물이 되어 프랑스 대사로 임명 되었을 때 그는 아직도 그가 피리의 정가보다 더 많은 돈을 지불했던 사실을 여전히 기억하고 있었다.

그러나 프랭클린이 얻은 교훈은 결국 값싸게 얻은 교훈이었다.

"자라면서 사람들의 행동을 관찰하면서 피리 값을 지나치게 많이 치르는 사람들을 아주 많이 만났다. 즉 나는 불행의 대부분은 가치 판 단을 잘못해서 피리에 너무나 많은 것을 지불하는 데서 발생한다고 생 각한다."

길버트와 설리번도 피리에 너무 많은 대가를 지불했다. 에디스 숙모도 그렇고, 나 자신의 경우도 그렇다. 세계 최고의 소설 〈전쟁과 평화〉, 〈안나 카레니나〉를 지은 불멸의 작가 레오 톨스토이의 경우도 마찬가지이다. 〈브리태니커 백과사전〉에 따르면 레오 톨스토이는 생애 마지막 20년 동안은 "아마 세계에서 가장 존경받는 사람"일 것이다. 그가 죽기 전 20년(1890~1910) 동안 그의 얼굴이라도 보고 싶고, 그의 목소리라도 듣고 싶고, 그의 옷이라도 만져 보고 싶어서 그의 집으로 순례를 오는 경배자들이 끊임없이 이어졌다. 마치 그가 "신성한 계시"라고 하는 양 그의 입에서 나오는 모든 말들을 공책에 적었다. 하지만 톨스토이는 7살적 프랭클린보다 더 분별력이 없었다.

톨스토이는 사랑하는 여자와 결혼했다. 사실 그들은 너무 행복해서 무릎을 꿇고 신에게 자신의 행복을 영원히 지속시켜달라는 기도를 하곤 했다. 하지만 톨스토이가 결혼한 여자는 천성적으로 질투심이 많았다. 그녀는 농부처럼 차려입고 톨스토이를 미행했다. 때로는 숲속도 따라다녔다. 그들은 심한 말다툼을 했다. 그녀는 자신의 아이들에게 까지 질투를 느껴서 총을 쏴서 딸의 사진에 구멍을 내기도 했다. 그녀는 아편 병을 물고 죽어버리겠다고 위협하기도 했다. 그러면 아이들은 방구석에 웅크리고 겁이 나서 소리를 질러댔다.

그때 톨스토이는 어떻게 했을까? 그가 화가 나서 가구를 박살내도 그를 탓하지 않겠다. 그럴만한 이유가 있으니까 괜찮다고 생각한다. 하지만 그는 그것보다 더 심한 짓을 했다. 그는 비밀일기를 적고 있었던 것이다. 그 일기에 그는 아내 욕을 써놓았다. 그것이 그의 피리였다. 그는 다음 세대가 그를 탓하지 않고 모든 것은 아내 탓을 하게끔 만들어놓은 것이다. 이 일기에 그의 아내는 어떻게 반응했을까? 그녀는 일기장을 찢어 불태웠다. 그녀도 자신의 일기를 썼다. 그 일기에서 톨스토이는 나쁜 놈이었다. 그녀는 〈누구의 잘못일까?〉라는 소설도 썼다. 그 소설에서 그녀는 남편을 가정의 폭군으로 자신은 순교자로 묘사했다.

무엇 때문에 이 일이 일어난 것일까? 왜 이 두 사람은 가정을 톨스토이의 표현대로 "정신병원"으로 만들었을까? 분명히 몇 가지 이유가 있다. 이유 중의 하나는 그들이 우리에게 좋은 인상을 주려고 했기 때문이다. 그들은 후대 사람이 자신들을 어떻게 생각할 지 걱정했는데, 우리가 그 후대 사람이다. 그들 중 누가 더 잘못했는지 우리가 신경이라도 쓰는가? 아니다. 우리는 우리 자신의 문제들로도 너무 바빠서 톨스토이 부부에 대해 생각할 시간이 1분도 없다. 피리 때문에 이 불쌍한 두 사람이 치른 대가가 얼마나 큰가? 50년을 지옥에서 살았다. 그들 중 어느 누구도 "그만!"이란 말을 할 정도로 현명하지 않았다. 그들 중 어느 누구도 "이제 그만 이 문제에 대해서는 손절매 주문을 냅시다. 우리는 우리의 삶을 낭비하고 있어요. 이제 그만합시다!"라는 말을 할 정도로 판단력이 없었다.

적절한 가치 판단력이야 말로 마음의 평화로 가는 가장 큰 비결 중의 하나라고 생각한다. 그리고 나는 우리가 일종의 개인적인 황금률(우리 삶에서 가치 있는 것이 무엇인지를 결정짓는 황금률)을 개발한다면 우리의 걱정의 반은 사라질 것이라고 믿는다.

규칙 5

살면서 손해를 만회하려다 더 큰 실수를 하게 되면, 일단 멈추고 다음의 세 가지 질문에 답해보자.

---

1. 지금 고민하고 있는 문제가 나에게 정말로 중요한가?

2. 언제 이 고민에 손절매 주문을 내고 잊어버릴 것인가?

3. 이 피리에 정확히 얼마나 지불할 것인가? 이미 너무 많이 지불
   한 것은 아닌가?

6 톱밥을 켜려고 하지마라

우리 집 정원에는 공룡 발자국이 있다. 이 공룡 발자국은 혈암과 돌에 묻혀있던 것으로 나는 이것을 예일 대학교 피바디 박물관에서 구입했다. 피바디 박물관의 큐레이터가 내게 보낸 편지에서 이 발자국이 1억 8천만 년 전의 것이라고 말했다. 아무리 바보라도 이 발자국들을 바꾸기 위해 1억 8천만 년 전으로 돌아가지 않을 것이다. 시간을 되돌려 180초 전에 일어난 것을 바꿀 수 없기 때문에 이미 일어난 일을 걱정하는 것 보다 어리석은 것은 없다. 180초 전에 일어난 일의 결과를 바꾸기 위해서 뭔가를 할 수는 있다. 하지만 이미 일어난 일을 바꿀 수는 없다.

과거가 건설적일 수 있는 길은 단 하나밖에 없다. 조용히 과거의 잘못을 분석하고 거기에서 교훈을 얻은 후에 잊어버리는 것이다.

나는 그것이 사실임을 알고 있다. 하지만 내가 항상 이것을 실천할 용기와 분별력을 가졌던 걸까? 그 질문에 답하기 위해, 내가 몇 년 전에 겪은 놀라운 경험을 말하고자 한다. 나는 30만 달러를 한 푼도 남기지 못하고 날렸다. 대규모 성인 교육 사업을 시작해서 여러 도시에 지점을 열고 홍보비와 간접비용으로 많은 돈을 썼다. 가르치는 데 너무 바빠서 재정에 신경을 쓸 여유가 없었다. 나는 너무 순진해서 지출을 관리할 유능한 관리인이 필요하다는 사실을 깨닫지 못했다.

일 년이 지난 후 나는 정신이 번쩍 들게 하는 놀라운 사실을 발견했다. 엄청난 수입에도 불구하고 순이익이 한 푼도 없었다. 이 사실을 발견하고 나서 나는 두 가지 조치를 취했어야 했다. 하나는 흑인 과학자 조지 워싱턴 카버가 은행의 부도로 평생 모은 돈 4만 달러를 날렸을 때 그가 했던 일을 나도 했었어야 했다. 누군가가 그에게 그가 파산했냐고 물었을 때, 그는 이렇게 대답했다.

"예, 그렇다고 들었습니다."

그리고 그는 계속해서 강의를 했다. 그는 그의 마음속에서 손실을 완전히 잊어버리고 다시는 그 일을 언급하지 않았다.

두 번째로 내가 했어야 했던 일은 실수를 분석해서 불변의 교훈을 얻는 것이었다.

하지만 솔직히 나는 그 둘 중 어떤 방법도 시도하지 않았다. 대신에 나는 걱정의 소용돌이에 빠져버렸다. 몇 달 동안 망연자실한 상태에 있었다. 잠을 잘 수가 없었고, 체중이 빠졌다. 이 엄청난 실수에서 교훈을 배우는 것 대신에 똑같은 실수를 저지르고 말았다.

어리석음을 인정하는 것은 민망한 일이다. 하지만 나는 오래전에 "유익한 것을 20명에게 가르치는 것이 내가 가르치는 것을 해야 하는 20명 중 한 사람이 되는 것보다 쉽다"는 것을 발견했다.

나도 뉴욕에서 조지 워싱턴 고등학교를 다니면서 폴 브랜드와인 박사님의 지도 아래서 공부하는 특권을 가졌으면 정말 좋겠다.

손더스 씨는 폴 브랜드와인 박사가 그에게 가장 중요한 인생의 교훈을 가르쳐 주었다고 말했다.

"저는 그때 십대였지만, 그때도 걱정을 많이 하는 아이였죠. 제가 한 실수에 대해 마음을 졸이고 조바심내곤 했었습니다. 시험지를 제출하면, 통과하지 못할까 두려워 뜬눈으로 밤을 새우고 손톱을 깨물곤 했습니다. 저는 항상 제가 한 일을 되돌아보고 다르게 했으면 좋았을 텐데, 했던 말을 되돌아보고 좀더 멋지게 말했으면 좋았을 텐데 라고 바랐습니다.

어느 날 아침, 과학 실험실로 갔는데 책상 모서리에 있던 우유병이 시선을 끌었습니다. 우리는 모두 자리에 앉아 우유를 바라보며 우유와 위생학 수업이 무슨 상관이 있을까 궁금해 하고 있었습니다. 그런데 갑자기 선생님이 일어나시더니 우유병을 싱크대에 쓸어 넣으며 이렇게 외치셨습니다.

'엎질러진 우유는 후회해도 소용없다!'

선생님은 우리더러 싱크대에 와서 깨진 유리병을 보라고 하셨습니다.

'잘 봐라. 나는 여러분이 평생 이 교훈을 기억했으면 좋겠다. 우유는 이미 엎질러져 하수구로 흘러갔다. 아무리 난리를 치고 머리를 쥐어뜯어도 우유는 한 방울도 되돌릴 수 없다. 조심하기만 했어도 우유는 쏟지 않았을지 모른다. 하지만 이제 너무 늦어버렸어. 우리가 할 수 있는 일은 잊어버리고 다음일로 넘어가는 것이지.'

그 짧은 시범은 입체 기하학이나 라틴어를 잊어버린 후에도 오랫동안 제 뇌리에 남았습니다. 사실 제 고등학교 4년 동안에 배운 어떤 것보다도 더 실용적인 삶의 방식을 가르쳐 주었습니다. 그 시범은 가능하면 우유를 쏟지 말고, 쏟았다면 완전히 잊어야 한다는 것을 가르쳐 주었습니다."

어떤 독자들은 "엎질러진 우유는 후회해도 소용없다."는 진부한 속담을 과대평가한다며 콧방귀를 낄지도 모르겠다. 나도 이 말이 진부한 말임을 안다. 나는 당신이 이 속담을 천 번도 넘게 들었다는 것을 알고 있다. 하지만 나는 이 진부한 속담에 수세기에 걸쳐 내려온 지혜의 정수가 들어있다고 생각한다. 이 속담은 인류의 치열한 경험에서 나와 무수한 세대를 거쳐 왔다. 역사상 최고의 학자가 걱정에 대해 쓴 모든 글을 읽어봐도, "다리에 도착하기까지 미리 다리를 건너지 마라"와 "엎질러진 우유는 후회해도 소용없다"라는 진부한 속담만큼 심오한 것을 읽어본 적이 없다. 이 속담에 콧방귀를 끼는 것 대신에 이 속담을 적용해보면 우리는 이 책이 전혀 필요하지 않을 것이다. 사실 우리가 속담의 대부분을 적용하면, 거의 완벽한 삶을 살 것이다. 하지만 지식은 실제 적용될 때까지 힘을 가지지 못한다. 이 책의 목적은 새로운 지식을 여러분에게 말해 주기 위한 것이 아니다. 이 책의 목적은 여러분이 이미 알고 있는 것을 상기시켜 주어 그것을 실천하라고 말해주기 위함이다.

나는 항상 〈필라델피아 불리틴〉의 편집장 프레드 풀러 셰드 같은 사람을 존경해왔다. 그는 오래된 진리를 새롭게, 생생하게 설명할 줄 아는 재능을 가졌다. 대학 졸업식 연설에서 그는 학생들에게 물었다.

"나무를 톱질해본 사람이 있습니까? 손을 들어보십시오."

대부분의 학생이 손을 들었다. 그때 그가 다시 질문했다.

"톱밥을 켜 본 사람은 있습니까?"

아무도 손을 들지 않았다.

"물론, 여러분은 톱밥을 켤 수 없습니다. 이미 톱질했으니까요. 과거도 마찬가지입니다. 여러분이 이미 끝난 일을 걱정하기 시작하면, 톱밥을 다시 켜려는 것과 같습니다."

야구계의 오래된 전설 코니 맥이 81세 였을 때, 나는 그에게 이미 진 게임에 대해 걱정을 해본 적이 있는 지 물었다.

"그럼, 그랬었지. 하지만 오래전에 그런 바보짓은 그만두었지. 그렇게 해봤자 상황이 좋아지지가 않는다는 것을 깨달았지. 이미 흘러간 물로 물레방아를 돌릴 수는 없지."

이미 흘러간 물로 물레방아를 돌릴 수는 없고, 톱으로 톱밥을 켤 수도 없다. 그러나 얼굴의 주름과 위궤양은 없앨 방법이 있다.

나는 잭 뎀시와 추수감사절에 저녁식사를 했다. 그는 식사를 하면서 터니에게 져서 헤비급 챔피언 타이틀을 빼앗겼을 때를 이야기했다. 당연히 패배는 그의 자존심의 큰 상처가 되었다.

"시합 중간에 내가 갑자기 늙었다는 것을 깨달았어. 10라운드의 끝에 쓰러지지는 않았지만 얼굴은 찢어져 부풀었고 눈은 거의 감겨 있었지. 심판이 승리의 표시로 진 터니의 손을 들어 올리는 것을 봤어. 나는 더 이상 세계 챔피언이 아니었어. 나는 비를 맞으며 사람들 사이를 뚫고 선수대기실로 돌아왔어. 내가 지나갈 때 어떤 사람들이 내 손을 잡으려 했지. 다른 사람들은 눈에 눈물이 가득 고여 있었어.

일 년 후에 나는 터니와 다시 싸웠어. 하지만 소용없었어. 나는 끝난 거야. 걱정하지 않는 것은 어려운 일이지만 나는 이렇게 내 자신에게 말했어. '나는 과거 속에서 살거나, 이미 쏟아진 우유 때문에 울지 않을 거야. 턱에 한방 맞았지만 쓰러지지 않을 거야.'"

그리고 잭 뎀시는 정확히 그렇게 했다. 어떻게 했느냐고? 속으로 쉴 새 없이 "나는 과거를 생각하지 않을 거야."라고 말했을까? 아니, 그러는 것은 오히려 과거의 아픈 기억을 더 생각나게 만들었다. 그는 패배를 받아들이고 잊었다. 그러고 나서 미래에 대한 계획에 집중했다. 그는 브로드웨이의 잭 뎀시 레스토랑을 경영하고 57번가에 호텔을 경영하면서 바쁘게 지냈다. 권투경기를 주최하고, 권투 강습을 하면서 바쁘게 지냈다. 건설적인 일로 바쁘게 지내며 과거에 대해 생각하는 시간도 마음도 없었다.

"지난 10년이 내가 챔피언이었을 때 보다 더 좋았어." 라고 잭 뎀시는 말했다.

뎀시는 책을 많이 읽지 못했지만 자신도 모르게 그는 셰익스피어의 충고를 따르고 있었다.

"현명한 사람은 앉아서 실수를 한탄하지 않고 손실을 만회하는 방법을 즐겁게 찾는다."

역사책과 전기문을 읽고, 힘든 상황에 처해있는 사람들을 관찰하면서 나는 사람들의 걱정과 비극을 극복하고 행복한 삶을 살아가는 능력에 놀라고 감명을 받는다.

나는 예전에 씽씽 교도소를 방문한 적이 있었다. 거기에 죄수들이 보통사람들처럼 행복해 보여 놀랐다. 나는 이 말을 씽씽 교도소장인 루이스 E. 로스에게 했다. 그는 나에게 이렇게 말해주었다. 죄수들이 처음 씽씽 교도소에 오면 그들은 억울해하고 분통을 터트린다. 하지만 몇 개월이 지나면 좀 똑똑한 사람들은 자신의 불행은 잊고 교도소 생활에 차분하게 적응하고 유쾌하게 지내려 한다. 로스 소장은 정원사였던 수감자 이야기를 해주었다. 그는 교도소 담장에 채소와 꽃을 키우면서 노래를 불렀다.

교도소 안에서 꽃을 키우면서 노래를 불렀던 죄수는 우리들보다 더 현명한 사람이었다. 그는 알고 있었다.

> 움직이는 손은 글을 쓰고 다 쓰고 나서는
> 옮겨간다.
> 너의 신앙심이나 지혜도
> 그 한 줄의 반도 되찾지 못하고
> 너의 모든 눈물로도
> 그 가운데 한 마디 말도 지우지 못한다.

그런데 왜 쓸데없이 눈물을 흘리는가? 물론 우리는 실수도 하고 바보 같은 일도 저지른다! 그런 게 뭐가 어떻다는 말인가? 그렇지 않은 사람이 어디 있는가? 나폴레옹도 그가 싸운 중요한 전투의 3분의 1은 패배했다. 아마 우리의 승률이 나폴레옹보다 나쁘지 않을 것이다.

어쨌든 왕이 거느린 준마와 병사로도 과거는 돌릴 수 없다.

규칙 6

톱으로 톱밥을 켜려 하지 마라.

걱정하는 습관을 없애는 방법

규칙 1. 바쁘게 생활해서 마음속에서 고민을 몰아내라. 바쁘게 움직이는 것이 '마음의 병'을 치료할 수 있는 최고의 방법이다.

규칙 2. 사소한 일에 법석 떨지 마라. 사소한 것이 행복을 망치게 하지 마라.

규칙 3. 걱정을 몰아내기 위해서 평균율의 법칙을 사용해라. 스스로에게 이런 질문을 해봐라.
"이 일이 일어날 가능성이 얼마나 되지?"

규칙 4. 피할 수 없으면 받아들여라. 상황을 변화시키거나 개선할 수 없다면 스스로에게 이렇게 얘기해라.
"이미 그렇게 된 일이야. 달리 방법이 없어."

규칙 5. 걱정에 손절매 주문을 내라. 한 가지 일에 어느 정도의 걱정을 할 지 정하고 그 이상이면 고민을 멈춰라.

규칙 6. 과거는 과거로 묻어버려라. 톱으로 톱밥을 켜려 하지 마라.

4장

평화롭고 행복한
마음을 만드는
7가지 방법

1 당신의 삶을 바꾸는 몇 마디

몇 년 전에 나는 어떤 라디오 프로그램에서 다음과 같은 질문을 받았다. "당신이 배운 가장 큰 교훈은 무엇입니까?"

답은 쉬웠다. 내가 지금껏 배운 가장 중요한 교훈은 생각의 중요성이다. 당신의 생각을 알면 당신이 어떤 사람인 지 알 수 있다. 우리의 생각이 우리를 만든다. 우리의 정신 자세는 우리의 운명을 결정짓는 중요한 요소이다. 에머슨은 이렇게 말했다.

"그 사람이 하루 종일 생각하고 있는 것이 바로 그 사람이다."

우리가 가진 가장 큰 문제는 사실 우리가 해결해야 할 유일한 문제는 올바른 사고방식 선택하는 것이라고 확신한다. 그렇게 할 수만 있다면, 우리는 우리의 모든 문제를 해결할 수 있는 열쇠를 가지게 될 것이다. 로마 제국을 통치한 가장 위대한 철학자 마르쿠스 아우렐리우스는 당신의 운명을 결정지을 수 있는 규칙을 다음과 같이 표현했다.

"우리의 인생은 우리의 생각대로 만들어진다."

그렇다. 우리가 행복한 생각을 하면, 우리는 행복해질 것이다. 우리가 불행한 생각을 하면, 우리는 불행해질 것이다. 우리가 두려운 생각을 하면, 우리는 두려워질 것이다. 우리가 아픈 생각을 하면, 우리는 아마 아플 것이다. 우리가 실패를 생각하면, 우리는 분명히 실패할 것이다. 우리가 자기 연민에 빠져있으면, 모든 사람이 우리를 피할 것이다. 노먼 빈센트 필은 이렇게 말했다.

"당신은 당신이 생각하는 그런 사람이 아니다. 당신의 생각 그 자체가 바로 당신이다."

내가 모든 문제에 대해 지나치게 낙관적으로 생각하는 것 같은가? 아니다. 불행히도 인생은 그렇게 단순하지가 않다. 하지만 나는 우리가 부정적인 태도보다는 긍정적인 태도를 취해야 한다고 주장하고 있을 뿐이다. 다른 말로 하면, 우리는 우리의 문제에 대해 신경써야지 걱정을 하면 안 된다는 말이다. 이 둘의 차이는 무엇일까? 이렇게 설명해보겠다.

내가 교통 복잡한 뉴욕의 거리를 건널 때마다 나는 신경쓰지 걱정하지는 않는다. 신경쓰는 것은 문제가 무엇인지 인식해서 차분히 문제를 해결할 방법을 찾는 것이다. 걱정은 미친 듯이, 덧없이 제자리만 빙빙 도는 것을 의미한다.

어떤 사람은 자신의 문제에 대해서 신경쓰면서도 여전히 가슴에 카네이션 장식을 하고 고개를 들고 당당하게 걸어 다닌다. 나는 로웰 토머스가 정확히 그렇게 하는 것을 본 적이 있다. 나는 로웰 토머스가 제1차 세계 대전의 알렌비와 로렌스의 작전에 대한 유명한 영화를 발표할 때 공동 프로젝트를 진행한 적이 있었다. 그와 그의 동료들은 수많은 전투현장에서 사진을 찍었다. 무엇보다도 T. E. 로렌스와 그의 화려한 아라비아 군대를 찍은 사진들, 앨런비가 팔레스타인을 탈환하는 모습을 담은 영화는 최고였다.

그는 "팔레스타인의 알렌비, 아라비아의 로렌스" 라는 제목의 강연을 열었는데 영국 뿐 아니라 전 세계에서 호평을 받았다. 그가 코벤트 가든 로열 오페라 하우스에서 자신이 겪은 모험에 대한 강연회와 사진을 보여줄 수 있도록 런던 오페라 시즌이 6주나 연기되었다. 런던에서 놀라운 성공을 거둔 후 그는 많은 나라들을 돌며 성공적인 강연을 했다. 그러고 나서 그는 2년 동안 인도와 아프가니스탄의 모습을 영화로 만들기 위해 준비했다. 믿을 수 없는 많은 불운이 이어지더니, 있을 수 없는 일이 일어났다. 그는 런던에서 파산을 했던 것이다. 그때 그는 나와 함께 있었다.

나는 우리가 라이온즈 코너 하우스식당에서 싸구려 식사를 했던 것을 기억한다. 토마스 씨가 스코틀랜드 출신의 유명한 예술가 제임스 멕베이에게 돈을 빌리지 않았다면 우리는 거기서도 식사를 하지 못했을 것이다.

내 이야기의 요점은 이것이다. 로웰 토머스는 엄청난 빚을 지고 실의에 빠져있었는데도 신경은 쓰지만 걱정하지는 않았다. 그는 이 역경에서 좌절하고 만다면, 그의 채권자를 포함해 모든 사람에게 형편없는 인간이 되리라는 것을 알았다. 그래서 매일 아침 외출하기 전에 그는 꽃을 사서 단추 구멍에 꽂은 다음 고개는 당당하게 들고, 활기찬 발걸음으로 옥스퍼드 거리를 활보했다. 그는 긍정적이고 용감한 생각을 했고 패배감에 지기를 거부했다. 당신이 정상으로 가고자 한다면 효과적인 훈련방법이다.

우리의 정신자세는 우리의 육체적인 힘에도 믿을 수 없는 영향력을 지니고 있다. 유명한 영국 정신과 의사 J. A. 하드필드는 54쪽에 이르는 멋진 책 〈힘의 심리학〉에서 놀라운 사례를 소개했다.

"나는 3명의 남자에게 정신적 암시가 힘에 끼치는 영향을 시험해 볼 수 있게 해달라고 요청했다. 그는 피실험자에게 악력계를 있는 힘껏 잡게 했다. 그는 이들에게 세 가지의 다른 조건하에서 실험에 임하도록 했다.

정상적으로 깨어있는 상태에서 실험했을 때 그들의 평균 악력은 101파운드였다.

그가 피실험자에게 그들이 매우 약하다는 최면을 걸고 실험했더니 악력은 29파운드에 불과해서 정상적인 근력의 3분의 1이하였다. (피실험자 중에는 권투선수가 있었는데 자신이 약하다는 최면을 걸었더니 그의 팔이 "어린 아기처럼 작게" 느껴졌다고 말했다.)

하드필드가 피실험자들이 매우 강하다는 최면을 걸고 세 번째 실험을 했을 때 평균 악력이 142파운드나 되었다. 피실험자들의 마음이 자신들의 힘에 대한 긍정적인 생각으로 가득하자, 그들의 실제 힘보다 거의 50% 가깝게 증가했다.

이것이 정신자세가 가진 놀라운 힘이다.

생각의 마법과 같은 힘을 보여주기 위해서 당신에게 미국 역사상 가장 놀라운 이야기를 들려주겠다. 나는 이 이야기를 책으로도 쓸 수 있지만 간단하게 말하겠다.

남북전쟁이 끝나고 얼마 지나지 않은 서리가 많이 내린 10월의 어느 날 밤, 집 없고 가난한 여자가 매사추세츠 엠즈베리에 살고 있는 퇴역 해군 장군의 부인 웹스터의 집 문을 두드렸다. 문을 열자 웹스터 부인은 뼈와 가죽만 남아 100파운드도 안되어 보이는 힘없는 작은 여자를 보았다. 자신의 이름을 글로버 부인이라고 한 이 여자는 밤낮으로 자신을 괴롭히는 문제를 해결하고자 머물 수 있는 집을 찾고 있다고 자신의 처지를 설명했다.

"그럼 여기 머무르지 그래요? 이 큰 집에 저 혼자랍니다."

웹스터 부인은 이렇게 대답했다.

웹스터 부인의 사위 빌 엘리스가 뉴욕에서 휴가차 방문하지 않았다면 글로버 부인은 그 집에서 영원히 머무를 수도 있었을 것이다. 그가 글로버 부인이 있는 것을 보고 소리쳤다. "이 집에 뜨내기 여인을 들일 수는 없습니다." 그는 글로버 부인을 쫓아냈다. 억수같은 비가 쏟아지고 있었다. 글로버 부인은 몇 분 동안 빗속에서 떨면서 서 있다가 머물 곳을 찾아 길을 걸어 내려갔다.

이 이야기의 놀라운 부분은 지금부터다. 빌 엘리스가 집에서 쫓아낸 그 '뜨내기 여인'은 지금까지 존재했던 세상의 어떤 여성보다도 더 인류의 사고에 큰 영향력을 미칠 운명을 지니고 있었다. 그녀는 수백만 명의 추종자에게 메리 베이커 에디라고 알려져 있는 인물이다. 그녀는 '크리스천 사이언스'의 창시자이다.

하지만 이때까지만 하더라도 그녀의 인생에는 질병, 슬픔, 비극만 가득했다. 그녀의 첫 번째 남편은 결혼하고 얼마 지나지 않아 죽었다. 그녀의 두 번째 남편은 그녀를 떠나 유부녀와 도망갔다. 그는 나중에 빈민가에서 죽었다. 그녀는 4살밖에 안된 아들을 빼앗겨야 했다. 그녀는 아들의 소식을 듣지 못하다가 31년이 지나서야 아들을 만날 수 있었다.

건강이 좋지 않아서 에디 부인은 오랫동안 소위 "정신 치유의 과학"에 관심을 가져왔다. 그러나 그녀 인생의 극적인 전환은 매사추세츠 주 린에서 일어났다. 어느 추운 날 거리를 걷다가 미끄러져 차가운 보도에 넘어지면서 그녀는 의식을 잃었다. 척추에 부상을 입어서 간헐적으로 경련을 일으켰다. 의사들도 그녀가 죽을 것이라고 생각했다. 기적이 일어나 살아난다 해도 다시는 걸을 수 없다고 말했다.

침대에 누워 죽을 날을 기다리며 메리 베이커 에디는 성경을 폈다. 그녀는 성령의 계시로 마태복음의 한 구절을 읽었다.

"사람들이 예수께 중풍에 걸려 침대에 누워있는 사람을 데리고 오거늘 예수께서… 중풍환자에게 이르시되 네 죄 사함을 받았느니라… 일어나 네 침상을 가지고 집으로 돌아가라 하시니 그가 일어나 집으로 돌아가더라."

예수의 이 말씀으로 그녀 안에 놀라운 힘과 믿음, 치유의 힘이 생겨났다. 그녀는 즉시 침상에서 일어나 걸었다. 에디 여사는 이렇게 이야기한다.

"그 경험은 내 자신을 건강하게 만들뿐 아니라 다른 사람도 건강하게 만드는 방법을 발견하게 만들었습니다. 나는 모든 원인은 마음이고, 모든 결과는 정신적 현상이라는 과학적 확신을 갖게 되었습니다."

이렇게 해서 메리 베이커 에디는 크리스천 사이언스라는 신흥 종교의 창시자이자 교주가 되었다. 크리스천 사이언스는 여성이 세운 유일한 종교로서 전 세계에 퍼져있다.

당신은 지금 아마 속으로 이렇게 말할지도 모른다.

"카네기 이 사람 크리스천 사이언스 선전을 하고 있네."

아니다. 당신이 틀렸다. 나는 크리스천 사이언스 교도가 아니다. 하지만 세월이 흐를수록, 나는 생각의 엄청난 힘을 더욱 깊이 확신하게 되었다. 성인 대상 강좌를 35년이나 해보니, 나는 사람들이 걱정, 두려움, 다양한 종류의 질병을 없앨 수 있고, 사고방식을 바꿈으로서 삶도 바꿀 수 있다는 것을 알게 되었다. 나는 안다! 나는 믿을 수 없는 변화들을 수백 번이나 봐왔다. 이런 변화를 너무나 자주 봐서 놀라지도 않는다.

내 강좌의 수강생에게 생각의 힘을 보여주는 믿을 수 없는 변화가 일어났다. 그는 신경쇠약에 걸렸다. 무엇이 신경쇠약을 가져왔을까? 걱정이다. 이 수강생은 나에게 이렇게 말했다.

"저는 모든 것에 걱정을 했습니다. 너무 말라서 걱정이었고, 머리가 빠져서 걱정이었고, 결혼할 수 있을 만큼 돈을 못 벌어 걱정이었습니다. 좋은 아빠가 되지 못할 것 같아 걱정이었고, 결혼하고 싶은 여자를 잃을까 걱정이었습니다. 제대로 살고 있지 않은 것 같아 걱정이었고, 다른 사람에게 어떤 인상을 주고 있을까도 걱정했습니다. 위궤양에 걸리지는 않았나 라는 생각에 걱정이었습니다. 저는 더 이상 일을 할 수가 없어 사표를 냈습니다. 제 안에 긴장이 가득 차 안전밸브가 없는 보일러 같이 느껴졌습니다. 압력이 커져 터질 것만 같았고 결국에는 터졌습니다. 신경쇠약에 걸려 본적이 없으면 하나님께 신경쇠약에 걸리지 않게 해달라고 기도하십시오. 그 어떤 육체적인 통증도 마음의 고통에 비한다면 아무것도 아닙니다.

제 신경쇠약은 너무 심각해서 가족과 이야기도 할 수 없을 정도였습니다. 제 생각을 통제할 수가 없었습니다. 공포에 사로잡혀 아주 작은 소리에도 깜짝 놀랐습니다. 저는 모든 사람들을 피했습니다. 아무 이유

없이 울음을 터뜨리기도 했습니다.

매일이 고통이었습니다. 모든 사람 심지어 신에게서도 버림받았다고 느꼈습니다. 저는 강에 뛰어들어 죽고 싶은 충동에 사로잡히기도 했습니다.

다른 풍경을 보면 좀 도움이 될까 싶어 플로리다로 여행을 떠나기로 결심했습니다. 기차를 탈 때 아버지가 저에게 편지를 건네면서 제가 플로리다에 도착할 때까지 편지를 보지 말라고 말씀하셨습니다. 저는 여행 최고 성수기에 플로리다에 도착했습니다. 호텔이 만원이어서 주차장에 있는 방 하나를 빌렸습니다. 저는 마이에미에서 출발하는 부정기 화물선에 일자리를 알아보았지만 운이 없었습니다. 그래서 바닷가에서 시간을 보냈습니다. 집에서보다 플로리다에서 더 비참했습니다. 그래서 아버지의 편지를 열어보았습니다.

'아들아, 너는 집에서 1,500마일이나 떨어진 곳에 있구나. 집에서와 별 차이가 없지? 네 문제의 원인을 데리고 갔기 때문이지. 그 원인은 바로 너 자신이다. 네 몸과 마음에는 아무런 이상이 없다. 너의 상황이 원인이 아니라 그 상황을 어떻게 생각하느냐가 문제이다. 사람이 생각하는 것이 바로 그 사람이다. 네가 이 사실을 깨달으면 집으로 돌아와라. 너는 다 나았을 테니.'

아버지의 편지는 저를 화나게 했습니다. 저는 훈계가 아니라 동정을 구하고 있었습니다. 너무 흥분해서 집에 다시는 돌아가지 않겠다고 결심했습니다. 그날 밤 마이에미 길거리를 걷다가 예배가 진행 중인 교회에 들어갔습니다. 갈 곳이 없어서, 교회로 들어가 설교 말씀을 들었습니다. '자기의 마음을 다스릴 줄 아는 사람은 한 도시를 정복하는 자보다 강하니라.' 라는 말씀이었습니다. 예배당에 앉아 아버지가 편지에서 한 말과 똑같은 설교 말씀을 들으면서 머릿속에 들어있던 쓰레기 같은 생각들이 없어졌습니다. 저는 제 인생에서 처음으로 지혜로운 생각을 할 수 있었습니다. 그동안 제가 얼마나 어리석었는지를 깨달았습니다. 제 자신을 있는 그대로 바라보고 충격을 먹었습니다. 그동안 저는 세상과 다른 사람들을 바꾸려 하고 있었습니다. 바꿔야 하는 것은 바로 저인데 말입니다.

다음날 아침 짐을 싸서 집으로 갔습니다. 일주일 후에 다시 일을 시작했습니다. 4개월 후에 제가 잃어버릴까 노심초사했던 그 여자와 결혼을 했습니다. 이제 저는 5명의 아이를 둔 행복한 가장입니다. 하나님께서는 물질적으로나 정신적으로 저를 축복해주셨습니다. 신경쇠약에 걸렸을 때 저는 18명의 직원을 거느린 작은 백화점의 야간 주임이었습니다. 이제 저는 종이상자 제조공장의 관리책임자로 450명의 종업원을 거느리고 있습니다. 이제 삶의 진정한 가치를 누리고 있다고 생각합니다. 불안한 생각이 치밀어 오르려고 하면(다른 사람들도 누구나 다 이런 생각이 들 때가 있지요.) 제 스스로에게 카메라 초점을 다시 맞추라고 말합니다. 그러면 모든 것이 괜찮아집니다.

제가 신경쇠약에 걸렸던 것이 다행이라고 생각합니다. 우리의 생각이 우리의 몸과 마음에 끼치는 영향력을 알 수 있었기 때문입니다. 이제 저는 제 생각을 저에게 유리하게 조정할 수 있습니다. 저에게 고통을 준 것은 외부 문제가 아니고 상황을 바라보는 제 시각이라는 아버지의 말이 옳았다는 것을 이제 분명히 압니다. 그 사실을 깨닫자마자 저는 치유되었습니다."

나는 마음의 평화와 인생에서 얻는 기쁨은 재산, 지위가 아니라 정신 자세에 달려있다고 굳게 믿는다. 외부 조건은 우리의 행복과 아무런 상관이 없다. 하퍼스 페리에 있던 무기고를 습격하고 노예들에게 반란을 교사했다는 이유로 교수형을 당한 존 브라운의 예를 들어보자. 그는 자신의 관에 앉은 채 교수대로 이송되었다. 그의 옆에 있던 간수는 긴장하고 걱정을 했다. 하지만 존 브라운은 침착하고 냉정했다. 버지니아의 블루 리지의 산들을 바라보면서 그는 이렇게 외쳤다. "얼마나 아름다운 나라인가! 전에는 풍경을 제대로 볼 기회가 없었는데."

아니면 남극에 도착한 최초의 영국인 로버트 스코트와 그의 대원들의 예를 들어보자. 그들의 귀환은 최악이었다. 그들의 식량은 다 떨어졌고, 연료도 바닥났다. 11일 동안 휘몰아치는 눈 폭풍 때문에 그들은 더 이상 앞으로 나갈 수 없었다. 바람이 어찌나 세게 부는지 남극 얼음의 표면에 골이 생길 정도였다. 스코트와 대원들은 자신들이 죽을 것이라는 것을 알았다. 이런 응급상황에 대비해서 아편을 가져갔었는데, 이 아편만 있으면 그들은 모두 행복한 꿈에 빠져들어 다시는 깨어나지 않을 것이다. 하지만 그들은 아편을 사용하지 않았다. 그 대신에 그들은 신나는 노래를 부르며 죽어갔다. 8개월 뒤 수색대가 발견한 동사한 시체와 함께 발견된 편지로 이 사실이 알려졌다.

그렇다. 우리가 창조적인 생각과 용기와 침착함을 가지면, 우리는 관에 앉아 사형대로 가면서도 풍경을 감상할 수 있고 아니면 굶주림과 추위로 죽어가면서도 텐트를 신나는 노래로 채울 수도 있을 것이다.

밀턴도 3백년 전에 실명이 되고 나서 같은 진리를 발견했다.

정신은 그 자체가 세계이니

그 안에서 지옥을 천국으로

천국을 지옥으로 만들 수 있다.

나폴레옹과 헬렌 켈러는 밀턴의 말을 잘 보여주는 사례이다. 나폴레옹은 모든 사람이 바라는 영광, 권력, 부 모두를 가졌지만 유배지 세인트 헬레나 섬에서 다음과 같이 말했다.

"내 평생 행복했던 날은 6일도 되지않는다."

헬렌 켈러는 앞도 보이지 않고, 귀도 들리지 않고, 말도 할 수 없지만 다음과 같은 말을 했다.

"나는 인생이 너무도 아름답다는 것을 발견했습니다."

반백년 살아온 인생이 나에게 가르쳐 준 것이 있다면 이것이다. "평화를 주는 것은 당신 자신밖에는 없다."

나는 단지 에머슨의 〈자기 신뢰〉의 맺음말을 반복하는 것에 불과하다.

"정치적 승리, 임대료의 인상, 건강 회복, 떠났던 친구가 돌아오는 것 또는 다른 외부적인 사건이 여러분을 기분 좋게 하고 좋은 일만 생길 것이라는 기대를 하게 만든다. 그것에 속지 말라. 항상 그렇게 될 수는 없다. 평화를 주는 것은 당신 자신밖에는 없다."

위대한 스토아학파의 철학자는 우리가 우리 몸에서 종기와 종양을 제거하는 것보다 우리 마음에서 나쁜 생각을 제거하는 것에 더 힘써야 한다고 말했다.

에픽테투스는 19세기 전에 이 말을 했지만 현대의학이 그의 말을 증명하고 있다. G. 캔비 로빈슨 박사는 존스 홉킨스 병원에 입원한 환자 중 5명 중에 4명은 스트레스와 긴장이 병의 일부 원인이라고 지적했다. 기질적 장애도 정신적인 문제로 발생하는 경우가 많다. G. 캔비 로빈슨 박사는 다음과 같이 주장한다. "결국 질병들은 생활과 생활에서 발생하는 문제에 대한 부적응 때문입니다."

위대한 프랑스 철학자 몽테뉴는 다음의 말을 인생의 좌우명으로 삼았다.

"사람은 일어나는 일 때문에 상처를 받는 것이 아니라 일어난 일에 대한 자신의 생각 때문에 상처를 받는다."

그리고 일어나는 일에 대한 우리의 생각은 전적으로 우리의 마음에 달려있다.

이것은 무슨 뜻인가? 내가 당신이 여러 문제로 낙심해있고 신경이 곤두서 있는데 의지를 가지고 노력하면 정신 자세를 바꿀 수 있다고 당신의 면전에 대고 말하는 것이 너무 뻔뻔한가? 그렇다. 내 말이 바로 그 말이다. 하지만 그게 전부가 아니다. 어떻게 그렇게 할 수 있는지를 보여주려 한다. 약간의 노력이 필요하지만 비결은 간단하다.

실용 심리학의 권위자 윌리엄 제임스는 이런 말을 한 적이 있다.

"행동은 감정을 따르는 것 같지만 실제로 행동과 감정은 동시에 일어난다. 의지로 조절할 수 있는 행동을 조절함으로서 의지로 조절할 수 없는 감정을 간접적으로 조절할 수 있다."

다른 말로 하면, 윌리엄 제임스는 우리가 그저 "단지 다짐한 것" 만으로는 우리의 감정을 즉시 바꿀 수 없지만 우리는 우리의 행동은 바꿀 수 있다고 말한다. 그리고 우리의 행동을 바꾸면 우리의 감정도 자동적으로 바뀐다.

그는 이렇게 설명한다. "그러므로 유쾌함이 사라졌을 때 유쾌해지기 위한 최고의 자발적인 방법은 유쾌하게 행동하고 말하는 것이다."

이 간단한 행동이 실제로 효과가 있을까? 한번 시도해봐라. 얼굴에 환한 미소를 지어라. 어깨를 활짝 펴고 숨을 깊게 들이마셔라. 그리고 노래라도 한 소절 불러봐라. 노래를 부를 수 없으면 휘파람이라도 불어라. 휘파람을 불 수 없으면 콧노래라도 불러라. 윌리엄 제임스가 말한 것을 금방 이해할 수 있을 것이다. 몸이 행복할 때 나오는 행동을 하면 우울할 수가 없다.

이것은 우리의 삶에서 쉽게 기적을 만들어 내는 자연의 기본 진리 중에 하나이다. 나는 캘리포니아의 어떤 여성분을 아는데 그녀의 이름을 언급하지는 않겠다. 그녀도 이 비밀을 알면 24시간 안에 그녀의 절망을 극복할 수 있을 것이다. 그녀는 나이든 미망인이다. 그녀가 행복해지려 노력하고 있는가? 아니다. 당신이 그녀에게 기분이 어떤 지 물으면 그녀는 이렇게 대답할 것이다. "오, 저는 괜찮아요." 하지만 그녀의 표정과 그녀의 목소리는 이렇게 말하고 있다. "제가 무슨 일을 겪고 있는지 당신은 모를 거예요."

그녀는 그녀 앞에서 당신이 행복한 표정을 보이는 것을 책망하는 듯이 보인다. 그녀보다 불행한 여자는 수도 없이 많다. 그녀의 남편은 그녀에게 충분한 보험금을 남겨주었고, 그녀를 모실 결혼한 자녀들도 있다. 하지만 나는 그녀가 웃는 것을 본 적이 없다. 그녀는 딸들 집에 한번 가면 몇 달씩 지내면서도 3명의 사위들이 구두쇠이고 이기적이라고 불평한다. 그녀는 노후에 대비해 돈을 꼭 쥐고 풀어놓지도 않으면서 딸들이 그녀에게 선물을 사주지 않는다고 불평한다.

그녀는 자신뿐만 아니라 불쌍한 가족들에게까지 고통을 주고 있다. 하지만 꼭 그렇게 해야 할까? 그녀는 자신을 불쌍하고, 불행한 노파에서 존경받고 사랑받는 가족의 일원으로 바꿀 수 있다. 이렇게 변화하기 위해 그녀가 할 일은 그저 유쾌하게 행동하기만 하면 된다. 자신의 사랑을 불행하고 고통 받는 자아에 쏟아 붓는 대신에 다른 사람에게도 사랑을 나누어 줄 수 있는 것처럼 행동하면 된다.

인디애나에 사는 H. J. 잉글러트라는 사람은 이 비밀을 발견했기 때문에 지금까지 살아있다. 10년 전에 그는 성홍열을 앓았다. 회복되자 이번에는 신장 질환에 걸렸다. 모든 의사를 다 찾아다녔지만 아무도 그를 고칠 수 없었다.

얼마 전에 합병증이 찾아왔다. 혈압이 치솟았다. 병원에 갔는데 혈압이 최고 214에 달한다는 말을 들었다. 치명적이고 병세가 진행 중이라 악화되기 전에 신변정리를 하는 것이 좋겠다는 말을 들었다.

"저는 집에 가서 보험료를 다 납부했는지 확인했습니다. 그러고 나서 신에게 제 모든 잘못에 대한 용서를 구한 후 우울한 생각에 빠졌습니다. 저는 모든 사람을 불행하게 만들었습니다. 제 아내와 가족들은 비참해졌습니다. 그리고 저도 우울해졌습니다. 하지만 일주일을 자기연민에 빠져 지낸 후에 스스로에게 이런 말을 했습니다.

'너는 바보같이 굴고 있냐? 1년은 살 텐데 살아있는 동안 행복하게 지내는 게 어때?'

저는 어깨를 활짝 펴고 얼굴에 미소를 짓고 아무 일도 없는 듯이 행동하기로 했습니다. 처음에는 힘들었지만 억지로 유쾌해지려고 노력했습니다. 이것은 내 가족에게 도움이 되었을 뿐 아니라 제 자신에게도 도움이 되었습니다.

다른 무엇보다도 기분이 좋아졌습니다. 병세도 좋아졌습니다. 무덤 속에 들어가야 할 날을 몇 달이나 넘겼는데도 행복하고 건강할 뿐 아니라 혈압도 내려갔습니다! 이것 한 가지는 확실하게 압니다. 제가 죽는다는 패배감에 빠져 계속 죽을 생각만했다면 의사의 예언대로 되었을 것입니다. 저는 그저 정신 자세를 바꾸기만 했는데 제 몸이 스스로 치유할 기회를 주었습니다!"

당신에게 질문 한 가지만 해보자. 그저 유쾌한 듯 행동하고 긍정적인 생각만으로 이 사람은 목숨을 건질 수 있었다. 그렇다면 여러분과 내가 1분이라도 사소한 근심과 우울함으로 고통을 겪어야 하는가? 유쾌하게 행동하는 것만으로도 행복해질 수 있는데 왜 우리 자신과 우리 주위에 있는 모든 사람들을 불행하고 우울하게 만드는가?

몇 년 전에 나는 내 삶에 큰 영향을 끼친 작은 책 한권을 읽었다. 제임스 알렌이 지은 〈생각하는 모습 그대로〉라는 책인데 여기에 그 내용을 일부 옮긴다.

"우리가 주변 사물과 사람들에 대한 생각을 바꾸면 주변 사물과 사람들이 바뀔 것이다…… 생각을 급진적으로 바꾸게 되면 상황이 빠르게 변해서 놀랄 것이다…… 사람들은 자신이 원하는 것을 끌어당기지 않고 있는 그대로의 것을 끌어당긴다…… 우리의 존재 목적을 정하는 신성은 우리 안에 있다…… 인간은 자신의 생각대로 성취한다……인간은 생각을 발전시킴으로서 성취한다. 이를 거부하는 사람은 약하고 비참하게 될 것이다."

구약성서 창세기에는 하나님이 인간이 온 땅을 지배하도록 만들었다. 엄청난 은총이다. 하지만 나는 이런 제왕적 특권에는 관심이 없다. 내가 바라는 것은 내 자신을 지배하는 내 생각을 지배하는 것뿐이다. 내 행동을 통제하는 것만으로도 내가 원할 때는 언제든지 놀라울 정도로 생각에 대한 지배력을 얻을 수 있다는 것이 놀랍다.

윌리엄 제임스가 한 말을 기억하자.

"우리가 악으로 부르는 많은 것들이 두려움에서 투지로 마음을 바꾸기만 하면 선으로 바뀐다."

우리의 행복을 위해 싸우자!

유쾌하고 건설적인 생각을 유도하는 하루 단위의 프로그램을 짜서 우리의 행복을 쟁취하자. 이 프로그램의 이름은 '오늘만은'이며 그 내용은 다음과 같다. 나는 이 프로그램이 도움이 된다고 생각해서 많은 사람들에게 알려주었다. 이것은 시빌 F. 패트릭이 36년 전에 쓴 글이다. 당신과 내가 이대로 따르면, 우리는 우리의 걱정을 없애고 프랑스인들이 말하는 '삶의 기쁨'을 누릴 수 있을 것이다.

오늘만은

1. 오늘만은 나는 행복할 것이다. 링컨이 말한 대로 대다수 사람들은 자기가 행복하고자 한 만큼 행복하다. 행복은 내면에서 나온다. 행복은 환경의 문제가 아니다.
2. 오늘만은 모든 것을 내 기대에 맞추는 것이 아니라 나는 내 자신을 현실에 맞추려고 할 것이다. 나는 나의 가족, 나의 일, 나의

운을 있는 그대로 받아들이고 나를 거기에 맞추겠다.

3. 오늘만은 내 몸을 혹사하거나 무시하지 않고 내 몸을 돌보겠다. 나는 운동을 할 것이고, 소중히 할 것이다. 내 몸은 나만을 위한 훌륭한 기계가 될 것이다.

4. 오늘만은 나는 내 마음을 강하게 만들 것이다. 나는 유익한 것을 배울 것이다. 나는 정신적으로 게으름뱅이가 되지 않을 것이다. 나는 노력, 사고, 집중을 요하는 것을 읽을 것이다.

5. 오늘만은 나는 내 마음을 세 가지 방법으로 훈련할 것이다. 다른 사람 몰래 친절을 베풀 것이다. 윌리엄 제임스가 제안한대로 내가 원하지 않는 일 두 가지를 해 볼 것이다.

6. 오늘만은 나는 유쾌한 사람이 될 것이다. 가능한 한 활발하게 행동하고, 잘 차려입고, 낮은 소리로 이야기하고, 우아하게 행동하고, 칭찬은 후하게 비난은 박하게 할 것이다. 어떤 것에도 트집 잡지 않고 다른 사람을 바로 잡으려 하지 않겠다.

7. 오늘만은 내 인생의 문제를 한꺼번에 해결하려하지 않고 오늘 하루를 충실하게 보내려 할 것이다. 일생동안 평생 못할 일도 12시간 안에 할 수 있다.

8. 오늘만은 프로그램을 짜서 보낼 것이다. 나는 매 시간 해야 할 일을 적을 것이다. 시간표대로 못해도 일단 해보자. 그러면 나의 성급함과 우유부단함은 없어질 것이다.

9. 오늘만은 30분이라도 나만의 시간을 가지고 휴식할 시간을 가질 것이다. 이 30분 동안에 인생에 대한 통찰력을 높이기 위해 하나님을 생각하겠다.

10. 오늘만은 나는 두려워하지 않겠다. 특히 행복해지는 것을, 아름다움을 즐기는 것을, 사랑하는 것을, 내가 사랑하는 사람들이 나를 사랑한다고 믿는 것을 두려워하지 않겠다.

규칙 1

유쾌하게 생각하고 행동하면 유쾌해질 것이다.

2 앙갚음은 비용이 많이 든다

몇 년 전 어느날 밤 내가 옐로우스톤 공원을 여행할 때 소나무와 전나무가 빽빽하게 서 있는 숲을 마주보게 설치되어 있는 관람석에 앉아 있었다. 얼마 후 우리가 구경하려던 곰이 환한 불빛 아래 나타나 공원 호텔 주방에서 버린 쓰레기를 먹어 치우기 시작했다.

삼림 경비대원인 마틴데일 소령은 말에 앉아 흥분한 여행객들에게 곰에 대한 이야기를 했다. 그는 우리에게 회색 곰은 버팔로나 코디액 불곰을 제외하고 서구 세계에 존재하는 어떤 동물보다도 강하다고 했다.

그러나 나는 그날 밤 회색 곰이 숲에서 나와서 환한 조명 아래서 자기와 함께 음식을 먹도록 허락한 동물이 단 하나 있는 것을 보았다. 바로 스컹크였다. 회색 곰은 자신이 앞발로 한 대 치기만 해도 스컹크를 죽일 수 있는 것을 알았다. 왜 가만히 있었을까? 왜냐하면 회색 곰은 지금까지의 경험에서 그렇게 하는 것이 이익이 없다는 것을 알았기 때문이다.

나도 그런 사실을 잘 알고 있었다. 어렸을 때 나는 미주리 주의 관목 사이에 덫을 놓아 스컹크를 잡았다. 어른이 되어서 다리가 둘 달린 스컹크를 본 적이 있다. 나는 경험에서 어느 쪽이든 건드리면 좋지 않다는 것을 알았다.

우리가 적을 증오할 때 우리는 적에게 우리를 지배하는 힘을 주게 된다. 우리의 잠, 우리의 식욕, 우리의 혈압, 우리의 건강, 우리의 행복을 지배하는 힘을 준다. 우리의 적은 그들이 우리를 괴롭히고 있다는 것을 알면 기뻐서 춤을 출 것이다. 우리의 증오는 그들을 아프게 하지 않는다. 우리의 증오는 우리의 낮과 밤을 지옥으로 만든다.

다음과 같은 말을 누가 했을까?

"이기적인 사람들이 당신을 이용하려 하면 무시해버려라. 똑같이 갚아주려고 하지 마라. 앙갚음하려하면 네 자신이 더 다친다."

이 말은 어떤 이상주의자가 한 말일까? 아니다. 이 말은 밀워키 경찰서 회보에 나오는 말이다.

앙갚음 하려고 하면 당신에게 어떤 해가 미칠까? 〈라이프〉지에 따르면 당신의 건강을 잃을 수도 있다.

"고혈압에 걸린 사람들의 가장 큰 성격 특징은 분노이다. 분노가 만성적이 되면, 고혈압과 심장질환이 생기기 쉽다."

예수가 **"원수를 사랑하라."** 라고 했을 때 그는 윤리를 말한 것이 아니다. 그는 20세기 의학을 말하고 있는 것이다. 예수가 "7번씩 70번 이라도 용서해라." 라고 말했을 때, 예수는 당신과 나에게 고혈압, 심장질환, 위궤양과 다른 질병을 피할 수 있는 방법을 알려주고 있다.

내 친구중 하나가 최근에 심한 심장마비를 일으켰다. 그의 의사는 친구를 침대에 눕게 하고 어떤 것에든 절대 화내지 말라는 지시를 내렸다. 심장이 약한 사람은 갑자기 화를 내는 것만으로도 죽을 수 있다.

내가 죽을 수 있다고 말했나? 몇 해 전 워싱턴 주에서 레스토랑을 경영하는 사람이 갑자기 화를 내는 바람에 죽었다. 내 앞에 워싱턴 경찰청장 제리 스와타웃이 보낸 편지가 있다.

"몇 년 전에 여기 스포케인에서 카페를 경영하던 윌리엄 폴카버는 주방장이 커피를 마실 때 자신의 커피 잔 받침을 사용한다고 버럭 화를 냈다가 죽었습니다. 그는 너무 화가 나서 총을 쥐고 요리사를 쫓아가다가 심장마비로 죽었습니다. 검시관은 분노가 심장마비의 원인이라고 보고했습니다."

예수가 "원수를 사랑하라." 라고 말했을 때 우리에게 어떻게 하면 인상도 좋아질 수 있는 지 말하고 있다. 내가 아는 사람 중에 증오와 분노로 얼굴이 주름지고 일그러진 사람이 있다. 이 세상 어떤 피부 관리도 용서와 친절, 사랑하는 마음이 주는 것만큼 효과적인 것은 없다.

증오는 음식을 즐길 수 없게 한다. 성경(구약성경 잠언 15장 17절)에 이런 말씀이 있다. **"채소를 먹으며 서로 사랑하는 것이 살진 소를 먹으며 서로 미워하는 것보다 낫다."**

우리의 적이 그들에 대한 증오가 우리를 좀먹고 있다는 것을 알면 손을 비비면서 기뻐하지 않을까?

우리가 적을 사랑할 수 없어도 적어도 우리 자신을 사랑하도록 해보자. 우리 자신을 사랑함으로써 우리의 원수가 우리의 행복, 건강, 아름다움을 조종하지 못하게 하자. 셰익스피어는 이렇게 말했다.

적의를 너무 불태우지 마라.

그 불이 오히려 너를 태울 테니.

예수가 우리에게 적을 7번, 70번까지도 용서해야 한다고 말했을 때, 그는 또한 건실한 사업에 대해서도 이야기하고 있다. 스웨덴의 조지 로나의 이야기를 소개하겠다. 오랫동안 조지 로나는 비엔나에서 변호사로 일했다. 하지만 제2차 세계대전이 발발하자 그는 스웨덴으로 피신했다. 돈이 없어서 일자리가 절실하게 필요했다. 몇 개 국어를 말하고 쓸 수 있었기 때문에 수출입 회사의 주재원으로 취직하려 했다. 그러나 무역회사에서는 전쟁 중이라 일자리가 없으니 그의 이름을 파일에 보관해 두겠다고 대답했다. 그러나 그 사람은 조지 로나에게 이렇게 편지를 썼다.

"당신은 무역회사의 일에 대해 잘 모릅니다. 당신은 실수투성이에 어리석기까지 합니다. 나는 그런 직원은 필요 없습니다. 주재원이 필요해도, 나는 당신을 고용하지 않을 것입니다. 당신은 스웨덴어조차 잘 구사하지 못합니다. 당신의 편지는 오자투성이입니다."

조지 로나가 그 편지를 읽었을 때, 그는 무척 화가 났다. 내가 스웨덴어를 잘 모른다니 이 사람 무슨 말을 하고 있는 거야? 스웨덴 사람이면서 자기가 온통 실수투성이 편지를 썼구먼! 조지 로나는 이 사람을 화나게 하려고 무례한 내용의 편지를 썼다. 그러다 그는 갑자기 멈추고 혼잣말을 했다.

"잠깐만 기다려봐. 이 사람이 틀렸다는 걸 어떻게 알지? 내가 스웨덴어를 공부하기는 했지만 모국어가 아니잖아. 나도 모르는 실수를 했을지도 몰라. 취직하려면 더 열심히 공부를 해야지. 이 사람은 본인은 의도하지 않았을지 모르지만 내게 큰 교훈을 줬어. 이 사람의 표현방식이 기분 나쁘기는 하지만 그에게 빚을 진 것은 사실이야. 그러니 그에게 감사 편지를 써야겠어."

그래서 조지 로나는 그가 이미 쓴 무례한 편지를 찢어버리고 새로 편지를 썼다.

"주재원이 필요없으신데도 일부러 제게 편지까지 써주셔서 정말 감사합니다. 제가 귀사에 대해 잘못 알고 있었던 점 사과드립니다. 제가 편지를 쓴 이유는 제가 조사해본 결과 귀사가 무역업계의 주도적인 회사라고 알려졌기 때문입니다. 제가 편지에 문법적인 실수를 저지른 것을 몰랐습니다. 제 자신이 정말 부끄럽습니다. 이제부터 좀더 열심히 스웨덴어 공부를 해서 잘못을 바로잡도록 하겠습니다. 제가 자기발전을 위해 노력할 수 있도록 도와주셔서 감사드립니다."

며칠 후에 조지 로나는 그 사람에게서 자신을 만나러 와달라는 편지를 받았다. 로나는 그 자리에서 취직이 되었다. 조지 로나는 "부드러운 대답이 분노를 누그러뜨린다." 는 것을 알게 되었다.

우리는 우리의 적을 사랑할 만큼 성인은 아니다. 하지만 적어도 우리 자신의 건강과 행복을 위해 적을 용서하고 분노를 잊으려고 노력해보자. 이것이 현명한 처사이다.

공자는 이렇게 말했다.

"도둑을 맞거나 모함을 당해도 계속 기억하지만 않으면 아무것도 아니다."

나는 예전에 아이젠하워 장군의 아들인 존 아이젠하워에게 아버지가 분노를 마음에 담아두는 지 물었다.

"아니오. 아버지는 자신을 싫어하는 사람들을 생각하는데 단 1분도 낭비하지 않으셨습니다."

옛 속담에 이런 말이 있다. "바보는 화를 내지 못하지만 현명한 사람
은 화를 내지 않는다."

전직 뉴욕 시장 윌리엄 J. 게이너도 이러했다. 그가 황색언론에 심하
게 비판을 받은 후 그는 미친 사람이 쏜 총에 맞아 거의 죽을 뻔했다. 병
원에 누워 죽음과의 사투를 벌이면서도 그는 이렇게 말했다.

"매일 밤 나는 모든 사람을 용서합니다."

너무 이상적인가? 너무 가볍게 생각하는 것 같은가? 그렇다면 〈염세
주의 연구〉의 저자인 독일의 위대한 철학자 쇼펜하우어의 말을 들어보
자. 그는 삶을 무의미하고 고통스러운 과정으로 보았다. 그가 걸어가면
우울함이 그에게서 뚝뚝 떨어졌다. 그러나 그의 깊은 절망 속에서도 쇼
펜하우어는 다음과 같이 외쳤다. "할 수만 있다면 어떤 누구에게도 악
의를 느껴서는 안 된다."

나는 윌슨, 하딩, 쿨리지, 후버, 루즈벨트, 투르먼 대통령의 신임하
던 고문인 버나드 바루크에게 정적의 비난으로 고민했던 적이 있는 지
물어보았다.

"어떤 사람도 나를 모욕하거나 고민하게 만들 수 있는 사람은 아무
도 없습니다. 제가 그렇게 하도록 내버려두지 않으니까요."

막대기와 돌멩이로 내 뼈를 부러뜨릴 수는 있어도
말로는 내게 상처 입힐 수 없다.

오랫동안 인류는 자신의 적에게 악의를 품지 않는 예수 같은 인물을
존경했다. 나는 가끔 캐나다의 재스퍼 국립공원에 서서 서방에서 가장

아름다운 산 중에 하나인 에디스 카벨 산을 바라본다. 이 산은 1915년 10월 12일 독일 소총부대 앞에서 성인처럼 죽음을 맞은 에디스 카벨의 이름을 기념한 것이다. 그녀의 죄는 무엇일까? 그녀는 벨기에에 있던 자신의 집에 프랑스와 영국 부상병들을 숨기고, 상처를 치료해주고, 먹을 것을 주고, 그들이 네덜란드로 도망칠 수 있게 도와주었다. 영국인 신부가 사형 집행일 아침에 브뤼셀의 감옥으로 찾아갔을 때 그녀는 다음과 같은 말을 남겼다.

"나는 애국심만으로는 충분하지 않다는 것을 압니다. 나는 누구에게도 증오를 품지 않으려 합니다."

4년 후에 그녀의 시신이 영국으로 옮겨져 웨스트민스터 사원에서 기념식이 열렸다. 나는 영국에서 1년간 지낸 적이 있었는데, 그때 자주 국립 초상화 미술관에 있는 에디스 카벨의 동상 앞에 서서 화강암에 새겨진 그녀의 말을 읽곤 했다. "나는 애국심만으로는 충분하지 않다는 것을 압니다. 나는 누구에게도 증오를 품지 않으려 합니다."

원수를 용서하고 잊을 수 있는 한 가지 확실한 방법 가운데 하나는 우리 자신보다도 큰 어떤 대의에 몰입하는 것이다. 그러면 우리가 받은 모욕감과 증오는 아무런 문제가 되지 않을 것이다. 우리의 대의를 제외하고는 다른 것에 신경을 쓰지 않게 되기 때문이다.

1918년 미시시피의 소나무 숲에서 일어난 극적인 사건을 예를 들어 설명해보고자 한다. 교사이자 목사로 일하던 흑인 로렌스 존스가 막 폭행을 당하려 하고 있었다. 몇 년 전에 나는 로렌스 존스가 세운 학교인 파이니우즈 컨트리 스쿨을 방문하여 학생들 앞에서 강연한 적이 있었다. 그 학교는 오늘날 미 전역에 잘 알려져 있다. 하지만 내가 지금 이야기하려고 하는 사건은 오래전에 일어난 일이다.

그 사건은 제 1차 세계대전이 한창이어서 사람들의 신경이 예민할 때 일어났다. 중부 미시시피에 독일군이 흑인들을 선동하여 폭동을 일으키려 한다는 소문이 퍼졌다. 로렌스 존스는 이미 말했다시피 흑인이고 자신과 같은 흑인들을 선동해 반란을 일으키려 한다는 의심을 받고 있었다. 한 무리의 백인들이 교회 밖에 서서 로렌스 존스가 집회에 모인 사람들에게 외치는 소리를 들었다.

"인생은 전투입니다. 모든 흑인들은 무기를 갖추고 생존하고 성공하기 위해 투쟁해야 합니다."

"투쟁!" "무기!" 이 말로 충분했다. 흥분한 청년들은 사람들을 불러 모아 다시 교회로 돌아왔다. 그들은 목사를 밧줄로 묶고 그를 1마일이나 떨어진 곳 까지 질질 끌고 갔다. 그를 장작더미에 세워놓고 성냥불을 켜고 교수형과 동시에 화형에 처하려 했다. 그때 누군가가 외쳤다.

"불에 태우기 전에 저 검둥이에게 설교나 시키자. 지껄여봐라! 지껄여봐!"

로렌스 존스는 장작더미에 서서, 그의 목에 밧줄을 감은 채 자신의 인생과 자신의 대의에 대해 이야기했다. 그는 1907년에 아이오와 대학을 졸업했다. 그의 훌륭한 성격, 우수한 학업성적, 음악적 재능으로 학생들 뿐만 아니라 교수들에게서도 인기가 좋았다. 졸업을 하면서 호텔업자가 그에게 좋은 제안을 했지만 이를 거절하고, 그에게 음악 교육을 시켜 주겠다는 부유한 사람의 제안도 거절했다. 왜일까? 그는 사명감으로 불타고 있었기 때문이다.

부커 T. 워싱턴의 삶을 다룬 이야기를 읽고 그는 자신의 인생을 가난하고, 못 배운 자신과 같은 흑인들에게 헌신하기로 결심했다. 그래서 그는 남부에서도 가장 열악한 미시시피 잭슨에서 남쪽으로 25마일 떨어진 곳으로 갔다. 자신의 시계를 1.65달러에 저당 잡히고 그는 나무 그루터기를 책상삼아 숲에 학교를 세웠다.

로렌스 존스는 화난 백인들에게 자신이 교육 받지 못한 아이들을 교육해서 이 아이들이 훌륭한 농부, 기계공, 요리사, 주부가 되기까지의 고생을 이야기했다. 그는 자신이 파이니우즈 컨트리 스쿨을 세우는 데 도움을 준 백인들에 대해 이야기했다. 그들은 그에게 땅, 목재, 돼지, 소, 그리고 돈을 주었다.

로렌스 존스는 나중에 자신을 질질 끌고 가서 목을 매달고 불태워 죽이려 하던 사람들을 증오하지 않느냐는 질문을 받았다. 그는 자신이 대의를 이루기 위해 너무 바쁘고 자신보다 큰 대의에 몰두해 있어서 증오할 여유가 없다고 대답했다.

"저는 싸울 시간이 없습니다. 후회할 시간도 없습니다. 어떤 누구도 그 사람을 미워할 만큼 저를 비참하게 만들 수 없습니다."

로렌스 존스가 자신을 위해서가 아닌 대의를 위한 진실 되고 감동적인 연설을 하자 백인 폭도들은 누그러지기 시작했다. 마침내 사람들 틈에 있던 늙은 남부 퇴역군인 한 사람이 말했다.

"나는 이 사람이 진실을 말한다고 생각하네. 나는 그가 언급한 백인들을 알아. 그는 좋은 일을 하고 있어. 우리가 실수를 했네. 우리는 그를 매달 것이 아니라 그를 도와야 하네."

그 퇴역 군인은 그의 모자를 군중들에게 돌려 돈을 모금했다. 파이니 우즈 컨트리 스쿨의 설립자를 목매달기 위해 거기에 모였던 바로 그 사람들이 52.5달러라는 돈을 모아 그에게 기증했다.

19세기 전 에픽테토스는 "뿌린 대로 거둔다", "운명은 언제나 우리가 한 나쁜 짓에 대한 대가를 치르게 만든다", "결국 모든 사람은 자신의 잘못에 대한 벌을 받을 것이다. 이것을 기억하는 사람은 다른 사람에게 화를 내지 않을 것이고, 분노하지 않을 것이고, 악의를 품지 않고, 다른 사람 탓을 하지 않고, 다른 사람을 증오하지 않을 것이다." 라는 말을 했다.

미국 역사상 링컨처럼 다른 사람에게 욕을 먹고, 배신당한 사람은 없을 것이다. 하지만 헌든의 유명한 전기에 따르면 링컨은 "자신의 호불호로 사람을 판단하지 않았다. 자신을 헐뜯거나 냉대했던 사람이라도 그 자리에 적합하면 링컨은 자신의 친구에게 하듯이 즉시 그 사람을 임명했다. 내 생각에 링컨은 자신의 적이라는 이유로 또는 자신을 싫어한다는 이유로 해임한 적은 없다."

링컨은 자신이 고위직에 임명한 맥클레런, 시워드, 스탠튼, 체이스 같은 사람들에게 비난을 받았다. 하지만 헌든에 따르면 링컨은 "어느 누구도 어떤 일을 했다고 칭송을 받고, 어떤 일을 하거나 하지 않았다고 비난을 받을 수는 없다. 왜냐하면 사람은 상황, 교육, 습관, 유전의 영향을 받아 그렇게 행동하는 것이지 그 사람 자체가 문제인 것은 아니기 때문이다."

아마 링컨이 맞을 것이다. 우리가 적과 같은 신체적, 정신적, 감정적 특징이 있고 우리의 삶이 적의 인생과 비슷하다면 우리는 적과 똑같이 행동할 것이다. 수우 인디언처럼 관대한 마음을 가지고 다음의 기도문을 외워보자.

"오! 위대한 신이여! 내가 2주 동안 다른 사람의 입장이 되어보기 전에는 그 사람을 판단하거나 비판하지 않도록 해주십시오."

적을 증오하는 대신 적을 불쌍히 여기고 우리가 그들처럼 되지 않은 것에 감사하자. 적들에게 저주와 복수를 퍼붓는 대신 그들을 이해하고, 도움을 주고, 용서하고, 그들을 위해 기도하자.

나는 저녁마다 성경 구절을 따라 읽고 무릎을 꿇고 가정기도문을 외우는 가정에서 자랐다. 나는 아직도 아버지가 쓸쓸한 미주리 농가에서 예수의 말씀을 읽어주시던 소리를 기억한다. 예수의 말씀은 인간이 예수의 사상을 소중히 생각하는 한 영원할 것이다.

"적을 사랑하라. 너희를 저주하는 사람들을 축복하고, 너희를 미워하는 사람들에게 잘해주어라. 너희를 모욕하고 핍박하는 사람들을 위해 기도해라."

아버지는 그리스도의 말씀을 실천하려고 애쓰셨다. 그 말씀은 세상의 왕들이 그토록 찾았으나 찾지 못했던 내적 평화를 아버지에게 주었다.

규칙 2

> 적에게 보복하려 하지 말라. 원수를 해치기보다 오히려 자신을 다치게 할 뿐이다.

아이젠하워 장군이 했듯이 우리를 싫어하는 사람들 생각으로 1분도 낭비하지 말자.

3 대가를 바라지 말고 선행을 배풀어라

나는 최근에 텍사스에서 온 사업가를 만났는데 그는 화가 잔뜩 나있었다. 11개월 전의 일로 아직도 화가 나 있었다. 크리스마스 보너스로 직원 한 명당 거의 3백 달러를 주었는데 아무도 그에게 감사인사를 하지 않은 것이 그 이유였다.

"이럴 줄 알았으면 직원들에게 한 푼도 주지 않을걸 그랬어!"

공자는 이렇게 말했다. "분노한 사람은 언제나 독으로 가득차 있다."

그 사람은 독으로 너무 차 있어서 나는 솔직히 그가 불쌍했다. 그는 나이가 거의 60이 다 되었다. 요즘 생명보험사들은 기대수명을 80세에서 우리 나이를 뺀 3분의 2보다 조금 더 살 것이라고 계산한다. 그 계산법에 따르면 이 사람은 운이 좋으면 살 날이 14년에서 15년 남았을 것이다. 그런데도 그는 이미 지나버린 일에 화내면서 여생의 일 년을 낭비했다. 참 불쌍한 사람이다.

그는 화를 내거나 자기연민에 빠져 지내는 대신 자신이 왜 감사인사를 받지 못했는지 자문해 봤어야 했다. 아마 그는 직원에게 월급은 짜게 주고 일은 많이 시켰을 것이다. 아마 직원들은 크리스마스 보너스를 선물이 아니라 자신들이 일한 대가라고 생각했을 지도 모른다. 아마 그는 너무 비판적이고 가까이가기 힘든 사람이라 직원들이 그에게 감사 인사를 할 엄두를 못 냈을지 모른다. 아마 직원들은 이익금을 어차피 세금으로 내느니 직원들에게 보너스로 주었다고 생각했을지 모른다.

하지만 직원들이 이기적이고 예의가 없는 사람들일지도 모른다. 확실한 내막은 잘 모르지만 사무엘 존슨 박사의 말은 확실히 안다.

"감사는 교양의 결실이다. 교양이 없는 사람들에게서 감사를 찾을 수 없다."

이것이 내가 말하고자 하는 요지이다. 이 사람은 인간 본성을 잘 모르고 감사를 기대하는 실수를 저질렀다.

당신이 사람 목숨을 구했다면 그가 감사할 것이라고 생각하는가? 당신은 그렇게 생각할 지도 모르겠다. 형사사건 전문 변호사로 있다가 판사가 된 사무엘 라이보비츠는 사형을 당할 뻔한 78명의 목숨을 구했다. 그 중에 몇 사람이나 그에게 감사인사를 하러 들렀을까? 그 중에 몇 사람이나 그에게 크리스마스카드를 보냈을까? 한 사람도 없었다.

예수는 어느 날 오후 열 사람의 나병환자를 고쳐주었다. 그 중 몇이나 그에게 감사했을까? 단 한사람이었다. 누가복음(17장 11절 이하)을 찾아보라. 예수가 제자들을 돌아보며 "다른 아홉은 어디 있느냐?" 물었다. 하지만 그들은 이미 가버리고 없었다. 감사인사 한마디 없이 사라져버린 것이다. 왜 우리들은 작은 친절을 베풀고 예수가 받은 것 이상으로 감사인사를 받을 것이라고 기대할까?

특히 금전적인 문제일 때는 더욱 기대하기 어렵다. 찰스 슈왑이 예전에 은행돈으로 주식시장에 투기를 한 은행원을 도와주었다. 슈왑이 돈을 갚아주어 그 은행원은 감옥행을 면할 수 있었다. 그 은행원이 감사했을까? 처음 얼마동안은 그랬다. 그런데 그는 갑자기 돌변하여 슈왑을 욕하고 비난했다. 자신을 감옥에 가지 않게 구해준 바로 그 사람을!

당신이 친척에게 백만 달러를 주면 친척이 고마워할 것이라 생각하는가? 앤드류 카네기가 그렇게 했다. 앤드류 카네기가 다시 살아서 백만 달러를 준 그 친척이 자신을 욕한다는 것을 알면 깜짝 놀랄 것이다. 그 친척은 카네기가 자선사업에는 3억 달러나 기부했으면서 자신에게는 겨우 백만 달러밖에 주지 않았다고 카네기를 욕했다.

세상이 이렇다. 인간 본성은 언제나 그래왔다. 당신이 살아있는 동안 인간 본성은 아마 변하지 않을 것이다. 그러니 그대로 받아들이는 것이 어떤가? 로마제국의 통치자 중에 가장 현명하다고 하는 마르쿠스 아우렐리우스처럼 인간 본성을 직시하는 것이 어떤가? 그는 그의 일기에 이렇게 썼다.

"나는 오늘 지나치게 말이 많고, 이기적이고, 감사할 줄 모르는 사람들을 만날 것이다. 하지만 이런 사람들이 없는 세상은 상상할 수가 없기 때문에 나는 조금도 놀라거나 기분 나빠하지 않을 것이다."

말이 된다, 그렇지 않은가? 당신과 내가 감사할 줄 모르는 사람들에 대해 불평하면서 돌아다닌다면, 누구 잘못인가? 인간의 본성이 문제인가? 아니면 인간 본성을 모르는 우리가 문제인가? 감사를 기대하지 말자. 그러면 가끔, 아주 가끔 감사인사를 받으면 기분 좋게 놀랄 것이고, 감사인사를 받지 못해도 기분 나쁘지 않을 것이다.

감사함을 잊는 것은 인간 본성이다. 그러니 우리가 감사를 바라면, 우리 마음만 속상할 것이다.

나는 뉴욕에 사는 어떤 여자를 아는데, 그녀는 외롭다고 항상 불평을 한다. 그녀의 친척 중에 어느 누구도 그녀의 옆에 가려하지를 않는다. 이상할 것이 없다. 당신이 그녀를 찾아가면 그녀는 자신이 조카에게 해준 것을 구구절절이 늘어놓을 것이다. 조카가 어렸을 때 홍역이며 귀앓이, 백일해에 걸렸을 때 자신이 얼마나 열심히 간호했는지, 조카들을 몇 년 동안 키워주었고, 그 애들 중 한명은 경영대학원까지 보내줬고, 다른 조카 한명은 결혼할 때까지 데리고 있었다는 이야기를 늘어놓는다.

조카들이 그녀를 찾아올까? 가끔 마지못해 의무감으로 찾아오지만 끔찍이도 싫어했다. 조카들은 몇 시간이나 꼼짝 않고 앉아서 고모의 잔소리를 들을 것을 알고 있었다. 조카들은 끝이 없는 불평과 자신의 처지를 한탄하는 고모의 이야기를 들을 것이다. 야단을 치고 호통을 쳐도 조카들이 찾아오지 않으면 비장의 무기를 사용한다. 심장발작을 일으키는 것이다.

이 심장발작은 진짜일까? 그렇다. 의사들은 그녀가 신경질에서 오는 심계항진에 걸렸다는 진단을 내렸다. 그녀의 병은 감정적인 것이어서 치료법도 달리 없다.

그녀가 진정으로 원하는 것은 사랑과 관심이다. 하지만 그녀는 그것을 감사라고 부른다. 그녀가 감사 또는 사랑을 강요하기 때문에 원하는 것을 결코 얻지 못할 것이다.

세상에는 그녀와 같은 사람들이 많다. 그들은 외로움에 시달리고,

사랑받기를 원한다. 하지만 그들이 사랑을 받을 수 있는 유일한 방법은 대가를 바라지 않고 사랑을 주면 된다.

내 말이 비현실적으로 들리는가? 그렇지 않다. 이것은 상식이다. 이것이 우리가 그토록 바라는 행복을 찾는 좋은 방법이다. 나의 부모님은 남을 돕는 즐거움에 평생을 베풀고 사셨다. 우리는 가난했고 항상 빚에 쪼들렸다. 가난했지만 우리 부모님은 어떻게든 돈을 모아 해마다 고아원에 돈을 보내셨다. 해마다 아이오와에 있는 카운실 블러프스 고아원에 돈을 보내셨지만 절대 그곳을 찾지는 않으셨다. 편지 말고는 어느 누구도 부모님께 감사의 선물이나 인사를 하지 않았지만 부모님은 대가없이 아이들을 돕는다는 기쁨에 충분한 보답을 받았다.

나는 독립한 후 크리스마스마다 부모님께 수표를 보내드리며 두 분만을 위해 좋은 것을 사라고 간청 드리지만 그렇게 하시지 않으신다. 크리스마스 몇 일전에 집에 가면, 아버지는 마을에 과부가 있는데 애들은 많고 음식과 연료를 살 돈이 없어 석탄과 식료품을 사주었다고 말씀하셨다. 부모님은 보답은 바라지 않고 그저 베푸는 기쁨을 누리신다.

나는 아버지가 아리스토텔레스가 제시했던 이상적인 인간상에 거의 부합한다고 생각한다.

"이상적인 사람은 다른 사람을 도와줄 때 기쁨을 느낀다. 또한 다른 사람이 자신을 돕는 것을 부끄럽게 여긴다. 친절을 베푸는 것은 우월함의 상징이나 친절을 받는 것은 열등함의 상징이기 때문이다."

내가 이 장에서 말하고자 하는 두 번째 요지는 이것이다. 행복을 원한다면 대가를 바라지 말고 베풀어라.

오랜 세월동안 부모들은 자식들이 감사할 줄 모른다며 속상해한다.

심지어 셰익스피어의 희곡 〈리어왕〉에서 리어왕은 이렇게 외친다.

"감사할 줄 모르는 자식은 독사의 이빨보다 아프구나!"

하지만 왜 자식들이 감사해야 하는가? 감사하지 않는 것은 잡초처럼 자연스러운 것이다. 감사는 장미와도 같다. 비료를 주고 물을 주고 아껴주고 보호해야 하는 것이다.

우리의 자녀가 감사할 줄 모른다면, 그것은 누구의 잘못일까? 아마 우리의 잘못일 것이다. 우리가 자녀들에게 감사를 표현하도록 가르치지 않으면서 어떻게 자녀가 우리에게 감사하기를 기대할 수 있겠는가?

아는 사람 중에 시카고에 사는 사람이 있는데 의붓아들의 배은망덕에 불평할 만했다. 그는 박스 공장에서 일하며 주급 40달러를 받는 것도 드물었다. 그는 과부와 결혼했는데, 그녀는 그에게 돈을 빌리게 해서 그녀의 장성한 아들 둘을 대학에 보냈다. 그의 주급 40달러에서 식비, 임대료, 연료비, 의복비 뿐 아니라 대출받은 돈도 갚아야 했다. 그는 아무 불평 없이 막노동꾼처럼 4년이나 일했다.

그가 감사인사를 받았을까? 아니다. 그의 아내는 이 모든 것을 당연하게 생각하고 의붓아들들도 마찬가지였다. 그들은 자신이 의붓아버지에게 아무것도 빚지지 않았다고 생각했다.

누구 탓일까? 의붓아들들의 잘못일까? 그렇다. 하지만 잘못은 어머니에게 더 있다. 그녀는 아들들에게 빚지고 있다는 생각을 하게 하는 것은 수치라고 생각했다. 그녀는 아들들이 빚더미위에서 인생을 시작하게 하고 싶지 않았다. 그래서 그녀는 아들들에게 "너희를 대학에까지 보내주시니 아버지가 얼마나 좋은 분이냐!" 라고 말하는 것은 꿈도 꾸지 않았다. 대신에 그녀는 이런 태도를 취했다. "아버지라면 적어도 그렇게 해야지."

그녀는 자신이 아들들을 아낀다고 생각했겠지만 사실 그녀는 아들들이 '세상이 자신들의 생계를 책임져줘야 한다.'는 위험한 생각을 가지고 사회생활을 시작하게 만들었던 것이다. 그런 위험한 생각을 가지고 아들들 중에 한명은 사장에게서 돈을 빌리려다가 결국 감옥에 가게 되었다.

우리 아이들은 우리가 만드는 대로 성장한다는 사실을 명심해야 한다. 미네아폴리스에 사는 내 이모 비올라 알렉산더는 시어머니와 외할머니를 집으로 모셔 돌보았다. 아직도 눈을 감으면 두 분이 이모가 사시던 농장 화롯불 앞에 앉아계시던 모습이 떠오른다. 이 두 분이 이모에게 골칫거리였을까? 가끔 그랬을 지도 모른다. 하지만 이모가 그 분들을 대하는 모습에서는 절대로 눈치 챌 수가 없을 것이다. 이모는 두 분을 사랑했다. 그래서 어른들의 요구는 다 받아주고 편안하게 해드렸다. 게다가 이모는 자식이 여섯이나 있었다. 하지만 이모는 자신이 특별한 일을 한다고 생각하지 않으셨다. 그녀에게 이것은 자연스러운 일이고 당연한 일이었다.

지금 비올라 이모는 어디에 계실까? 이모는 홀로되신지 20년이 넘었지만, 일가를 이루고 있는 다섯 명의 자녀들이 서로 이모를 모시겠다고 성화다. 이모의 자녀들은 이모를 너무나 좋아한다. 단지 감사에서 그럴까? 전혀. 그것은 사랑, 온전한 사랑이기에 그렇다. 이모의 자녀들은 따뜻한 사랑과 친절함 속에서 자랐다. 이제 입장이 바뀌었으니 자녀들이 사랑을 돌려주는 것이다.

감사하는 자녀를 키우고 싶으면 우리가 먼저 감사해야 한다는 것을 명심하자. 옛말에 '어린아이는 귀가 밝다.'고 했다. 우리가 하는 말을 조심해서 하자. 다음에 아이들 앞에서 누군가의 친절을 흠잡는 일은 피하자. "수 언니가 크리스마스에 보낸 행주 좀 봐. 직접 만든 거네. 단돈 1센트도 안 쓰려고 한다니까!" 이런 말은 우리에게 아무렇지 않을지 모르지만 아이들이 듣고 있다. 그러니 이런 식으로 이야기해보자. "수 언니가 크리스마스 선물로 행주를 보냈네. 시간이 많이 걸렸겠다. 참 고맙지? 감사편지를 쓰자." 이러면 우리 자녀들은 무의식적으로 감사의 습관을 익히게 된다.

규칙 3

A. 감사인사를 기대하지 말자. 예수는 하루에 열 명의 나병환자를 고쳤는데도 그 중에 단 한명만이 감사했다는 사실을 기억하자. 우리가 예수보다 더 감사인사를 기대해야 할 이유가 있는가?

B. 행복을 찾는 유일한 길은 감사를 기대해서가 아니라 베푸는 데서 오는 즐거움 때문에 베푸는 것이다.

C. 감사하는 마음은 교육에 의한 것임을 기억하자. 자녀를 감사하는 사람으로 키우려면, 우리가 감사하는 법을 가르쳐야 한다.

4 10억을 주면
지금 갖고 있는 것을 포기하겠는가?

해럴드 애버트와 나는 오랫동안 알고 지내왔다. 그는 미주리에 살고 있는데, 예전에 내 강연의 매니저였다. 어느 날 캔사스 시티에서 만나 미주리의 내 농장까지 갔다. 운전하면서 그에게 어떻게 걱정을 하지 않는 지 물어 보았는데 그는 내가 절대 잊지 못할 감동적인 이야기를 해 주었다.

"저는 예전에는 걱정을 많이 했습니다. 하지만 1934년의 어느 봄날 웹 시에 있는 웨스트 도허티 거리를 걷다가 어떤 광경을 보게 되었습니다. 단 10초 사이에 일어난 일인데 그 10초 동안 저는 제가 10년 동안 살아오면서 배운 것보다 더 많은 것을 배웠습니다. 2년 동안 웹시에서 식료품점을 경영했습니다. 그런데 저축해둔 돈을 날렸을 뿐만 아니라 7년 동안 갚아야 할 빚을 지게 되었습니다. 지난 토요일에 식료품점 문을 닫고 캔사스시티에 일자리를 찾으러 은행에 돈을 빌리러 가는 길이었습니다. 얻어맞은 것처럼 기운이 없고 모든 의욕을 상실했습니다. 그 때 갑자기 맞은편에서 다리가 없는 사람이 오고 있는 것이 눈에 띄었습니다. 그는 롤러스케이트 바퀴를 단 초라한 나무 판때기에 앉아있었습니다. 그는 양손의 나무막대로 땅을 밀어 앞으로 나아가고 있었습니다. 내가 그 사람을 본 건 그 사람이 길을 건너 인도와 보도 사이에 있는 얕은 턱을 넘기 위해 몸을 들려고 애쓰는 순간이었습니다. 그가 자신의 나무판을 기울이는 순간 우리 눈이 마주쳤습니다. 그는 환한 미소로 제게 인사했습니다. '안녕하세요. 날씨가 참 좋지요?' 그를 보면서 제가 얼마나 복 받았는지를 깨달았습니다. 저는 두 다리가 있어 걸을 수 있었습니다. 제가 자기연민에 빠져 허우적거린 것이 부끄럽게 느껴졌습니다. 다리가 없이도 저렇게 행복하고, 쾌활하고, 자신만만할 수 있으면 두 다리가 있는 나도 당연히 그래야 한다고 생각했습니다. 나도 모르게 가슴이 펴지더군요. 원래 은행에서 백 달러만 대출받으려 했지만 이제 2백 달러 대출 받을 용기가 생겼습니다. 원래 캔사스에 가서 일자리를 얻어보려 한다고 얘기할 생각이었지만 이제는 당당하게 일자리를 구해서 캔사스에 간다고 말할 수 있었습니다. 대출을 받았고, 일자리를 구했습니다.

이제 욕실 거울에 이런 말을 붙여놓고 면도하면서 매일 읽습니다.

'나는 울적했다네 신발이 없어서

거리에서 발이 없는 사람을 만날 때까지.' "

나는 에디 리켄베커에게 21일 동안 동료들과 뗏목을 타고 태평양을 표류했을 때 배운 최대의 교훈이 무엇이냐고 물어본 적이 있다.

"태평양에서 배운 가장 큰 교훈은 목마르면 마실 수 있는 물이 있고 배고프면 먹을 수 있는 음식이 있는 한 세상 어떤 일에도 불평하면

안 된다는 것이 었습니다."

타임지에 과달카날에서 부상당한 어느 하사관의 기사가 실렸다. 폭탄 파편에 목을 다친 이 하사관은 일곱 번이나 수혈 받았다고 한다. 그는 종이에 글을 써서 의사에게 "제가 살 수 있을까요?"라고 물었다. 의사는 그렇다고 답했다. 그는 또 다시 종이에 써서 의사에게 물었다. "제가 말할 수 있을까요?" 다시 의사는 그렇다고 답했다. 그러자 그는 다시 글을 썼다. "그럼 걱정할 이유가 없잖아?"

지금 당장 하는 일을 멈추고 자문해보라. "그럼 걱정할 이유가 없잖아?" 당신의 걱정이 상대적으로 중요하지 않은 사소한 것임을 알 수 있을 것이다.

우리 삶에서 90퍼센트는 문제가 없고 10퍼센트 정도는 문제가 있다. 우리가 행복해지고 싶으면 문제가 없는 90퍼센트에 집중하고 문제가 있는 10퍼센트는 무시하면 된다. 걱정하고 속상하면서 위궤양이 걸리고 싶으면 문제가 있는 10퍼센트에 집중하고 문제가 없는 90퍼센트는 무시하면 된다.

영국 크롬웰파의 교회에는 **"생각하고 또 감사하라"**라고 새긴 현판이 걸려있는데 이 말을 우리 마음에도 새겨야 한다. 감사해야 할 모든 것에 대해 생각하고, 우리가 받은 은혜에 하나님께 감사해라.

걸리버 여행기의 작가 조나단 스위프트는 영국 문학 역사상 최고의 염세주의자였다. 그는 자신이 세상에 태어난 것에 비관하여 생일날에 상복을 입고 단식을 했다. 하지만 절망 속에서도 이 위대한 염세주의자는 건강을 주는 유쾌함과 행복을 찬미했다.

"최고의 의사는 식이요법 의사, 사색 의사, 명랑의사이다."

우리는 알리바바의 재산 못지않게 우리가 가지고 있는 엄청난 부에 집중함으로서 "명랑의사"의 서비스를 공짜로 누릴 수 있다. 당신은 천억을 준다면 두 눈을 팔겠는가? 두 다리를 무엇과 바꿀 것인가? 손과 귀는? 자식들은? 가족은? 전 재산을 계산해보라. 그러면 당신은 록펠러, 포드, 모건의 재산을 합친 억만금을 준다고 해도 당신이 가진 것과 바꿀 수 없음을 알 게 될 것이다.

그런데 우리는 이 재산을 제대로 평가하고 있을까? 그렇지 않다. 쇼펜하우어가 말한 것처럼 "우리는 우리가 가진 것은 생각하지 않고 우리에게 없는 것을 항상 생각한다." 그렇다. "우리가 가진 것은 생각하지 않고 우리에게 없는 것을 항상 생각하는" 것이야 말로 최대의 비극이다.

뉴저지에 사는 존 팔머 씨는 이것이 원인이 되어 "보통 사람에서 불만투성이 노인네"가 되었고 가정이 거의 파탄 났다.

"군 제대 직후 개인사업을 시작했습니다. 낮이고 밤이고 열심히 일했습니다. 처음에는 일이 잘 풀렸지요. 그러다가 문제가 생겼습니다. 부품과 자재를 구할 수 없었습니다. 사업을 접어야 하나 두려웠습니다. 걱정을 너무 많이 해서 불평을 많이 하게 되었습니다. 그 당시에는 몰랐지만 우울해졌고 성질이 고약해져서 가정이 거의 파탄 날 지경에 이르렀습니다. 그러던 어느 날 제가 고용하고 있던 상이군인이 제게 말하더군요.

'조니, 부끄러운 줄 알아. 세상 고민을 전부 떠맡고 있는 듯이 구는데. 가게 문을 잠깐 닫으면 그게 뭐 큰일이야? 모든 게 정상으로 돌아오면 그때 다시 시작할 수 있잖아. 당신은 감사할 것이 많은 사람이야.

그런데도 불평만 하고 있어. 내가 당신 입장이라면 정말 좋겠네. 나를 봐. 나는 팔이 하나밖에 없고, 얼굴 반쪽은 날아가 버렸어. 그런데도 나는 불평하지 않아. 그렇게 불평만하면 사업도 망하고, 건강도 잃고, 가정도 친구도 잃게 될 거야!'

그의 말이 제가 얼마나 많은 것을 가지고 있는지 깨닫게 만들었습니다. 그때 제 자신을 바꾸고 예전의 나를 되찾겠다고 결심했습니다.

내 친구 루실 블레이크도 없는 것을 걱정하는 대신 가지고 있는 것에 만족하는 법을 배우기 전까지 비극의 구렁텅이에서 아슬아슬한 삶을 살았다.

나는 루시를 콜롬비아 대학교에서 단편소설 작법을 배우면서 알게되었다. 9년 전에 그녀는 충격적인 사건을 겪었다. 당시 그녀는 애리조나 투산에 살고 있었다.

"나는 정신없이 바쁘게 살고 있었습니다. 애리조나 대학교에서 오르간을 배우고, 시내에서는 대중연설을 가르치고, 데저트 윌로우 목장에서는 음악 감상교실을 지도하고 있었습니다. 하루 종일 사교모임, 댄스파티, 승마 등을 하느라 바빴습니다. 어느 날 아침 쓰러지고 말았습니다. 심장이 문제였지요. 의사는 '일 년 동안 입원해서 휴식을 취해야한다.' 는 처방을 내렸습니다. 내가 언제 다시 예전처럼 건강해질 지 말해주지 않았습니다.

침대에서 일 년이라니요! 어쩌면 죽을지도 모른다는 생각에 두려웠습니다. 왜 이런 일이 내게 일어났을까? 내가 무슨 잘못을 해서 이런 일이 내게 일어나나? 나는 울었습니다. 비참하고 억울했습니다. 하지만 의사가 말한 대로 입원을 해야 했습니다. 이웃인 예술가 루돌프 씨가 내게 이런 말을 하더군요.

'침대에 일 년 누워있는 것이 비극처럼 느껴질지 모르지만 그렇지 않을 지도 몰라. 차분하게 생각할 시간이 생겼으니 자신에 대해 생각해 볼 수도 있잖아. 그동안 살아왔던 것보다 앞으로의 몇 달 동안에 더 많이 정신적으로 성숙할 거야.'

나는 더 침착해졌고, 새로운 가치를 찾기 위해 노력했습니다. 영감을 주는 책들을 읽었습니다. 어느 날 라디오 평론가가 '인간은 의식 안에 있는 것만 표현할 수 있다' 는 말을 들었습니다. 이런 말은 전에도 여러 번 들었지만 이번에는 새롭게 들리더군요. 내가 평생 간직하고 싶은 생각만 하기로 결심했습니다. 기쁨, 행복, 건강에 관한 생각들을 하기 시작했습니다. 매일 아침 눈을 뜨자마자 감사해야 할 것을 생각했습니다. 고통이 없음에 감사했고, 사랑스러운 예쁜 딸에 감사했습니다. 시력, 청력이 좋은 것에 감사하고 라디오에서 흘러나오는 아름다운 음악에 감사했습니다. 책을 읽을 수 있는 시간, 맛있는 음식, 좋은 친구들에 감사했습니다. 제가 너무 기분이 좋고, 방문해주는 친구들이 너무 많아서 주치의는 정해진 시간에 한 사람씩 차례로 병실을 방문하도록 지시를 내렸습니다.

그때부터 9년이 흐른 지금 저는 충만한, 활동적인 삶을 살고 있습니다. 제가 병상에서 보낸 그 일 년에 가슴깊이 감사합니다. 그 시간은 애리조나에서 보낸 가장 행복하고 가장 가치 있는 시간이었습니다. 그때 생긴 습관으로 아직도 매일 아침이면 감사해야 할 일들을 머릿속으로 생각합니다. 가장 소중한 습관이지요. 죽음에 맞닥뜨릴 때까지 제대로 사는 법을 몰랐다는 것이 부끄럽습니다."

루실 블레이크, 당신은 모르고 있겠지만 당신이 배운 그 교훈이 바로 사무엘 존슨 박사가 이백년 전에 깨달은 바로 그 교훈이야.

"모든 일의 가장 긍정적인 것을 보는 습관은 일 년에 천 파운드씩 버는 것 보다 가치 있다."

이 말을 한 사람은 낙천주의자가 아니라 20년 동안 불안, 가난, 배고픔을 경험하고 마침내 당대 최고의 작가이자 좌담가로 우뚝 선 사람이라는 사실을 기억해라.

로건 피어설 스미스는 짧은 몇 마디 말로 인생의 진리를 압축해서 표현했다.

"인생에서 목표로 삼아야 할 것이 두 가지 있다. 하나는 원하는 것을 얻는 것이고, 그 다음은 그것을 즐기는 것이다. 가장 현명한 사람만이 즐길 수 있다."

설겆이를 짜릿한 경험으로 만드는 방법을 알고 싶은가? 알고 싶다면 보길드 달의 영감을 주는 책 〈나는 보고 싶었다〉를 읽어라. 이 책은 50년 동안 사실상 맹인으로 산 여성이 지은 책이다.

"나는 한쪽 눈 밖에 없었는데, 그 눈도 상처로 뒤덮여 눈의 왼쪽 틈 사이로 보이는 게 다였다. 책을 얼굴 가까이 들어서 한 쪽 눈을 가능한 한 왼쪽으로 몰아야지 그 틈으로 책을 볼 수 있었다."

그러나 그녀는 동정받기를 거부하고, 남들과 "다르다"라고 평가받기를 거부했다. 어렸을 때 그녀는 다른 아이들과 돌차기 놀이를 하고 싶었지만 땅에 그려놓은 표시를 볼 수가 없었다. 그래서 다른 아이들이 모두 집에 간 후에 땅에 엎드려 눈을 땅에 가까이 대고 땅에 그려놓은 표식을 찾았다. 그녀는 땅에 그려놓은 모든 표식을 암기해서 곧 돌차기 놀이의 전문가가 되었다. 책을 읽을 때 커다란 활자로 된 책을 어찌나 가까이 대고 읽었는지 속눈썹이 책장에 닿을 정도 였다. 그녀는 미네소타 대학의 문학사 학위와 콜럼비아 대학의 문학 석사 학위 두 개의 학위를 취득했다.

그녀는 미네소타 주 트윈밸리에 있는 작은 마을에서 교편을 잡았고 후에 사우스다코타 아우구스타나 대학의 언론학 및 문학 교수가 되었다. 그녀는 그곳에서 13년 동안 강의하면서 여성 클럽을 대상으로 강연하거나 라디오에서 대담을 진행했다.

"내 마음속에는 완전히 시력을 잃을지 모른다는 두려움이 항상 도사리고 있었습니다. 이 두려움을 극복하기 위해서 쾌활하고 밝은 태도로 인생을 살았습니다."

그러던 중 그녀가 52세가 되던 1943년에 기적이 일어났다. 유명한 메이요 클리닉에서 수술을 하게 된 것이다. 이제 그녀는 예전보다 40배 더 잘 보게 되었다.

새롭고 신나는 세상이 그녀 앞에 펼쳐졌다. 부엌에서 설거지를 하는 것도 그녀에게는 짜릿한 경험이었다.

"나는 설거지통의 거품과 놀기 시작합니다. 물에 손을 담그고 작은 비누거품을 집어서 빛에 비춰봅니다. 그 작은 비누거품 속에 화려한 빛깔의 작은 무지개가 담겨있습니다."

부엌 창문 밖을 보면 내리는 눈 사이로 검은색과 회색 날개를 파닥거리며 날아가는 참새들이 보인다.

비누거품과 참새를 보며 환희에 사로잡힌 그녀는 다음과 같은 말로 책을 마무리 짓는다.

"나는 이렇게 속삭입니다. 하나님, 하늘에 계신 우리 아버지시여, 감사합니다. 정말 감사합니다."

설거지를 할 수 있고, 비누거품 속에서 무지개를 볼 수 있고, 눈 속을 나는 참새를 볼 수 있다는 이유로 신에게 감사하는 것을 생각해봐라.

우리들은 부끄러운 줄 알아야 한다. 우리는 그 동안 아름다운 세상에서 살아왔는데 눈이 멀어 그 아름다움을 보지 못하고, 너무 행복에 겨워 그 아름다움을 즐기지 못했다.

규칙 4

문제를 헤아리지 말고 축복을 헤아려봐라.

5 자신을 알고 자신의 모습을 지켜라

이 지구상에 당신과 똑같은 사람은 아무도 없다는 사실을 명심해라.

노스캐롤라이나에서 에디스 올레드 여사가 나에게 편지를 보내왔다. 여사는 내게 다음과 같이 말하고 있다.

"어렸을 때 나는 아주 예민하고 수줍음이 많았습니다. 과체중이었고 얼굴에 살이 많아 실제보다 더 뚱뚱해 보였죠. 내 어머니는 예쁜 옷을 입는 것은 미련한 짓이라고 여기는 옛날 사고방식을 가지신 분이셔서 항상 제게 이렇게 말씀하셨죠. '큰 옷은 입혀도 작은 옷은 못 입는다.' 그래서 항상 제게 큰 옷을 입히셨고 파티를 가본 적도 없고 재미있게 놀아본 적도 없어요. 학교에 가면 아이들과 어울려 밖에서 놀아본 적이 없어요. 체육 수업도 못했답니다. 병적으로 수줍음이 많았어요. 나는 다른 아이들과 다르다고 생각했고, 아무도 나를 좋아하지 않을 거라 생각했어요.

성인이 되어 몇 살 연상인 사람과 결혼했지만 나는 달라지지 않았어요. 시댁 식구들은 모두 침착하고 자신감이 가득한 사람들이었어요. 시댁식구들을 닮으려고 최선을 다했지만 그렇게 되지는 않더군요. 시댁

식구들이 나를 바깥으로 끌어내려고 하면 할수록 나는 더욱 더 내 안의 껍질로 파고 들어갔습니다.

신경과민이 되어 화를 잘 내고 친구들도 피하게 되었어요. 상태가 너무 심각해져서 초인종 울리는 소리까지 두려울 정도가 되었습니다. 완전히 패배자가 되었습니다. 나도 그것을 잘 알고 있었어요. 남편이 제 본 모습을 알게 될까봐 두려웠습니다. 그래서 다른 사람들 앞에 있을 때마다 밝은 척 하려 노력했고, 일부러 과장되게 행동했습니다. 그런 후에는 며칠 비참한 기분에 빠져 있곤 했죠. 마침내 너무 불행해서 더 이상 살고 싶지도 않아졌어요. 자살을 생각하기 시작했습니다."

무슨 일이 이 불행한 여인의 삶을 바꿔놓았을까? 우연히 들은 한 마디 말이 그녀를 바꿔놓았다!

"우연히 들은 말이 내 인생을 바꿔놓았어요. 제 시어머니가 하루는 내게 자식들을 어떻게 키우셨는지 말씀하셨어요. '나는 항상 아이들에게 자기 모습대로 살라고 가르쳤어.' '자기 모습대로 사는 것' 바로 이것이었어요. 내게 맞지 않는 틀에 나를 억지로 끼워 맞추려고 했던 것이 내게 불행을 가져다주었다는 것을 깨닫게 되었죠.

하룻밤 사이에 나는 바뀌었습니다! 나는 내 모습 있는 그대로 살기 시작했어요. 내 성격을 찬찬히 공부하려고 노력했습니다. 내가 누구인지 알려고 노력했어요. 내 장점을 파악했습니다. 색깔과 다양한 옷 스타일을 배워서 내게 가장 잘 어울리는 나만의 스타일을 찾았습니다. 모임에도 참석했습니다. 처음에는 작은 모임이었는데 거기에서 어떤 프로그램에 저를 넣는 바람에 깜짝 놀랐지요. 하지만 말할 때마다 자신감을 얻기 시작했습니다. 오랜 세월이 걸렸지만 지금은 예전에는 꿈꾸지도 못할 정도로 행복합니다. 자식들을 키우면서 아이들에게도 내가 그렇게나 고통스러운 경험을 하고나서야 알게 된 교훈을 가르쳤습니다. 무슨 일이 있어도 자신의 모습대로 살아라!"

자신의 모습대로 살고자 하는 문제는 "역사만큼이나 오래되었고 인간의 삶만큼 보편적이다."라고 제임스 고든 길버트 박사는 말한다. 자신의 모습 있는 그대로 살지 않으려는 것은 노이로제와 정신병, 콤플렉스의 숨겨진 원인이 된다. 유아 교육에 관해 13권의 책과 수많은 신문과 잡지에 기고한 안젤로 패트리는 이렇게 말한다.

"정신적, 육체적으로 자기 이외의 다른 어떤 인간이 되고자 하는 사람만큼 비참한 사람은 없다."

자기 자신이 아닌 어떤 다른 사람이 되고자 하는 이런 욕구는 할리우드에서 두드러진다. 할리우드에서 가장 유명한 감독인 샘 우드는 신인배우들이 자기 본연의 모습을 갖도록 설득하는 것이 골치가 아프다고 말한다. 신인배우들은 모두 저마다 라나 터너를 닮은 2류, 또는 클라크 케이블을 닮은 3류가 되려고 한다. 그런 신인배우들에게 샘 우드는 이렇게 말한다.

"대중들은 이미 라나 터너, 클라크 게이블의 매력을 맛봤어. 질려한다고. 대중들은 색다른 것을 바라고 있어."

샘 우드는 〈굿바이 미스터 칩스〉나 〈누구를 위하여 좋은 올리나〉와 같은 작품을 연출하기 전에 오랫동안 부동산 업계에 종사하면서 세일즈맨의 요령을 잘 알고 있었다. 그는 사업에서 적용되는 원칙이나 영화 업계에서 적용되는 원칙이 같다고 주장한다. 남의 흉내를 내어서는 결코 성공하지 못한다.

"그 동안의 경험에 비추어 자신이 아닌 어떤 다른 사람이 되고 싶어 하는 사람들을 가능하면 빨리 떨어뜨리는 것이 가장 안전한 길이다."

나는 최근에 소코니 새큐엄 석유회사의 인사담당자인 폴 보인튼에게 구직자가 저지르는 최고의 잘못이 무엇인지 물었다. 그가 면접을 본 구직자만 6만 명이 넘고, 〈취업하는 6가지 방법〉이라는 책도 썼으니 질문에 대한 답을 가장 잘 알 것이라고 생각했다.

"구직자가 저지르는 가장 큰 잘못은 자신이 아닌 어떤 다른 사람인 척하는 것입니다. 겸손하고 솔직하게 질문에 답하기보다 면접관의 구미에 맞는 답을 내놓습니다."

하지만 이 방법은 통하지 않는다. 아무도 가짜를 원하지 않기 때문이다. 위조지폐를 원하는 사람은 아무도 없다.

어떤 전차 차장의 딸은 쓰라린 경험을 통해 이 교훈을 배웠다. 그녀는 가수가 되고 싶었다. 하지만 그녀의 얼굴은 가수의 얼굴이 아니었다. 그녀는 입이 크고 심한 뻐드렁니였다. 그녀가 뉴저지 나이트클럽에서 대중 앞에 섰을 때, 그녀는 윗입술을 최대한 내려 뻐드렁니를 가리려고 노력했다. 그녀는 매혹적으로 보이려고 애썼다. 그 결과는 어땠을까? 그녀는 조롱거리가 되었다. 실패가 눈앞에 보였다.

하지만 그 나이트클럽에 있던 어떤 사람이 그녀가 노래 부르는 것을 듣고 재능이 있다고 생각했다. 그 남자가 직설적으로 말했다.

"당신이 노래 부르는 것을 보고 있었는데 당신이 숨기고 싶은 게 무엇인지 알았어요. 당신의 뻐드렁니가 마음에 걸리지요?"

여자는 당황했지만 그는 개의치 않고 말을 이어나갔다.

"그래서 그게 뭐 어떻습니까? 뻐드렁니라고 해서 문제될 것이 있습니까? 숨기려고 하지 말아요. 입을 크게 벌려요. 당신이 자신감 있는 모습을 보이면 대중들은 당신을 사랑할 겁니다. 게다가 당신이 그토록 숨기려고 하는 그 뻐드렁니가 당신을 부자로 만들어 줄 거요."

카스 데일리는 그의 충고를 받아들여 자신의 튀어나온 이를 잊어버렸다. 그때부터 그녀는 자신의 노래를 듣는 청중만을 생각했다. 그녀는 입을 크게 벌려 열정적이고 즐겁게 노래를 불러서 영화와 라디오의 대스타가 되었다. 이제는 그녀를 흉내 내는 코미디언들까지 생겼다!

유명한 윌리엄 제임스가 보통 사람은 자신의 잠재되어 있는 능력의 10%도 쓰지 못한다는 말을 했을 때 이는 자신의 참모습을 발견하지 못한 사람들을 두고 한 말이었다.

"우리 안에 내재되어 있는 가능성에 비한다면 우리는 절반 정도만 깨어있다. 우리는 우리가 가진 극히 일부의 신체적 정신적 능력만을 사용하고 있을 뿐이다. 좀더 포괄적으로 이야기해 본다면 인간은 자신의 잠재력에 한참 못 미치는 삶을 살고 있는 것이다. 인간은 다양한 종류의 능력이 있지만 이것을 사용하지 못한다."

우리는 많은 능력이 있다. 그러니 우리가 다른 사람과 같지 않다고 걱정하는데 일초도 낭비하지 말자. 당신은 이 세상의 유일무이한 존재이다. 태초부터 당신과 똑같은 사람은 없고 앞으로도 없을 것이다. 유전학에 따르면 아버지에게서 받은 24개의 염색체와 어머니에게서 받은 24개의 염색체로 우리가 현재의 모습을 갖추게 된 것이다. 이 48개 염색체로 우리의 유전적 특질이 결정된다. 암람 샤인펠트는 이렇게 말하고 있다.

"각각의 염색체에는 수십 개에서 수백 개의 유전자가 들어있는데 어떤 경우에는 하나의 유전자가 개인의 인생을 완전히 바꿀 수 있다."

정말로 우리는 놀라운 존재이다.

우리의 부모가 만나서 결혼한 후에도 당신이 태어날 가능성은 300조 분의 1이다. 달리 말해 나에게 3백조나 되는 형제자매가 있는데, 그들도 나와 완전히 달랐을 것이다. 이것이 추측해서 한 말일까? 아니다. 이 말은 과학적으로 증명된 사실이다. 더 알고 싶으면 암란 샤인펠트의 〈인간과 유전〉이라는 책을 구해서 읽어봐라.

나는 당신 자신이 되라는 것에 대해 확신을 가지고 이야기할 수 있다. 왜냐하면 내가 그 점을 절실하게 느끼고 있기 때문이다. 한때 이것 때문에 쓰라린 경험을 한 적이 있다.

미주리 촌구석에서 뉴욕에 와서 나는 미국 공연예술 아카데미에 등록했다. 나는 배우가 되고 싶었다. 내 생각에 배우가 될 수 있는 멋진 생각이 있었다. 성공할 수 있는 빠르고 간단한 방법이 내 머릿속에 있었다. 이렇게 간단한데 왜 이렇게 많은 사람들이 모르고 있는지 이해할 수가 없었다. 내 생각은 이랬다. 존 드류, 월터 햄턴, 오티스 스키너같이 그 당시 유명한 배우들이 어떻게 성공했는지 연구해서 그들이 가진 최고의 장점들만을 모아서 나만의 빛나고 위풍당당한 모습으로 만들어내고자 했던 것이다. 얼마나 어리석은가! 얼마나 무모했는지!

나만의 개성을 가져야 한다는 생각이 미주리 촌놈의 뇌리에 박힐 때까지 그 오랜 세월을 다른 사람들을 모방하느라 낭비했다.

이 뼈아픈 경험이 내 평생의 교훈을 가르쳐 주어야 마땅했지만 실제는 그렇지 않았다. 나는 너무 멍청했다. 같은 교훈을 다시 배워야 했다.

몇 년 후에 대중 연설에 관한 한 최고의 책을 쓰겠다고 마음먹고 책 집필을 시작했다. 예전에 연기를 배울 때와 마찬가지로 책 집필에서도 똑같이 어리석은 생각을 하고 말았다. 나는 다른 작가들의 생각을 빌려와서 내 책에 전부 집어넣으려고 했다. 대중 연설에 대한 책을 죄다 구해서 다른 사람들의 생각을 내 원고에 담으려고 일 년 동안 노력했다. 하지만 내가 바보짓을 하고 있구나 하는 생각이 들기 시작했다. 다른 사람들의 생각을 뒤죽박죽 집어넣는 것은 재미도 없고, 모조품에 불과해서 어떤 사람도 내 책을 읽지 않을 것이다. 그래서 일 년간 작업한 책을 쓰레기통에 넣고 다시 처음부터 시작했다.

"실수도 하고 한계도 있지만 너는 데일 카네기가 되어야 해. 너는 다른 누구도 될 수 없어."

그래서 다른 사람들의 의견을 짜깁기하는 것을 멈추고 소매를 걷어붙이고 애초에 내가 했어야 하는 일을 시작했다. 내가 직접 경험한 것, 내가 대중 앞에서 연설하고, 대중연설법을 강의하면서 내가 직접 관찰하고 경험한 것을 기반으로 대중 연설에 관한 책을 썼다. 나는 옥스퍼드 대학의 영문학 교수 월터 롤리 경이 배운 교훈을 배웠다. "나는 셰익스피어가 쓸 만한 책은 쓸 수 없지만 나다운 책은 쓸 수 있다."

당신 자신의 모습을 잃지 마라. 어빙 벌린이 조지 거슈윈에게 한 현명한 충고대로 세상을 살아라. 벌린이 거슈윈을 처음 만났을 때, 벌린은 성공한 작곡가였고 거슈윈은 주급 30달러를 받고 고군분투하는 젊은 작곡가였다. 벌린은 거슈윈의 재능에 감탄하여 현재 받고 있는 월급보다 세배나 많은 돈을 주고 조수자리를 제안했다. 그러면서 벌린은 이렇게 조언했다.

"하지만 내 제안을 받아들이지 말게. 자네가 내 조수로 일하면 자네는 2류 벌린이 될 수밖에 없어. 자네 고유의 색깔을 발전시킨다면 언젠가 자네는 일류 거슈윈이 될거야."

거슈윈은 그의 조언을 받아들여 당대 미국에서 제일 중요한 작곡가로 이름을 올렸다.

찰리 채플린, 윌 로저스, 메리 마가렛 맥브라이드, 진 오틀리, 이외에도 수많은 사람들은 내가 이 장에서 끊임없이 강조하는 교훈을 배웠다. 그들도 모두 나처럼 쓰라린 경험을 통해 지금의 위치에 이른 것이다.

찰리 채플린이 처음 영화에 출연했을 때 감독들은 당시 유명한 독일의 코미디언을 흉내 내라고 강요했다. 찰리 채플린은 자신의 색깔을 가질 때까지 인기를 얻지 못했다. 밥 호프도 비슷한 경험이 있다. 만담으로 자신의 색깔을 드러낼 때까지 그는 힘겨운 시절을 보냈다. 윌 로저스는 쇼에서 말 한마디 없이 줄만 돌리기를 몇 년간 했다. 유머에 재능이 있음을 발견하고 줄을 돌리면서 말을 시작하고 나서야 인기를 얻게 되었다.

메리 마가렛 맥브라이드가 처음 방송에 나왔을 때 그녀는 아일랜드 코미디언 흉내를 내려다가 실패했다. 미주리 출신의 평범한 시골처녀인 자신의 본 모습을 찾자 뉴욕 라디오의 인기 스타가 되었다.

진 오틀리가 자신의 텍사스 억양을 숨기고 도시 사람처럼 옷을 차려입고 자신이 뉴욕 출신이라고 말하고 다닐 때 사람들은 그의 뒤에서 비웃었다. 하지만 그가 밴조를 퉁기며 카우보이 노래를 부르기 시작하자 라디오와 영화에서 가장 유명한 카우보이로 성공했다.

당신은 세상에 없는 유일한 존재이다. 그 사실에 기뻐해라. 자연이 당신에게 준 선물을 최대한 활용해라. 최종적으로 보면 모든 예술은 자전적이다. 당신은 당신만의 것을 노래할 수 있고, 당신만의 것을 그릴 수 있다. 당신의 경험, 환경, 유전자가 당신이라는 존재를 만든다. 좋든 나쁘든 당신은 당신 자신의 작은 정원을 가꾸어야 한다. 좋든 나쁘든 인생이라는 오케스트라에서 당신만의 작은 악기를 연주해야 한다.

에머슨은 〈자기 신뢰〉에서 이렇게 말한다.

"공부를 하다보면 이런 확신에 도달하는 때가 있다. 질투는 무지이며 모방은 자살이다. 좋건 싫건 이 사실을 받아들여야 하며 우주는 광활하고 온갖 좋은 것이 많지만 자신에게 주어진 경작지에 들인 노고가 없이는 옥수수 한 톨도 얻지 못한다. 자신 안에 내재되어 있는 힘은 세상에서 유일무이한 것이다. 자신이 무엇을 할 수 있는 지는 자신만이 알 수 있으며 해보지 않고는 자신도 알 수 없다."

더글라스 말록은 시에서 이렇게 말하고 있다.

언덕 꼭대기에 있는 소나무가 될 수 없다면
골짜기의 관목이 되어라.
다만 시냇가에서 가장 아름다운 나무가 되어라.
나무가 될 수 없다면 덤불이 되어라.

덤불이 될 수 없다면 풀이 되어라.
풀이 되어 길가를 아름답게 만들어라.
강꼬치가 될 수 없으면 차라리 호수에서 가장 활발하게 움직이는 농어가 되어라!

우리 모두가 다 선장이 될 수 없다. 선원이 되는 사람도 있어야 한다.
모두에게 각자 할 일이 있다.
큰일도 있고 작은 일도 있지만
우리가 해야 하는 일은 우리 주변에 있다.

큰 길이 안 된다면 오솔길이 되어라.
태양이 될 수 없다면 별이라도 되어라.
이기고 지는 것은 크기로 되지 않는 법
당신이 어디에 있던 최고가 되어라.

규칙 5

다른 사람을 모방하지 말아라. 자신의 참 모습을 발견해서 자신
의 모습대로 살아라.

---

6 레몬을 받으면 레모네이드를 만들어라

이 책을 쓰면서 시카고 대학에 들러 로버트 메이너드 허친스 총장에게 어떻게 걱정을 피하느냐고 물어본 적이 있다. 그는 다음과 같이 대답했다.

"나는 시어스 로벅 사의 대표였던 줄리어스 로젠월드가 해준 말대로 살려고 노력합니다. '레몬을 받으면 레모네이드를 만들어라.'"

위대한 교육자는 이렇게 하는데 바보들은 정반대의 행동을 한다. 가령 인생이 레몬을 주면 그는 레몬을 던져버리며 이렇게 말한다. "나는 실패했어. 이건 운명이야. 나는 기회가 없어." 그런 다음 그는 세상을 등지고 자기 연민에 빠진다. 하지만 현명한 사람이 레몬을 받으면 그는 이렇게 말한다. "이 불행에서 나는 무엇을 배울 수 있지? 어떻게 하면 지금의 상황을 개선할 수 있을까? 어떻게 하면 이 레몬을 레모네이드로 바꿀까?"

위대한 심리학자 알프레드 아들러는 평생을 사람들과 사람들의 잠재력을 연구하면서 인간이 가진 능력 가운데 가장 놀라운 것은 "마이너스를 플러스로 바꾸는 능력"이라고 주장했다.

정확히 이 말대로 한 여성의 재미있으면서도 교훈적인 이야기를 해주겠다. 뉴욕에 사는 셀마 톰슨은 다음과 같은 이야기를 내게 해주었다.

"제1차 세계대전 당시 남편은 모하비 사막 근처의 신병 훈련소에 배치 받았습니다. 남편 옆에 있으려고 저도 그곳으로 이사했습니다. 그곳은 정말 끔찍한 곳이었습니다. 그곳이 너무 싫었지요. 제 인생에서 그때만큼 비참했던 적은 없습니다. 남편이 모하비 사막으로 기동 훈련을 가면 저 혼자 오두막에 덩그러니 남겨졌습니다. 더위는 참을 수가 없었어요. 선인장 그늘에서도 온도는 50도 이상이었어요. 말할 수 있는 사람은 멕시코인들과 인디언이었는데 그들은 영어를 할 수 없었어요. 바람은 끊임없이 불어 내가 먹는 음식, 내가 숨 쉬는 공기 모두 모래투성이였습니다.

완전히 비참해지고 슬픈 생각이 들어 부모님께 편지를 썼어요. 나는 부모님께 다 포기하고 집으로 돌아가겠다고 했어요. 여기에서 단 일분도 견딜 수 없다고 말했습니다. 여기에 있느니 차라리 감옥에 가겠다고 했어요. 제 아버지는 단 두 줄의 답장을 보내셨어요. 제 인생을 완전히 바꾸어 놓은 이 두 줄은 항상 제 마음속에 남아 있답니다.

두 사람이 감옥 창살 밖을 보았네.
한 사람은 진흙탕을 보고, 다른 한 사람을 별을 보았네.

이 두 줄을 반복해서 읽었습니다. 제 자신이 너무 부끄러워졌습니다. 현재 상황에서 무엇이든 좋은 점을 찾아내려고 했습니다. 별을 찾으려고 했어요.

원주민들과 친구가 되었습니다. 그들의 반응이 저를 놀라게 했습니다. 제가 그들의 뜨개질과 그릇에 관심을 보이자 그들은 관광객들에게 조차 팔기를 거절했던 자신들이 아끼는 작품들을 제게 선물로 주었습니다. 선인장과 유카, 죠수아 나무들의 환상적인 형태를 자세히 살펴보았습니다. 프레리도그라는 다람쥐에 대해서도 알게 되었고, 사막의 일몰도 지켜보았습니다. 수백만 년 전에 바다였던 사막의 모래밭에 남겨진 조개껍데기를 찾아 돌아다녔습니다.

무엇이 제게 이토록 놀라운 변화를 가져온 것일까요? 모하비 사막은 하나도 변하지 않았습니다. 인디언들도 그대로였고요. 하지만 제가 변했습니다. 마음가짐을 바꾸었습니다. 그렇게 하니까 비참했던 경험이 인생 최고의 모험으로 바뀌었습니다. 제가 발견한 새로운 세상에 흥분이 되었습니다. 너무 즐거워서 그 경험을 〈빛나는 성벽〉이라는 소설에 담았습니다. 제가 스스로 만든 감옥을 통해 별을 찾았습니다.

셀마 톰슨은 예수가 태어나기 5백 년 전에 그리스인들이 가르쳤던 오랜 진리를 발견한 것이다. "가장 좋은 것은 가장 어려운 것이다."

해리 에머슨 포스딕은 20세기에 와서 이 말을 다시 했다.

"행복은 즐거움이 아니라 승리이다."

그렇다. 승리는 레몬을 레모네이드로 바꾸는 성취감에서 온다.

나는 언젠가 독이 있는 레몬을 레모네이드로 바꾼 농부를 찾아 플로리다에 간 적이 있다. 그가 처음 농장을 샀을 때, 그는 크게 낙담했다고 한다. 땅이 너무 척박해서 과일은 커녕 돼지를 기를 수도 없었다고 한다. 아무것도 자라지 않고 그 땅에는 작은 관목과 방울뱀만 있었다. 이

때 그에게 좋은 생각이 떠올랐다. 골칫거리가 중요한 자산이 되었다. 그는 방울뱀을 최대한 이용하기로 했다. 놀랍게도 그는 방울뱀 통조림을 만들기 시작했다. 내가 몇 년 전에 그를 방문했을 때, 일 년에 이만 명 이상의 관광객이 방울뱀 농장을 구경 왔다. 그의 사업은 번창하고 있었다. 나는 그가 기르는 방울뱀에서 나온 독이 독사 해독제를 만들기 위해 연구소로 보내지고, 방울뱀 가죽이 여성용 신발과 핸드백용으로 고가에 팔리는 것을 보았다. 방울뱀 통조림이 전 세계 고객에게 팔려나가는 것을 보았다. 나는 그림엽서를 하나 사서 "플로리다 방울뱀마을"이라고 이름 붙여진 그 마을의 우체국에 가서 엽서를 부쳤다. 원래는 다른 이름이었는데 독이 든 레몬을 달콤한 레모네이드로 바꾼 그 사람을 기념하기 위해 마을이름을 바꾼 것이었다.

미국 전역을 다니면서 "마이너스를 플러스로 바꾸는 힘"을 가진 사람들을 만나는 행운을 가질 수 있었다.

기차 사고로 다리를 잃은 〈신에 맞선 12일〉의 저자 윌리엄 보리소는 이렇게 말했다.

"인생에서 가장 중요한 것은 이익을 이용하는 것이 아니다. 어떤 바보라도 그것은 할 수 있다. 진짜 중요한 것은 손해에서 이익을 창출하는 것이다. 이것은 지혜가 필요하다. 이 능력이 현명한 사람과 바보를 구분 짓는다."

하지만 나는 두 다리를 잃고 그의 마이너스를 플러스로 바꾼 사람을 알고 있다. 그의 이름은 벤 포트슨이다. 나는 그를 아틀랜타의 호텔 엘리베이터에서 만났다. 엘리베이터를 타자 밝은 얼굴로 휠체어에 앉아 있는 청년이 보였다. 엘리베이터가 그가 내릴 층에 멈추자 그는 밝은 목소리로 잠깐 옆으로 비켜줄 수 있겠냐고 물었다. "불편을 드려 죄송합니다." 이렇게 말하는 그의 얼굴에는 사람을 기분 좋게 해주는 미소가 가득했다.

엘리베이터에서 내려 방으로 가면서 그 쾌활한 휠체어를 탄 청년의 얼굴이 뇌리에서 떠나지 않았다. 그를 수소문해 찾아가 그의 이야기를 들려달라고 부탁했다.

"그 일이 일어난 것은 1929년이었습니다. 정원 콩밭에 말뚝을 치려고 호두나무를 베러갔어요. 나무를 베어 자동차에 싣고 집으로 돌아가고 있었습니다. 급커브를 도는데 갑자기 나무통 하나가 굴러 떨어져서 방향 조종 장치에 끼었습니다. 차가 제방을 들이받으면서 저는 나무에 부딪쳤습니다. 척추를 다쳐서 다리가 마비되고 말았지요. 그 사고가 일어났을 때 제 나이 24살이었습니다. 그 이후로 한걸음도 못 걸었어요."

24살 한창 나이에 평생 휠체어 신세를 져야한다니! 나는 그에게 어떻게 그 상황에 의연하게 대처할 수 있었는지 물었다.

"처음에는 그렇지 않았습니다."

그는 처음에는 화를 내고 반항하고 운명을 저주했다고 말했다. 하지만 세월이 흐르면서 자신이 운명에 반항할수록 자신이 더욱 괴로워진다는 사실을 깨달았다.

"사람들이 저를 배려해주고 친절을 베풀고 잇다는 사실을 깨닫게 되었습니다. 그래서 저도 사람들을 배려하고 친절을 베풀려 하고 있습니다."

나는 그에게 세월이 흘렀지만 아직도 사고가 끔찍한 불행이라고 느끼는지 물었다.

"아니오. 이제는 그 일이 오히려 잘된 것 같아요."

사고의 충격과 분노에서 벗어나자 그는 다른 세상을 살기 시작했다. 그는 책을 읽기 시작했고 문학에 대한 애정을 갖게 되었다. 지난 14년 간 그는 적어도 1400권의 책을 읽었다. 책들은 그에게 세상을 바라보는 새로운 눈을 갖게 해주고 그의 삶을 예전보다 더 풍요롭게 만들어 주었다. 그는 좋은 음악을 듣기 시작했다. 전에는 지겨웠을 위대한 교향곡에 심취한다. 하지만 가장 큰 변화는 그에게 생각할 시간이 생긴 것이었다.

"제 인생에서 처음으로 세상을 바라보고 참된 가치를 알아보게 되었습니다. 예전에 제가 그토록 바라던 것들이 가치가 없다는 것을 깨닫기 시작했습니다."

독서를 시작하고 나서 그는 정치학에 관심이 생겼다. 공공문제를 연구하고 휠체어에서 연설도 했다! 그는 많은 사람들을 알게 되었고, 많은 사람들이 그를 알게 되었다. 그는 여전히 휠체어를 타고 있지만 조지아 주의 주무장관이 되었다!

나는 지난 35년간 뉴욕에서 성인 대상 교육프로그램을 운영해오면서 많은 사람들이 대학공부를 하지 않은 것을 후회하고 있다는 것을 알게 되었다. 사람들은 대학 학위가 없는 것을 큰 약점으로 생각하는 것 같다. 하지만 나는 그렇게 생각하지 않는다. 대학을 나오지 않고도 성공한 수많은 사람들을 알고 있기 때문이다. 나는 종종 수강생들에게 내 지인 중에 초등학교도 나오지 않은 사람의 이야기를 들려주곤 한다. 그는 정말 가난한 가정에서 자랐다. 그의 아버지가 죽었을 때, 아버지의 친구들이 돈을 모아 아버지의 관을 사줄 정도였다. 아버지가 죽고 난 후 그의 어머니는 우산공장에서 하루에 열 시간씩 일하고 저녁이면 일감을 집으로 가져와서 매일 밤 11시까지 일했다.

어려운 환경에서 자라면서 소년은 교회에서 상연하는 아마추어 연극에 출연했다. 연기를 하면서 쾌감을 느껴 그는 대중 연설을 해야겠다고 마음먹었다. 이 같은 결심이 그를 정치로 이끌었다. 그가 서른 살이 되었을 때 그는 뉴욕 주 입법의원으로 선출되었다. 하지만 유감스럽게도 그는 이 직책을 수행하기에는 준비가 되어있지 않았다. 그는 내게 그 당시 일이 어떻게 돌아가는지 하나도 몰랐다고 솔직하게 고백했다. 그는 자신이 투표해야 하는 길고 복잡한 법안을 연구했다. 그런데 이 법안들은 마치 인디언 말로 써놓은 것처럼 이해할 수가 없었다. 숲에 발을 들여놓은 적도 없는데 삼림위원회의 멤버가 되었을 때 걱정되고 당황했다. 은행 계좌도 없는데 주 금융위원회 위원이 되어 걱정되고 당황스러웠다. 어머니에게 실패를 고백하는 것이 부끄러워 위원회에서 사임하지 않았지만 그는 크게 낙심했다고 말했다. 절망 속에서 그는 하루에 16시간씩 공부하기로 결심했다. 그의 무지라는 레몬을 지식이라는 레모네이드로 바꾼 것이다. 그렇게 공부를 하고 나자 그는 지역 정치인에서 전국적 인물로 부각되기 시작했다. 크게 두각을 나타내어 뉴욕타임즈는 그를 "뉴욕에서 가장 사랑받는 시민" 이라고 불렀다.

내가 이야기하는 사람은 바로 앨 스미스이다.

앨 스미스는 독학으로 정치 연구를 시작하여 뉴욕 주 정부에서 최고의 권위자가 되었다. 그는 뉴욕 주지사를 네 차례 연임했는데 이는 어느 누구도 이루지 못한 업적이었다. 1928년에 그는 민주당 대통령 후

보가 되었다. 초등학교 밖에 다니지 못한 그에게 콜럼비아와 하버드를 포함해서 6개 유명 대학들이 명예 학위를 수여했다.

그의 마이너스를 플러스로 바꾸기 위해 하루 16시간씩 열심히 공부하지 않았다면 이런 일들이 결코 일어나지 않았을 것이다.

초인에 관한 니체의 법칙은 "역경을 견딜 뿐 아니라 역경을 사랑할 것"이다.

성공한 사람들의 인생을 연구하면 할수록 놀랄 정도로 많은 사람들이 핸디캡을 가지고 시작했기 때문에 성공했다는 확신을 하게 되었다. 그 핸디캡이 그들을 더 열심히 노력하게 만들고 그들에게 성공을 가져다주었다. 윌리엄 제임스가 말한 대로 **"뜻밖에도 우리의 약점이 우리를 돕는다."**

맞는 말이다. 밀턴은 눈이 멀었기 때문에 더 좋은 시를 쓸 수 있었고 베토벤은 귀머거리여서 더 훌륭한 음악을 작곡했는지도 모른다.

헬렌 켈러의 빛나는 성공은 그녀가 보지도 못하고, 듣지도 못했기 때문에 가능했다.

만일 차이코프스키가 자신의 불행한 결혼에 좌절하고 거의 자살할 지경에 이르지 않았다면, 그의 인생이 비극적이지 않았다면 그는 불멸의 교향곡 〈비창〉을 작곡할 수 없었을지도 모른다.

만일 도스토예프스키와 톨스토이가 고통스러운 삶을 살지 않았다면 불멸의 소설을 쓰지 못했을지 모른다.

지구상의 생명체에 대한 과학적인 개념에 일대 혁명을 몰고 온 사람이 다음과 같이 썼다.

"내가 심각한 병에 걸린 환자가 아니었다면, 그처럼 많은 일들을 성취할 수 없었을지 모른다."

이 말은 그의 약점이 뜻밖에도 자신을 도와주었다는 찰스 다윈의 고백이다.

다윈이 영국에서 태어난 날 다른 아기가 켄터키 숲의 통나무집에서 태어났다. 그 역시 그의 약점에 도움을 받았다. 그의 이름은 링컨, 에이브러햄 링컨이다. 그가 상류층 가정에서 성장해서 하버드 법대를 졸업하고 행복한 결혼생활을 했다면, 게티즈버그에서 했던 불멸의 연설이나 재선된 후 취임사에서 말한 어떤 대통령도 말한 적이 없는 아름답고 고귀한 구절을 말할 수 없었을지 모른다.

해리 에머슨 포스딕은 그의 저서 〈모든 것을 꿰뚫어 보는 힘〉에서 다음과 같이 말한다.

"스칸디나비아에는 우리 삶의 슬로건으로 삼을 말이 있다. '북풍이 바이킹을 만들었다.' 안락하고 즐거운 삶, 어려움이 없는 삶, 편안한 삶이 사람들을 행복하게 만들어준다는 생각은 대체 어디서 나온 것일까? 반대로 자기 연민에 빠진 인간은 푹신한 침대에 누워서도 자신을 불쌍하게 생각한다. 역사를 통해 보면 행복은 상황의 좋고 나쁨에 상관없이 자신의 책임을 감당한 사람들에게 찾아온다. 다시 한 번 말하지만 북풍이 바이킹을 만든다."

우리가 너무 낙담해서 우리의 레몬을 레모네이드로 바꿀 희망조차도 없다고 느낄 때 우리가 계속해서 노력을 멈추지 않아야 할 두 가지 이유가 있다. 노력하면 얻는 것이 있으면 있었지 잃는 것은 절대 없다.

첫 번째 이유: 우리는 성공할지도 모른다.

두 번째 이유: 우리가 성공하지 않더라고 우리의 마이너스를 플러스

로 바꾸려고 하는 시도 자체가 우리를 뒤가 아니라 앞을 보게 만든다. 부정적인 생각이 긍정적인 생각으로 바뀔 것이다. 창조적인 에너지가 생겨서 우리는 바빠질 것이고 이미 지난 일을 슬퍼할 시간이 없게 될 것이다.

유명한 바이올리니스트 올레 불이 파리에서 공연을 하고 있을 때 그의 바이올린의 줄 하나가 갑자기 끊어졌다. 하지만 올레 불은 세 개의 줄만으로도 연주를 무사히 끝냈다. 헤리 에머슨 포스딕은 이렇게 말한다.

"이것이 인생이다. 줄 하나가 끊어지면 세 개의 줄로 연주를 마쳐야 하는 것이 인생이다."

이것은 단순히 인생이 아니다. 이것은 인생 그 이상이다. 이것은 찬란히 빛나는 인생이다!

만일 내가 할 수만 있다면 윌리엄 보리스가 한 말을 동판에 새겨 이 나라의 모든 학교에 걸어두고 싶다.

"인생에서 가장 중요한 것은 이익을 이용하는 것이 아니다. 어떤 바보라도 그것은 할 수 있다. 진짜 중요한 것은 손해에서 이익을 창출하는 것이다. 이것은 지혜가 필요하다. 이 능력이 현명한 사람과 바보를 구분 짓는다."

규칙 6

운명이 레몬을 주면, 그 레몬을 레모네이드로 바꾸려고 노력해라.

7 우울증을 2주 만에 치료하는 법

내가 이 책을 쓰기 시작했을 때 나는 "나는 이렇게 근심을 이겨냈다"라는 제목으로 가장 유익하고 감동적인 실화를 보내준 사람에게 2백 달러의 상금을 주겠다고 발표했다.

이 응모의 심사위원은 동부 항공사의 사장인 에디 리켄베커, 링컨 메모리얼 대학 총장 스튜어트 W. 맥클레런 박사, 라디오 뉴스해설자 H. V. 캘턴본 세 사람이었다. 그러나 우리가 받은 두 편의 이야기가 너무나 훌륭해서 우승자를 결정할 수 없어 상금을 둘로 나누어 주었다. 그 중의 한편인 미주리 주 버튼 씨의 이야기를 소개한다.

"저는 9살때 어머니를 잃고 12살 때 아버지를 잃었습니다. 아버지는 사고로 돌아가셨지만 어머니는 19년 전 어느 날 그냥 집을 나가셨습니다. 그 이후로 어머니를 보지 못했습니다. 어머니가 데리고 간 두 여동생도 다시 볼 수 없었습니다. 어머니는 집을 나간 지 7년 만에 처음으로 편지를 보냈습니다. 아버지는 어머니가 집을 나가고 3년 후에 사고로 돌아가셨습니다. 아버지와 동업자가 미주리 작은 마을에 카페를 샀는데 아버지가 출장을 간 사이 동업자가 그 카페를 팔아 그 돈을 가지고 도망을 가버렸습니다. 친구 한 분이 아버지에게 빨리 집으로 돌아오라는 전보를 보냈습니다. 집으로 급히 돌아오던 중 캔사스 주 살리나스에서 자동차 사고를 당해 돌아가시고 말았습니다. 제게는 고모 두 분이 계셨는데 두 분 모두 가난하고 아프셨습니다. 고모님은 어린 우리들 중 셋을 거두어주셨습니다. 저와 남동생을 원하는 사람은 아무도 없었습니다. 우리는 고아 취급을 당할까 두려웠습니다. 그리고 우리의 두려움이 곧 현실이 되었습니다. 저는 마을의 가난한 가족들과 잠시 함께 살았습니다. 하지만 경기가 어려워 그 가정의 가장이 직업을 잃어서 우리를 더 이상 데리고 있을 수 없었습니다. 그때 로프틴 씨 부부가 저를 데려와 마을에서 11마일 떨어진 농장에서 그들과 함께 살았습니다. 로프틴 씨는 70세 노인인데 대상포진으로 앓아누웠습니다. 그분은 제가 거짓말을 하지 않고, 물건을 훔치지 않고, 시키는 대로만 하면 그 농장에 머물러도 좋다고 말씀하셨습니다. 그 세 가지 규칙이 제게는 성경 말씀이 되었습니다. 저는 그 규칙을 철저하게 지키며 살았습니다. 학교에 다니게 되었는데 학교에 간 첫 주에 저는 아기처럼 엉엉 울었습니다. 다른 아이들이 코가 크다는 둥, 벙어리라는 둥, 고아라고 놀려댔습니다. 저는 너무나 속상해서 저를 놀린 아이들과 싸우고 싶었지만 저를 돌봐주시던 로프틴 씨가 이렇게 말씀하셨습니다.

'물러서지 않고 싸우는 것보다 물러서는 사람이 더 큰 사람임을 항상 명심해라.'

저는 싸우지 않으려 했지만 어느 날 한 녀석이 닭똥을 학교 마당에서 가져와 제 얼굴에 던졌을 때 참을 수가 없었습니다. 저는 그 녀석을 흠씬 패 주었습니다. 그러자 친구가 두어 명 생겼습니다. 친구들은 그

녀석이 맞을 짓을 했다고 제 편을 들어주었습니다.

저는 로프틴 부인이 사준 모자가 너무 마음에 들었습니다. 어느 날 나이 많은 여학생이 모자를 벗기더니 그 안에 물을 넣어 모자를 망가뜨렸습니다. 그 여학생은 '너 같은 돌 머리는 물에 좀 적셔야 돼. 아무것도 든 것 없어 가벼운 머리가 튕겨나가지 않게 하려면.' 이라고 말하면서 제 모자에 물을 부었습니다.

학교에서는 절대 울지 않았지만 집에 돌아가서 큰소리로 울었습니다. 어느 날 로프틴 부인이 제게 충고를 해 주었는데 그 말을 듣고 모든 걱정이 사라지고 적도 친구로 만들 수 있었습니다. 그녀는 이렇게 말했습니다.

'랄프야, 네가 그 애들에게 관심을 가지고 그 아이들을 위해 할 수 있는 일을 찾아보렴. 그 아이들은 너를 괴롭히고 너를 고아라고 놀리지 않을 거야.'

저는 부인의 충고를 받아들였습니다. 열심히 공부했고 곧 반에서 일등이 되었습니다. 친구들을 돕는데 앞장 섰기 때문에 어느 누구도 시샘하는 사람 없었습니다.

저는 친구들의 작문숙제를 도와주었습니다. 어떤 아이들의 발표문을 통째로 써주기도 했습니다. 어떤 아이는 저에게 도움 받는 것을 식구들에게 말하기 부끄러워서 쥐를 잡으러 간다고 거짓말을 하고 농장에 찾아와서 제 도움을 받아가며 공부를 했습니다. 어떤 친구에게는 독후감을 써주고 몇 일 밤 수학을 가르쳐주기도 했습니다.

마을에 죽음이 찾아왔습니다. 나이든 농부 두 사람이 죽고, 어떤 집은 남편이 부인을 버리고 도망갔습니다. 저는 근처 네 가정의 유일한 남자였습니다. 저는 세 명의 과부들을 2년간 도와주었습니다. 학교에 오가는 길에 그분들 집에 들러서 장작을 패주고, 소젖을 짜고, 가축들에게 여물과 물을 주었습니다. 사람들이 이제 제 흉을 보는 대신 칭찬을 해주기 시작했습니다. 모든 사람이 저를 친구로 생각했습니다. 제가 해군 복무를 마치고 집으로 돌아오자 이웃들은 반갑게 맞이해주었습니다. 제가 집에 온 첫날 2백 명 이상의 농부들이 저를 보러 집에 찾아왔습니다. 80마일이나 운전을 해서 온 사람도 있었습니다. 그들은 진심으로 저를 걱정하고 있었습니다. 다른 사람을 돕느라 바쁘고 행복해서 저는 걱정이 거의 없었습니다. 13년 동안 한번도 '고아 녀석' 이라는 말을 들어본 적이 없습니다."

C. R. 버튼 씨 만세! 그는 친구 사귀는 법을 아는 사람이다. 그는 걱정을 극복하고 인생을 즐길 줄도 안다.

워싱턴 주 시애틀에 사는 프랭크 루프 박사도 마찬가지였다. 그는 23년간 관절염으로 병상에 누워 지냈다. 〈시애틀 스타〉지의 스튜어트 휘트하우스는 내게 편지를 보내왔다.

"루프 박사님을 여러 번 인터뷰했지만 그분처럼 이타적이고 인생을 활기차게 사는 사람을 만나본 적이 없습니다."

오랫동안 병상에 누워있으면서 어떻게 인생을 즐기며 살 수 있을까? 두 가지 추측을 할 수 있다. 불평과 불만으로 그렇게 할 수 있었을까? 물론 아니다. 혹시 자기 연민에 빠지거나 모든 사람이 자기만 봐주고 자신의 비위를 맞춰주기를 강요해서 그랬을까? 아니다. 모두 틀렸다. 그는 영국 황태자와 같은 태도로 "나는 봉사한다" 라는 말을 좌우명으로 삼았기 때문에 인생을 즐길 수 있었다. 그는 자신처럼 침대에 누워

지내야 하는 환자들의 이름과 주소를 수집해서 자신과 그 환자들을 격려할 수 있는 행복하고 기분 좋은 편지를 썼다. 사실 그는 편지 쓰는 환자 모임을 조직해서 서로에게 격려의 글을 쓰도록 했다. 마침내 그는 전국적인 모임을 조직했다.

병상에 있으면서도 매년 평균 140통의 편지를 썼으며, 병상에 누워있는 환자들에게 라디오나 책을 전달해서 그들에게 기쁨을 주었다.

루프 박사와 다른 많은 사람들의 중요한 차이점은 무엇일까? 바로 이것이다. 루프 박사는 내면에 뜨거운 목표의식과 사명감을 가진 사람이었다. 그는 자신이 훨씬 숭고하고 중요한 목적의 수단으로 자신이 사용되는 것에 큰 기쁨을 느꼈다. 그는 쇼가 이야기하듯 "세상이 나를 기쁘게 만들기 위해 노력하지 않는다고 불평하면서 고통과 슬픔으로 가득한 자기중심적인 사람"과는 정반대의 모습이었다.

위대한 심리학자 알프레드 아들러가 쓴 놀라운 보고서의 내용을 살펴보자. 그는 자신의 우울증 환자들에게 다음과 같이 말하곤 했다.

"당신이 이 처방대로 따르기만 하면 우울증이 2주안에 치료될 것입니다. 매일 어떻게 하면 남을 기쁘게 해줄 지 생각해보십시오."

말만으로는 믿기 어려울 것 같아 아들러 박사의 명저 〈당신에게 인생의 의미는 무엇인가〉의 일부를 인용해보겠다.

우울증은 다른 사람들에 대한 만성적인 분노와 비난이다. 환자는 관심과 동정 지지를 받고 싶지만 바로 자신의 잘못으로 인해 낙심하게 된다. 우울증 환자의 최초의 기억은 다음과 같다.

"내가 소파에 눕고 싶었는데 형이 누워있어서 큰소리로 울기 시작했어요. 내가 너무 크게 울자 형이 자리를 비켜줘야 했습니다."

우울증 환자들은 복수의 수단으로 자살을 택하는 경향이 있다. 따라서 의사가 주의해야 할 것은 그들에게 자살의 원인을 제공하지 않는 것이다. 나 자신도 긴장을 풀어주기 위해 "하고 **싶지 않은 것은 절대로 하지 말라.**"는 말을 한다. 너무 소극적인 태도로 보이겠지만, 이것이 모든 문제의 근본이라고 생각한다. 우울증 환자가 자신이 원하는 일을 할 수 있으면 누구를 원망하겠는가? 복수할 일이 있겠는가?

극장에 가고 싶으면 가라. 놀러가고 싶으면 가라. 가는 도중에 가기 싫어지면 가지마라.

이것은 누구에게나 해당하는 가장 좋은 방법이다. 이것은 우월감을 가지고자 노력하는 환자에게 큰 만족감을 준다. 그는 자신이 신처럼 느껴져서 자신이 좋아하는 일은 무엇이든 할 수 있다. 하지만 이것은 환자의 생활태도에 쉽게 들어맞지 않는다. 환자는 다른 사람들을 비난하고 지배하고 싶은데, 그의 의견에 동조해주면 다른 사람을 지배할 수 있는 방법이 없다. 이 규칙은 커다란 위안이 되어서 아직까지 환자 중에 자살한 사람은 없다.

대개 환자들은 이렇게 답한다. "그런데 하고 싶은 일이 하나도 없어요." 나는 워낙 자주 이 질문을 듣기 때문에 이 질문에 답을 준비해 두었다. "그러면 하기 싫은 일을 하지마세요."

그런데 가끔 이런 대답을 하는 사람이 있다. "저는 하루 종일 침대에 누워있고 싶어요." 내가 그러라고 하면 그는 더 이상 그렇게 하고 싶은 마음이 생기지 않을 것이다. 내가 못하게 하면 그는 나와 한바탕 전쟁을 치를 것이다. 그래서 나는 언제나 동의한다.

이것이 첫 번째 규칙이다. 다른 규칙은 환자들의 생활태도를 좀더 직접적으로 공격한다. 나는 환자들에게 이렇게 말한다. "당신은 내 처방대로 하면 2주안에 나을 수 있습니다. 매일 다른 사람을 어떻게 기쁘게 해줄 지 생각해보십시오." 이 말이 그들에게 어떤 의미인가를 생각해보라. 그들은 "어떻게 하면 다른 사람을 걱정하게 만들까?"라는 생각에 골몰해 있는 사람들이다. 대답이 상당히 재미있다. 어떤 사람은 이렇게 말한다. "저에게는 아주 쉬운일이예요. 제 평생 그렇게 하고 있거든요." 그들은 한 번도 그렇게 해본 적이 없다. 나는 한 번 더 잘 생각해보라고 말한다. 하지만 그들은 생각하지 않는다.

나는 그들에게 이렇게 말한다. "밤에 잠이 안 오면 어떻게 하면 다른 사람을 기쁘게 해줄 수 있을지 생각해보세요. 그러면 당신의 건강에 큰 도움이 될 것입니다." 다음날 환자를 만나면 질문을 한다. "제가 조언한대로 생각해 보셨나요?" 그러면 그들은 이렇게 대답한다. "어젯밤에 침대에 눕자마자 잠이 들었어요." 물론 이것은 우월감을 보이지 않는 상태에서 조심스럽고 친근한 태도로 이루어져야 한다.

어떤 사람들은 이렇게 대답한다. "저는 그렇게는 절대 못합니다. 걱정이 돼서요." 나는 그들에게 이렇게 말한다. "계속 걱정하세요. 하지만 동시에 가끔 다른 일도 생각해보세요." 나는 계속해서 환자들이 타인에게 관심을 돌리기를 바란다. 많은 환자들은 이렇게 말한다. "제가 왜 다른 사람들을 기쁘게 해주어야 하지요? 다른 사람들은 나를 기쁘게 해주지도 않는데요." "당신은 당신 자신의 건강을 생각해야 합니다. 다른 사람들이 나중에 고통을 겪을 것입니다." "선생님이 제안한 것을 생각해보았는데요." 라는 말을 하는 환자는 극히 드물다. 나는 환자가 주변에 더 많은 관심을 갖도록 하는데 모든 노력을 기울인다. 나는 환자가 가진 질병의 진짜 원인이 다른 사람과 협력이 부족하기 때문이라고 생각한다.

환자도 이것을 알았으면 좋겠다. 환자가 다른 사람들과 동등하고 협력적인 관계를 만드는 순간 그는 치료된다. 종교가 사람들에게 부여하는 가장 중요한 과제는 "이웃을 사랑하라"이다. 삶에서 가장 큰 어려움을 겪고 다른 사람에게 큰 상처를 주는 사람들은 다른 사람에 관심이 없는 사람이다. 인간에게 줄 수 있는 최고의 찬사는 '좋은 직장 동료', '좋은 친구' '사랑과 결혼의 진정한 동반자'라는 말이다.

아들러 박사는 우리에게 매일 선행을 요구한다. 그러면 무엇이 선행인가? 예언자 마호메트는 이렇게 말했다. "선행은 다른 사람의 얼굴에 기쁨의 미소를 짓게 하는 것이다."

왜 매일 매일의 선행이 선행을 베푸는 사람에게 놀라운 효과를 주는 것일까? 다른 사람들을 기쁘게 하려면 우리 자신에 대해 생각하는 것을 멈추게 되기 때문이다. 이는 곧 걱정과 두려움, 우울증을 낳는 행동을 멈춘다.

뉴욕에서 문 비서학교를 운영하고 있는 윌리엄 T. 문 여사는 자신의 우울감을 떨치기 위해 어떻게 하면 다른 사람을 기쁘게 해줄까 하고 생각하면서 2주씩이나 보낼 필요가 없었다. 그녀는 알프레드 아들러보다 한수 아니 열세 수 높았다. 그녀는 어떻게 하면 12명의 고아들을 기쁘게 해줄까 하고 생각하면서 우울함이 2주가 아니라 하루만에 없어졌다.

"5년 전 12월 저는 슬픔과 자기연민에 빠져있었습니다. 결혼한 지 몇 년 되지 않아 남편을 잃었습니다. 크리스마스가 다가올수록 제 슬픔은 더욱 커졌습니다. 평생 크리스마스를 혼자 보내본 적이 없었거든요.

크리스마스가 오는 것이 두려웠습니다. 친구들이 초대했지만 가고 싶지 않았어요. 파티의 흥을 깰 것 같았어요. 어떤 초대에도 응하지 않았습니다. 크리스마스 이브가 오자 더욱 더 자기 연민에 빠져버렸어요. 우리 모두가 그렇듯이 제게도 감사할 일이 많았습니다. 크리스마스 전날 오후 3시에 사무실을 나와서 정처 없이 5번가를 걷기 시작했습니다. 이렇게 걷다보면 혹시 내 자기 연민과 우울증을 떨쳐 버릴 수 있지 않을까하는 생각을 하면서 걸었습니다. 5번가는 흥겹고 행복한 사람들로 가득 찼습니다. 사람들의 모습을 보니 행복했던 시절의 기억이 떠올랐습니다. 외롭고 텅빈 아파트로 돌아갈 생각을 하니 참을 수가 없었습니다. 마음이 혼란스러워 어찌해야 좋을지 몰랐습니다. 흐르는 눈물을 막을 수가 없었습니다. 정처 없이 한 시간쯤 걸으니 버스 터미널 앞에 와 있었습니다. 예전에 남편과 목적지를 정하지 않고 아무 버스나 탔던 기억이 났습니다. 그래서 정류장에 제일 먼저 보이는 버스에 탔습니다. 허드슨 강을 건넌 후 얼마쯤 지나서 버스 기사가 '아가씨, 종점입니다.' 하는 소리를 들었습니다.

저는 버스에서 내렸습니다. 마을의 이름도 알 수 없었습니다. 조용하고 평화로운 작은 마을이었습니다. 집으로 가는 다음 버스를 기다리면서 주택가를 걷기 시작했습니다. 교회를 지날 때 '고요한 밤'의 아름다운 선율이 들렸습니다. 저는 교회 안으로 들어갔습니다. 교회에는 오르간 연주자뿐이었습니다. 조용히 예배당 한쪽 구석에 앉았습니다. 예쁘게 장식된 크리스마스 트리에서 나오는 불빛이 달빛에 춤추는 별의 향연처럼 보였습니다. 아침부터 한 끼도 먹지 않아 배도 고프고, 길게 늘어지는 음악의 선율에 저도 모르게 잠에 빠져들었습니다.

일어났을 때 제가 어디에 있는 지도 모르겠더군요. 겁이 덜컥 났습니다. 제 앞에는 크리스마스 트리를 보기 위해 들어온 두 명의 아이들이 있었습니다. 한 어린 소녀가 저를 손짓하더니 이렇게 말했습니다. '산타클로스 할아버지가 보낸 사람 아닐까?' 제가 잠에서 깨자 이 아이들도 겁을 먹었습니다. 저는 그 아이들에게 해치지 않으니까 놀라지 말라고 말했습니다. 그 아이들은 낡은 옷을 입고 있었습니다. 저는 아이들에게 부모님이 어디 계신지 물었습니다. 아이들은 '우리는 부모님이 없어요.' 라고 말했습니다. 그 아이들은 저보다도 훨씬 불쌍한 고아들이었습니다. 그들을 보니 제 슬픔과 자기연민이 한없이 부끄럽게 느껴졌습니다. 아이들에게 크리스마스 트리를 보여주고 아이들을 근처 상점으로 데려가 간식을 사주고 사탕과 선물 몇 개를 사주었습니다. 마치 마법처럼 제 외로움이 사라졌습니다.

이 두 명의 고아들이 제게 진정한 행복을 주었습니다. 이 아이들은 오랫동안 자신 안에 빠져서 주변을 돌아보지 못했던 저를 구해주었습니다. 그들과 이야기하면서 제가 얼마나 행운아였는지 깨닫게 되었습니다. 어렸을 때 부모님의 사랑으로 크리스마스를 행복하게 보낼 수 있었던 것을 하나님께 감사드렸습니다. 제가 아이들에게 해준 것 보다 훨씬 더 많은 것을 이 두 아이들에게서 받았습니다.

이 경험은 내가 행복해지기 위해서 다른 사람을 행복하게 만들 필요가 있다는 사실을 깨달았습니다. 또 행복은 전염된다는 사실도 깨달았습니다. 즉 주는 것은 받는 것입니다. 다른 사람을 도와주고 사랑을 주면, 나를 괴롭히는 걱정과 슬픔, 자기연민이 사라지고 새 사람처럼 느껴집니다. 그리고 실제로 그 때뿐만 아니라 그 후로도 새 사람이 되었습니다."

자신 안에 빠져 고생하다가 다시 건강과 행복을 되찾은 사람들의 이야기는 이 책을 가득 채울 정도로 많다. 미국 해군에서 가장 유명한 여성 중 한명인 마가렛 테일러 예이츠의 예를 들어보자.

예이츠 여사는 소설가이다. 하지만 일본군이 진주만에 있던 미군 기지를 습격하던 운명 같은 아침에 그녀에게 일어난 일이 그녀가 쓴 어떤 미스터리 소설들보다 흥미롭다. 예이츠 부인은 심장에 문제가 있어 일 년 이상 침대에 누워 있었다. 그녀는 하루 24시간 중에 22시간을 침대에 누워있었다. 일광욕을 하기 위해 정원으로 나오는 것이 가장 긴 여행이었다. 그때도 간호사의 도움을 받아야 했다. 그 당시에 그녀는 평생을 환자로 지내야 한다고 생각했다.

"만일 일본군이 진주만을 공격해서 내 삶을 흩뜨려 놓지 않았다면 나는 지금처럼 새로운 삶을 살 수 없었을 거예요. 그 일이 일어나자 모든 것이 혼란이었어요. 폭탄 하나가 우리 집 근처에 떨어졌고, 그 충격으로 나는 침대에서 떨어졌어요. 군 트럭이 육해군 가족들을 공립학교로 대피시키려고 히컴 비행장, 스코필드 병영, 카네오헤 비행장으로 직행했어요. 적십자는 피난민을 수용할 수 있는 여분의 방을 가진 사람들에게 전화를 급하게 걸었습니다.

적십자 직원들은 제 침대 옆에 전화가 있는 것을 알았기 때문에 정보 교환 기관의 역할을 해달라고 제게 부탁했어요. 그래서 나는 군인 가족들이 어디에 있는지 조사하기 시작했습니다. 그리고 군인들은 가족들의 행방을 알고 싶으면 제게 전화하라는 적십자의 지시를 받았습니다.

저는 곧 제 남편 로버트 랄레이 예이츠 함장이 무사하다는 소식을 들었습니다. 저는 남편이 전사했을까 걱정하는 부인들을 안심시키는 한편, 남편이 전사한 아내들을 위로하려고 했습니다. 진주만 공격으로 2,117명의 해군 장병이 전사하고 960명이 행방불명되었습니다.

처음에 저는 침대에 누워 전화를 받으려고 했습니다. 그러다가 침대에 일어나 앉아서 전화를 받았고 마침내 너무 바쁘고 흥분한 나머지 아픈 몸이라는 것도 잊고 침대에서 나와 책상 앞에 앉아 있었습니다. 나보다 상황이 훨씬 안 좋은 다른 사람들을 돕느라 제 자신은 완전히 잊어버렸던 것입니다. 매일 밤 잠자는 8시간을 빼고는 눕지 않았습니다. 일본군이 진주만을 공격하지 않았다면 나는 평생 반 폐인으로 생을 마쳤을지 모릅니다. 침대에 누워있는 것이 편하고 누군가가 시중을 들어주었기 때문에 무의식적으로 재활하려는 의지를 잃어버리고 있었던 것입니다.

진주만 공습은 미국 역사의 가장 큰 비극 중에 하나지만 개인적으로 내게 일어난 일중에 가장 좋은 일 중에 하나였습니다. 급박한 위기상황이 내가 꿈꾸지도 못한 힘을 나에게 주었습니다. 나로 향한 관심을 다른 사람에게 향하게 만들었습니다. 다른 사람을 위한 관심은 살아가는 데 필수적이고 중요한 요소입니다. 나는 더 이상 나에 대해 생각하고 걱정할 시간이 없습니다."

정신과 의사에게 도움을 청하려 달려가는 사람들 중에 3분의 1이라도 마가렛 예이츠 여사가 했던 것처럼 다른 사람을 돕는데 관심을 기울인다면 병이 깨끗이 나을 것이다. 이것이 내 생각이냐고? 아니다 이것은 칼 융이 한 말이다.

"내 환자 중에 3분의 1은 임상적으로 신경증은 아니다. 그들은 인생의 공허감과 무감각함 때문에 고통 받고 있다."

다르게 표현하면, 그들은 엄지손가락을 들어 다른 사람의 차에 얻어타고 싶어 하지만 차들은 그 신호를 무시하고 지나쳐 버린다. 그래서 그들은 사소하고, 무의미한, 쓸모없는 자신의 삶에 대해 정신과 의사에게 한탄한다. 배가 떠나 버린 부두에서 자신 외의 다른 사람들을 탓하면서 세상을 향해 자기중심적인 욕구를 들어달라고 소리치고 있다.

지금쯤 당신은 이렇게 생각하고 있을지 모른다.

"이런 이야기에는 아무 관심이 없어. 크리스마스 이브에 고아들을 만나면 나라도 관심을 갖겠다. 진주만에 있다면 나도 마가렛 테일러 예이츠가 한 것처럼 하겠지. 하지만 내 상황은 그런 것과는 다르다고. 나는 평범한 삶을 살고 있어. 하루에 8시간씩 지겨운 일을 하고, 극적인 일이라고는 일어나지 않아. 어떻게 하면 남을 돕는데 흥미를 가지게 될까? 그럴 이유가 어디 있지?

맞는 질문이다. 그 질문에 답해주겠다. 당신의 존재가 아무리 단조롭다 해도 당신은 분명히 매일 사람들을 만난다. 그 사람들에게 어떻게 대하는가? 그냥 쳐다보기만 하는가, 아니면 그들로부터 어떤 반응을 이끌어내려 하는가? 매년 당신의 집에 우편물을 배달하러 수백 마일을 걸어 다니는 집배원에게 어떻게 대하는가? 그가 어디에 사는지, 그의 가족사진을 보여 달라고 한 적이 있는가? 다리가 피곤한지 아니면 지겨운지 물어본 적이 있는가?

식료품 가게 점원, 신문 배달원, 구두 수선공에게는 어떻게 대하는가? 이런 사람들도 인간이다. 그들 역시 수많은 문제가 있고, 꿈과 야망이 있는 사람들이다. 그들 또한 자신의 이야기를 다른 누구와 공유할 수 있는 기회를 엿보고 있다. 당신은 그들에게 기회를 준 적이 있는가? 그들 또는 그들의 삶에 진지한 관심을 보인 적이 있는가? 내가 말하는 것이 바로 이것이다. 세상을 좀더 나은 곳으로 만들기 위해 플로렌스 나이팅게일 또는 사회 개혁가가 되라고 하는 것이 아니다. 당장 내일 아침 당신이 만나는 사람들부터 시작하면 되는 것이다!

그게 당신에게 무슨 도움을 주냐고? 훨씬 큰 행복을 가져다줄 것이다! 자신에 대한 더 큰 만족감과 자부심을 가져다준다! 아리스토텔레스는 이런 자세를 "계몽된 이기주의"라고 불렀다. 조로아스터교는 "타인에게 선행을 하는 것은 의무가 아니라 즐거움이다. 선행을 베풀면 건강도 좋아지고 행복해진다."고 말했다. 벤자민 프랭클린은 이를 간단히 요약하여 "남에게 선행을 베풀 때 인간은 스스로에게 최선을 다하는 것이다."라고 했다.

뉴욕의 상담센터의 관장 헨리 C. 링크는 그의 저서에서 다음과 같이 말하고 있다.

"현대 심리학의 가장 큰 발견은 자아실현과 행복을 위해서 자기희생의 필요성을 과학적으로 증명한 것이다."

다른 사람들을 생각하면 당신 자신의 일을 걱정하지 않게 해줄 뿐 아니라 친구도 많이 사귈 수 있고 커다란 즐거움을 맛볼 수 있다. 어떻게 그것이 가능할까? 언젠가 예일대학교의 윌리엄 라이언 펠프스 교수에게 어떤 방법을 사용하는 지 물었더니 그는 이렇게 말했다.

"나는 호텔이나 이발소, 상점 등 어디를 가든지 만나는 모든 사람들에게 기분 좋은 말을 합니다. 그들을 기계의 부속품이 아니라 개개인으로 대하는 말을 하려고 노력합니다. 상점의 여직원에게는 눈이 참 예쁘다는 칭찬을 하거나 머리가 예쁘다는 칭찬을 합니다. 이발사에게는 하루 종일 서 있어서 다리가 피곤하지 않느냐고 묻습니다. 어떻게 이발사가 되었는지, 이 일을 시작한 지 얼마나 되었는지, 얼마나 많은 사람들의 머리를 깎았는지 등을 물어봅니다. 누구든지 자신에게 관심이 있으면 기분이 좋아지는 법입니다. 나는 자주 기차역에서 내 짐을 들어주는 짐꾼들과 악수를 합니다. 이렇게 악수를 하면 짐꾼들은 기분이 좋아져서 하루 종일 신나게 일할 수 있을 것입니다.

몹시 무더운 어느 날 뉴 헤이븐 철도의 식당 칸으로 점심을 먹으러 갔습니다. 복잡한 차안은 용광로 같았고 서비스는 늦었습니다. 마침내 종업원이 메뉴를 갖다 주러 왔을 때 나는 이렇게 말했습니다.

'주방에서 일하는 요리사들은 오늘 같이 더운 날 고생이 대단하겠네요.'

종업원이 하도 격한 어조로 이야기해서 처음에는 화가 난 것처럼 생각했지만 그는 이렇게 외쳤습니다. '정말이지 여기 오는 사람들은 음식에 대해 불평만 합니다. 서비스가 늦다는 둥 덥다는 둥 가격이 왜 이리 비싸냐는 둥 불평만 하죠. 19년 동안 사람들이 불평하는 소리만 들었는데 선생님이 뜨거운 주방에서 일하는 요리사들을 걱정해주신 처음이자 유일한 분이십니다. 선생님 같은 손님이 더 많았으면 좋겠습니다.'

그 종업원은 내가 그 흑인 요리사들을 철도회사의 한 부품이 아니라 한 인간으로 생각하는 것에 크게 놀란 듯이 보였습니다. 사람들이 원하는 것은 인간존재로서 관심입니다.

예쁜 개와 산책을 하는 사람을 만나면 항상 개가 예쁘다고 칭찬해줍니다. 지나가면서 슬쩍 보면, 그 사람이 개를 쓰다듬어 주면서 칭찬해주는 것을 보게 됩니다. 내가 그의 개를 보고 예쁘다고 하니까 자신도 개가 예쁘다는 것을 다시 한 번 지각하게 되는 것이지요.

영국에 있을 때 목동을 만난 적이 있는데 양치기개의 놀라운 지력에 감탄한 적이 있었습니다. 양치기에게 어떻게 양치기개를 훈련시키는지 물어 보았습니다. 제가 걸어가면서 어깨너머로 슬쩍 보니 양치기개가 앞발을 양치기의 어깨에 올리고 서자 양치기가 개를 쓰다듬어 주고 있었습니다. 양치기와 양치기개에 대한 작은 관심이 양치기를 행복하게 해주었고, 양치기개가 행복한 것을 보니 저도 행복해졌습니다."

짐꾼들과 악수하고 뜨거운 주방의 요리사에게 동정을 표시하고 지나가는 사람에게 개가 예쁘다고 칭찬하는 사람이 있다. 이 사람이 기분이 안 좋고, 걱정이 많아서 정신과 의사의 도움이 필요할 것 같은가? 절대 필요하지 않을 것이다. 중국 속담에 이런 말이 있다.

"장미를 건네는 손에는 언제나 장미향이 난다."

이 말을 예일대 교수 빌리 펠프스에게 할 필요는 없다. 그는 이 법칙을 알았고 그것대로 살았다.

만일 당신이 남자라면 이 단락은 넘어가라. 이 내용은 당신에게 흥미롭지 않을 것이다. 걱정이 많고 불행한 소녀가 어떻게 여러 남자의 구애를 받게 되었는 지를 말하는 단락이기 때문이다.

그 소녀가 이제는 할머니가 되었다. 몇 년 전에 그녀가 사는 마을에서 강의가 있어서 그들 부부의 집에서 하룻밤 묵은 적이 있다. 다음날 아침 그녀는 나를 기차역까지 바래다주었다. 우리는 친구를 사귀는 것에 대해 이야기를 하게 되었는데 그녀가 이렇게 말했다.

"카네기씨, 이제껏 누구에게도 한 적이 없는 이야기를 해줄게요. 남편에게도 이 이야기는 하지 않았어요. 나는 필라델피아 사교계에서 유명한 집안에서 태어났지만, 어릴 때부터 우리 집이 가난해서 항상 슬펐어요. 다른 소녀들이 누리는 것을 누릴 형편이 못 되었습니다. 고급 옷을 입어본 적이 한 번도 없어요. 그 옷도 항상 작아서 몸에 잘 맞지 않고 유행에도 뒤졌습니다. 너무 부끄럽고 창피해서 울면서 잠이 든 적도 많아요. 그런 와중에 떠오른 생각이 디너파티 파트너에게 그들의 경험, 생각, 미래에 대한 계획을 물어봐야겠다는 것이었어요. 이런 질문을 하려던 목적은 그들이 하는 대답에 관심이 있어서가 아니라 상대가 내 초라한 옷을 눈치 채지 않게 하려는 의도였습니다. 그런데 이상한 일이 일어났어요. 남자들이 하는 말을 듣고 상대에 대해 더 잘 알게 되면서 상대의 말에 진심으로 관심을 가지게 되었답니다. 제가 이야기에 빠져서 제 옷에 대해서는 까맣게 잊어버리곤 했지요. 하지만 놀라운 일이 제게 일어났어요. 상대가 하는 말을 경청하고 맞장구를 쳐주니까 사교 모임에서 가장 인기 있는 여자가 되었고 세 명이나 제게 프러포즈를 했답니다."

이 장을 읽은 사람들은 이렇게 말할지도 모르겠다.

"다른 사람에게 관심을 가지라는 이야기는 말도 안 되는 소리야! 종교가 있는 사람에게나 통하는 말이지! 나에게 이런 얘기는 안 통해! 내 돈은 전부 내 지갑 속에 넣고 절대 내놓지 말아야지. 전부 가질 거야. 바보 얼간이들은 꺼지라고!"

이것이 당신의 생각이라면 인정해주겠다. 하지만 당신의 생각이 옳은 것이라면, 예수, 공자, 부처, 플라톤, 아리스토텔레스, 소크라테스, 성 프란체스코 등 유사 이래로 가장 위대한 철학자와 스승들은 모두 틀린 것이 된다. 하지만 종교 지도자들의 가르침을 믿지 않을 수도 있으니 무신론자들의 가르침을 보자. 우선 당대 최고 학자중의 한 사람인 캠브리지 대학의 A. E. 하우스만 교수의 말을 들어보자. 1936년에 그는 "시의 제목과 내용"이라는 주제로 캠브리지 대학에서 강연을 했다.

"인류 역사상 가장 위대한 진리와 심오한 도덕적 발견은 예수의 말씀입니다. '자기목숨을 구하려는 사람은 잃을 것이며 나를 위하여 자신의 목숨을 잃는 사람은 자신의 목숨을 구할 것이다.'"

성직자들이 이런 이야기를 하는 것은 평생 들어왔다. 그러나 하우스만 교수는 무신론자에 염세주의자였으며 자살을 생각했었던 사람이었다. 그러나 그도 자신만을 생각하는 사람은 인생을 제대로 사는 것이 아니라고 생각했다. 그런 사람은 비참해질 것이다. 하지만 자신을 잊고 다른 사람을 위해 봉사하는 사람은 인생의 기쁨을 발견할 것이다.

하우스만 박사가 한 말에 아무런 감동을 받지 않았다면 20세기 미국에서 가장 유명한 무신론자인 시어도어 드라이저의 충고로 눈을 돌려보자. 드라이저는 모든 종교가 동화라고 비웃었고 인생을 "인생은 이야기와도 같은 것, 백치가 읊어대는 소음과 분노로 가득한 이야기요, 결국엔 무의미한 말싸움이라." 라는 셰익스피어의 말을 인용하여 표현하였다. 그러나 드라이저는 예수가 가르친 위대한 가르침, 즉 "다른 사람을 섬기라" 는 원칙은 지지했다.

"만일 인간이 인생에서 기쁨을 얻고자 한다면, 자신의 삶 뿐만 아니라 다른 사람의 삶도 좀더 나아지도록 방법을 강구해야 한다. 자신의 행복은 다른 사람에게서 나오는 것이며 다른 사람의 행복은 그에게서 나오는 것이기 때문이다."

드라이저가 주장한대로 "다른 사람의 삶이 나아지도록" 할 거면 서둘러야 한다. 시간은 기다리지 않는다. "나는 이 길을 한 번만 지날 수 있다. 그러므로 내가 행하는 어떤 선행이나 내가 보여주는 어떤 친절함이든 지금 당장 하자. 주저하거나 게을리 해서는 안 된다. 이 길을 다시 지나지 않기 때문이다."

규칙 7

다른 사람에 관심을 가지면 당신 자신은 잊는다. 다른 사람이 얼굴에 미소를 띨 수 있게 매일 선행을 베풀어라.

당신에게 평화와 행복을 가져다줄 7가지 마음가짐

규칙 1. 우리의 마음을 평화, 용기, 건강과 희망의 생각으로 가득 채우자. 인생은 우리가 생각하는 대로 만들어진다.

규칙 2. 적에게 복수하려 하지마라. 적의 마음을 다치는 것보다 우리 자신이 더 많이 상처를 입게 된다. 아이젠하워 장군이 한 대로 하자. 단 일분도 우리가 싫어하는 사람 생각을 하지말자.

규칙 3. A. 은혜를 모른다고 화를 내지 말고 아예 기대를 하지말자. 예수가 하루에 나병환자 열 명을 치료해주었는데 단 한명만이 예수께 감사했다는 사실을 기억하자. 우리가 예수보다 더 감사를 받아야 할 이유가 어디에 있는가?

B. 행복으로 향하는 유일한 길은 감사를 기대하지 않고 베푸는데서 오는 즐거움임을 명심하자.

C. 감사하는 마음은 길러지는 것임을 명심하자. 자녀가 감사하는 마음을 갖도록 하고 싶으면 그렇게 키워야 한다.

규칙 4. 문제를 세지 말고 감사할 것을 세어라.

규칙 5. 다른 사람을 따라하지 말자. 우리자신의 참모습을 발견하여 참모습대로 살아가자. "부러움은 무지이며 모방은 자살행위이다."

규칙 6. 운명이 우리에게 레몬을 주면 레모네이드를 만들기 위해 노력하자.

규칙 7. 다른 사람을 행복하게 만들려고 노력해서 우리 자신의 불행을 잊자. "당신이 남에게 잘하면, 당신자신에게 가장 좋은 일을 하고 있는 것이다."

5장

————

걱정을 완벽하게
극복하는 방법

1 내 부모님이 걱정을 극복하신 방법

내가 예전에 말한 대로 나는 미주리 농장에서 태어나서 자랐다. 그 당시의 대부분의 농부들처럼 내 부모님도 고생을 많이 하셨다. 내 어머니는 시골 학교 선생님이셨고 내 아버지는 한 달에 12달러를 벌면서 농장에서 힘들게 일하셨다. 어머니가 내 옷을 만들어주셨을 뿐 아니라 세탁비누도 직접 만드셨다.

일 년에 한번 돼지를 팔 때를 빼고는 우리 집에는 돈이 거의 없었다. 우리의 버터와 달걀을 식료품 가게에 주고 밀가루, 설탕, 커피로 바꾸었다.

내가 12살이었을 때 용돈이 1년에 50센트도 안되었다. 언젠가 독립기념일 행사에 갔을 때 아버지가 원하는 대로 쓰라고 10센트를 주셨던 일을 나는 아직도 기억하고 있다. 그때는 내가 세상에서 제일 부자처럼 느껴졌다.

나는 교실이 하나뿐인 시골학교에 가기 위해 1마일을 걸어 다녔다. 눈이 많이 쌓이고 기온이 영하 28도 가까이 되었을 때도 걸어 다녔다. 14살이 될 때까지 고무신이나 덧신을 신어본 적이 없었다. 길고 추운

겨울날 발은 항상 젖어서 발이 시려웠다. 어렸을 때 겨울에도 발이 젖지 않고 따뜻한 사람이 있다는 것은 꿈도 꾸지 못했다.

부모님은 하루에 16시간씩 일하셨지만 우리는 항상 빚에 허덕였다. 내가 아주 어렸을 때 큰 홍수로 옥수수 밭과 건초 밭이 침수가 되어 전부 망가진 것이 아직도 뇌리에 박혀있다. 7년 중에 6년 동안 홍수가 농작물을 휩쓸어갔다. 매년 돼지가 콜레라에 걸려서 돼지들을 불태웠다. 아직도 눈을 감으면 그때 맡았던 돼지 타는 냄새가 나는 것 같다.

어느 한해는 홍수가 없었다. 옥수수도 풍작이었다. 우리는 가축을 사다가 옥수수를 먹여 살찌웠다. 하지만 그해도 홍수가 나서 옥수수가 침수되었던 해와 별반 다르지가 않았다. 시카고 시장에 가축가격이 폭락해서 그해 우리는 고작 30달러를 벌었을 뿐이었다. 일 년 내내 고생했는데 고작 30달러라니!

우리가 무슨 일을 해도 우리는 손해를 보았다. 아버지가 사온 어린 노새들을 아직도 기억한다. 우리는 그 노새들을 3년 동안 키워서 테네시 주에 있는 멤피스로 보냈다. 하지만 3년 전에 우리가 노새를 살 때 쓴 돈보다 더 작은 돈을 받았다.

10년을 힘들게 일했지만 돈이 생기기는커녕 빚만 늘어갔다. 급기야 농장을 저당 잡고 대출을 받았다. 아무리 열심히 일해도 이자 갚기도 힘들었다. 농장을 저당잡고 대출을 해준 은행은 아버지를 모욕하고 무시하고 농장을 빼앗아 가겠다고 위협했다. 아버지 나이가 47세였다. 30년이 넘게 힘들게 일했지만 아버지에게 돌아오는 것은 빚과 모욕뿐이었다. 아버지는 더 이상 현실을 받아들이실 수 없었다. 아버지는 늘 걱정을 했고 급기야 건강을 잃으셨다. 들판에서 하루 종일 힘들게 일해도 식욕이 없었다. 식욕을 돋게 하는 약을 드셔야 했다. 살이 많이 빠져서 의사는 아버지가 반년도 못 가 돌아가실 거라고 말했다. 아버지는 걱정이 많아 더 이상 살고 싶은 생각이 없었다. 아버지가 말에게 건초를 주거나 소젖을 싸러 헛간에 가서 조금이라도 늦으시면 어머니는 아버지가 혹시 목을 매 죽지나 않았는지 걱정이 되어 부리나케 헛간으로 달려가곤 했다고 나중에 내게 말씀해주셨다. 어느 날 아버지가 메리빌에 있는 은행에 갔는데 은행에서 목장을 처분하겠다고 으름장을 놓았다. 은행에서 돌아오시는 길에 아버지는 강물에 뛰어들어 모든 것을 끝내야 하나 한참 고민하셨다.

몇 년이 지난 후에 아버지는 그때 강으로 뛰어내리지 않은 유일한 이유는 어머니 때문이었다고 말씀하셨다. 어머니는 우리가 하나님을 사랑하고 하나님의 말씀을 잘 지키면 모든 것이 잘 될 것이라고 굳게 믿으셨다. 어머니가 옳았다. 결국에는 모든 것이 잘 되었다. 아버지는 42년 동안 행복하게 사시다가 1941년 89세를 일기로 돌아가셨다.

이렇게 힘들고 가슴 아픈 시절에도 어머니는 절대 걱정하지 않으셨다. 어머니는 기도를 통해 모든 문제를 하나님께 맡겼다. 매일 잠자리에 들기 전 어머니는 성경 구절을 우리에게 읽어주셨다. 그때 어머니나 아버지가 읽어주시던 성경구절 가운데에 위안을 주는 말이 있었다.

"내 아버지 집에는 거할 곳이 많도다. 내가 너희를 위하여 거처를 마련하리니. 나 있는 곳에 너희도 있게 하리라."

이 구절을 읽고 나서 우리는 의자 앞에 무릎을 꿇고 하나님의 사랑과 보호를 구하는 기도를 드렸다.

하버드대의 철학교수였던 윌리엄 제임스는 이렇게 말했다.

"걱정에 대한 최고의 치료법은 종교적인 믿음이다."

이 사실을 알기 위해 당신이 하버드까지 갈 필요는 없다. 미주리 농장의 내 어머니도 그 사실을 알고 계셨다. 홍수도, 빚도 재난도 어머니의 행복하고 승리에 찬 영혼을 억누를 수 없었다. 어머니가 일하실 때 부르던 노래가 아직도 들리는 것 같다.

평화, 평화, 놀라운 평화

하늘에 계신 아버지에게서 흘러나오네.

한없는 사랑의 파도가

영원토록 내 영혼에 흘러넘치길 기도하네.

어머니는 내가 종교적인 일에 헌신하시기를 바라셨다. 그래서 나는 해외 선교사가 되는 것을 진지하게 고민했다. 그러다가 대학에 진학했고 점차 내게 변화가 생겼다. 나는 생물학, 과학, 철학, 비교종교학 등을 공부했다. 성경이 어떻게 쓰여 졌는지에 관한 책도 읽었다. 나는 성경에 나온 얘기들에 많은 의문을 갖기 시작했다. 그리고 당시 시골 교회 목사들이 가르치던 편협한 주장에 대해 의문을 가지기 시작했다. 나는 혼란스러웠다. 월트 휘트만처럼 "내 안에서 알 수 없는 의문이 불쑥불쑥 생기는 것을 느꼈다."

나는 무엇을 믿어야 할 지 몰랐다. 인생 목표가 없었다. 나는 더 이상 기도를 하지 않았다. 나는 불가지론자가 되었다. 그러면서 인생은 계획할 수 없고 목적도 없는 것이라고 믿었다. 나는 인간도 2억 년 전 지구에 존재하던 공룡과 마찬가지로 아무런 신성한 목적이 없다고 믿었다. 언젠가는 인간도 공룡과 마찬가지로 멸망할 것이라고 믿었다. 내가 알고 있는 과학적 지식에 따르면 태양이 서서히 냉각되어 가고 있고 그 온도가 10퍼센트만 떨어져도 지구상에 생명체가 존재할 수 없었다. 나는 사랑의 하나님이 자신의 형상을 따라서 인간을 만드셨다는 생각을 비웃었다. 수억에 수억을 더한 많은 수의 태양들이 검고, 차갑고, 생명체가 없는 우주 속에서 떠돌고 있다고 믿었다. 어쩌면 창조란 것 자체가 없었는지도 모른다. 마치 시간과 공간이 항상 존재해왔던 것처럼 그 태양들도 영원히 존재해왔는지도 모른다.

이와 같은 모든 질문의 답을 알고 있느냐고 묻는다면 나는 '아니요'라고 대답할 것이다. 어떤 인간도 우주의 신비를 설명할 수 없다. 우리는 신비로 둘러싸여 있다. 당신의 신체 활동도 심오한 미스터리다. 당신 집에 들어오는 전기도, 벽 사이 틈에서 자라는 꽃도, 창밖의 풀도 신비하다.

GM연구소를 이끌던 천재 찰스 F. 케터링은 풀이 왜 초록색인지 알아내기 위해 개인적으로 안티오크 대학교에 매년 3만 달러씩 기부하고 있다. 그는 풀이 어떻게 햇빛과 물, 이산화탄소를 포도당으로 변화시키는지 알 수만 있으면 문명에 혁신을 가져올 수 있을 것이라고 단언한다.

당신이 타고 다니는 자동차 엔진의 작동도 심오한 신비이다. GM연구소는 수년 동안 수백만 달러를 들여 실린더의 작은 스파크가 어떻게 자동차를 움직이게 하는 연소 작용을 일으키는 지 연구해왔지만 아직 해답을 찾지 못하고 있다.

우리가 우리 몸이나 전기 혹은 가스 엔진의 신비를 이해하지 못한다고 해서 우리가 그것들을 이용하지 못하는 것은 아니다. 기도와 종교의 신비를 이해하지 못한다는 사실 때문에 종교가 가져오는 더 풍요롭고 행복한 삶을 즐기지 못한다는 법은 없다. 나는 결국 "사람은 인생을 이 해하기 위해 태어난 것이 아니라 인생을 살기 위해 태어난 것이다." 라는 산타나야의 지혜를 깨달았다.

나는 종교로 다시 돌아왔다. 아니 다시 종교로 되돌아왔다는 말은 정확하지 않을 듯싶다. 나는 종교의 새로운 의미로 한 걸음 전진했다. 나는 기독교 내부의 종파를 가르는 차이에 조금의 관심도 없다. 오로지 종교가 내게 해주는 것에만 관심이 있다. 이것은 내가 전기나 좋은 음식, 물이 내게 해주는 일에 관심을 갖는 것과 마찬가지다.

이것들로 인해 내 삶은 더 풍요롭고 충실하고 행복해진다. 하지만 종교는 이것들보다 더 큰 역할을 한다. 종교는 내게 정신적인 가치를 부여해준다. 윌리엄 제임스의 말처럼 종교는 내게 "더 크고, 더 풍요롭고, 더 만족스러운 인생에 대한 새로운 열정"을 준다. 종교는 내게 믿음, 희망, 용기를 준다. 종교는 긴장, 걱정, 두려움을 없애준다. 종교는 삶의 목적과 방향을 제시해준다. 종교는 내 행복을 증대시키고 건강을 주고 "어지러운 인생의 사막 한가운데서 평화의 오아시스"를 준다.

프랜시스 베이컨이 350년 전에 한 말이 맞다.

"얄팍한 철학지식은 생각을 무신론으로 기울인다. 하지만 심오한 철학지식은 인간의 마음을 다시 종교로 되돌린다."

사람들이 과학과 종교 간의 갈등에 대해 토론하던 시절이 떠오른다. 하지만 그걸로 끝이었다. 최첨단 과학인 심리학은 예수의 가르침을 가르친다. 왜일까? 심리학자들이 기도와 강한 종교적 신념이 인간 질병 절반 이상의 원인이 되는 근심, 걱정, 긴장과 두려움을 없애준다는 것을 깨달았기 때문이다. 심리학계의 리더인 A. A. 브릴 박사는 이렇게 말했다. "종교적인 사람은 신경질환에 걸리지 않는다."

종교가 진실 되지 않으면 인생은 무의미하다. 비극적인 광대놀음일 뿐이다.

헨리 포드가 죽기 몇 년 전 그를 인터뷰한 적이 있다. 나는 세계 최대의 사업체를 설립하고 경영한 그의 얼굴에서 고뇌의 흔적을 볼 것으로 생각하고 있었다. 78세의 나이에도 불구하고 차분하고 건강하고 평화로워 보여 많이 놀랐다. 지금까지 걱정을 많이 했었는지를 묻자 그는 다음과 같이 대답했다.

"아니오. 나는 하나님이 모든 일을 주관하신다고 믿어요. 하나님이 나와 계시는 한 모든 일이 결국에는 잘 될 것이라고 믿어요. 걱정할 것이 뭐가 있습니까?"

오늘날 정신과 의사들도 모두 현대판 복음 전도사가 되고 있다. 다만 그들은 내세의 지옥 불을 피하려면 종교생활을 하라고 하지는 않고 현세의 지옥 불인 위궤양, 협심증, 신경쇠약, 정신이상을 피하려면 종교생활을 하라고 권한다. 심리학자나 정신과 의사들의 의견과 실례를 보고 싶다면 헨리 C. 링크 박사의 〈종교로의 회기〉라는 책을 읽어보라.

그렇다. 기독교는 영감을 주며 몸을 건강하게 해주는 활동이다. 예수는 이렇게 말했다. "내가 너희에게 온 것은 너희로 하여금 생명을 얻게 하되 더욱 풍성히 얻게 하려함이라." 예수는 당시 종교의 형식적인 의식이나 무의미한 형식을 비난하고 공격했다. 그는 반역자였다. 그는 세상을 뒤엎을 새로운 종류의 종교를 설파했다. 이로 인해 결국 그는 십자가에 못 박혀 죽었다. 그는 **종교가 인간을 위해 존재해야지 인간**

이 종교를 위해 존재해서는 안 된다고 설파했다. 안식일은 인간을 위해 만들어진 것이지 안식일을 위해 인간이 만들어 진 것이 아니라고 주장했다. 그는 죄보다는 두려움에 대해 더 많이 언급했다. 잘못된 종류의 두려움이 죄이다. 두려움은 건강에 대한 죄이며 예수가 주장하는 풍요롭고 행복하고 담대한 삶에 대한 죄이다. 에머슨은 자신을 "즐거움의 학문을 가르치는 교수"라고 불렀다. 예수 또한 "즐거움의 학문"을 가르친 선생이었다. 그는 자신의 제자들에게 "기뻐하고 즐거워하라"고 명령했다.

예수는 종교에서 중요한 것은 하나님을 온 마음을 다해 사랑하고, 이웃을 내 몸과 같이 사랑하는 것 이 두 가지라고 주장했다. 이렇게 하는 사람은 누구든지 종교적인 사람이다. 오클라호마에 사는 내 장인 헨리 프라이스가 이런 사람이다. 그는 황금률에 따라 인생을 살려고 노력했다. 그는 비열하고 이기적이고 정직하지 않은 행동을 할 줄 모르는 분이셨다. 하지만 그는 교회에 나간 일도 없고 자신을 불가지론자로 여겼다. 어떤 사람이 기독교 신자인가? 존 베일리가 이 질문에 답해 줄 것이다. 그는 에든버러 대학에서 신학을 가르친 가장 유명한 교수일 것이다. 그는 이렇게 말했다.

"기독교인이 된다는 것은 어떤 관념을 지적으로 받아들이거나 어떤 규칙을 지킨다고 해서 되는 것이 아니다. 어떤 특정한 정신을 가지고 어떤 특정한 삶을 살아야 하는 것이다."

만약 기독교인이 이렇게 되는 것이면 헨리 프라이스는 진정한 기독교 신자의 한 사람이다.

현대 심리학의 아버지 윌리엄 제임스는 친구인 토마스 데이비슨 교수에게 이렇게 편지를 보냈다. "나이가 들수록 하나님 없이 살아가는 게 점점 더 힘들어진다."

앞에서 우수작을 고르기가 어려워 상금을 둘로 나눴다는 이야기를 했다. 1등 상을 탄 두 개의 이야기 중 두 번째 이야기를 소개하고자 한다. 한 여성이 "하나님 없이 살아가기가 어렵다"는 것을 잊을 수 없이 힘든 경험을 통해 깨닫게 되는 이야기이다.

부인을 그녀의 실명이 아닌 메리 커시맨이라는 가명으로 부르겠다. 그녀의 자녀와 손자가 이 이야기를 읽고 당황할 수 있기에 가명으로 해달라는 요청에 동의했다. 하지만 그녀는 분명히 실존 인물이다. 몇 달 전에 그녀는 내 책상 옆에 놓인 안락의자에 앉아 그녀의 이야기를 들려주었다.

"대공황 시절 내 남편의 주급은 18달러였습니다. 그나마 몸이 약해 결근도 잦았습니다. 그런 때는 급여를 받지 않아 그 적은 돈도 받지 못할 때가 많았습니다. 끊임없이 사건이 일어났습니다. 성홍열에 이하선염, 감기도 계속 걸렸습니다. 우리는 우리 손으로 지은 작은 집도 잃게 되었습니다. 식료품점에 50달러의 빚을 지게 되었는데 먹여 살릴 아이가 다섯이나 되었습니다. 이웃 사람들의 빨래와 다림질을 해주고 돈을 받았고, 구세군 가게에서 낡은 옷을 사서 손질해서 아이들에게 입혔습니다. 걱정으로 몸까지 아팠습니다. 하루는 우리가 50달러를 빚지고 있는 식료품점 주인이 11살 난 아들이 연필을 몇 자루를 훔쳤다고 하더군요. 식료품점 주인이 얘기를 하는데 아들은 옆에서 울고만 있었습니다. 그 아이는 정직하고 예민한 아이인데 다른 사람들 앞에서 창피를 당하고 있었습니다. 그 사건은 나에게 치명적이었습니다. 우리가 그동안 겪은 불행들이 주마등처럼 떠오르고 미래에 대한 희망이 보이지 않았습니다. 그때 걱정으로 잠깐 제정신이 아니었나봅니다.

세탁기를 끄고 이제 다섯 살 밖에 안 된 딸을 데리고 침실로 들어왔습니다. 창문과 벽에 난 틈을 종이와 천으로 틀어막았습니다. 딸은 나를 보며 '엄마, 뭐해?' 나는 이렇게 대답했습니다. '여기로 찬바람이 들어오네.' 그러고 나서 침실에 있는 가스난로를 틀었습니다. 불은 붙이지 않고요. 딸을 옆에 눕히고 누웠는데 딸이 이렇게 말합니다. '엄마, 이상해. 우리 조금 전에 일어났잖아!' 하지만 나는 이렇게 말했죠. '별일 아니야. 잠깐 낮잠이나 자자.' 그러고 나는 가스가 히터에서 나오는 소리를 들으며 눈을 감았습니다. 그때의 가스냄새는 절대 잊지 못할 것입니다.

갑자기 음악소리가 들리는 것 같았습니다. 그래서 귀를 기울이고 들어보았습니다. 라디오 끄는 것을 잊은 모양입니다. 하지만 이제 그런 것은 아무 상관이 없었습니다. 하지만 음악은 계속 흘러나왔습니다. 누군가가 찬송가를 부르고 있었습니다.

죄짐맡은 우리 구주 어찌 좋은 친군지
걱정 근심 무거운 짐 우리 주께 맡기세
주께 고함 없는 고로 복을 얻지 못하네
사람들이 어찌하여 아뢸 줄을 모를까

이 찬송을 듣는데 내가 끔찍한 실수를 저질렀다는 생각이 들었습니다. 혼자 이 어려운 고난을 이기려 했습니다. 내 모든 것을 주님께 기도로 고하지 않았습니다. 나는 벌떡 일어나 가스를 끄고 문과 창문을 열었습니다.

하루 종일 울면서 기도했습니다. 도움을 바라는 기도는 하지 않고 대신 하나님이 제게 주신 축복, 건강하고 착한 다섯 아이를 주신 축복에 대해 감사드렸습니다. 하나님께 이제 다시는 배은망덕한 행동을 하지 않겠다고 맹세했습니다. 그리고 지금까지 그 맹세를 지켰습니다.

집을 잃고 한 달에 5달러를 내는 작은 시골학교로 이사했지만 나는 그마저도 하나님께 감사드렸습니다. 적어도 비를 피하고 따뜻하게 지낼 수 있는 지붕이라도 있다는 사실에 하나님께 감사드렸습니다. 상황이 더 나빠지지 않는 것에 하나님께 감사드렸습니다. 하나님이 제 기도를 들으셨다고 믿었습니다. 왜냐하면 곧 상황이 나아졌기 때문입니다. 물론 하룻밤 만에 좋아진 것은 아니지만 경기가 좋아지면서 우리는 약간의 돈을 벌기 시작했습니다. 나는 커다란 골프장의 휴대품 보관소에서 일하게 되었고 부업으로 스타킹을 팔았습니다. 대학졸업에 필요한 돈을 벌기위해 아들 중 한명은 농장에 취직해 13마리 젖소의 젖을 짰습니다. 지금 아이들은 모두 장성해서 결혼했습니다. 제게는 3명의 예쁜 손자도 있습니다. 가스를 틀었던 그 끔찍한 날을 생각할 때마다 나를 제때 깨어나게 해주신 하나님께 감사드립니다. 만약 그때 죽었다면 얼마나 많은 기쁨을 놓쳤을까! 얼마나 많은 행복한 날들을 영원히 잃어버렸을까! 자살하고 싶다는 사람을 볼 때마다 '죽어서는 안 돼! 죽지마!' 라고 외치고 싶습니다. 암울한 순간은 잠깐입니다. 그 시기만 잘 보내면 밝은 미래가 펼쳐집니다."

미국에서는 평균적으로 35분마다 한명씩 자살을 하고, 평균적으로

120초에 한명씩 정신병에 걸리고 있다. 자살과 정신이상의 대부분은 종교와 기도에서 마음의 평화와 위안을 찾으면 예방할 수 있다.

가장 뛰어난 심리학자 가운데 한 사람인 칼 융 박사는 그의 책 〈영혼을 찾는 현대인〉 264쪽에서 이렇게 말하고 있다.

"지난 30년 동안 지구상의 모든 문명국가 사람들이 내게 상담을 받았다. 수백 명의 환자들을 치료했다. 인생의 후반부 그러니까 35세 이상의 모든 환자들 가운데 종교에서 문제의 답을 찾아야 하는 사람들이 대부분이었다. 그들이 아픈 이유는 이 시대의 종교가 주는 것을 잃었기 때문이며 종교적 인생관을 회복하지 못한 사람들은 치유되지 않았다."

이 말이 너무 중요하기 때문에 다시 한 번 굵은 활자로 강조하겠다. 칼 융박사는 이렇게 말했다.

"지난 30년 동안 지구상의 모든 문명국가 사람들이 내게 상담을 받았다. 수백 명의 환자들을 치료했다. 인생의 후반부 그러니까 35세 이상의 모든 환자들 가운데 종교에서 문제의 답을 찾아야 하는 사람들이 대부분이었다. 그들이 아픈 이유는 이 시대의 종교가 주는 것을 잃었기 때문이며 종교적 인생관을 회복하지 못한 사람들은 치유되지 않았다."

윌리엄 제임스도 비슷한 말을 했다. "믿음은 인간이 살아가는 힘이며 믿음이 없으면 인간은 무너진다."

부처 이래 인도 역사상 가장 위대한 지도자인 마하트마 간디도 기도의 힘을 받지 못했다면 쓰러지고 말았을 것이다. 내가 어떻게 아느냐고? 간디 자신이 그렇게 말했기 때문이다. "기도가 없었다면 나는 벌

써 오래전에 미치고 말았을 것이다."

　수천 명의 사람들이 이와 비슷한 증언을 할 수 있을 것이다. 나의 아버지도 어머니의 기도와 믿음이 없었다면 투신자살했을 것이다. 아마 지금 정신병원에서 비명을 지르고 있는 고통 받는 영혼들도 혼자 삶과 싸우려 하지 않고 더 높은 힘의 도움을 바라기만 했다면 구원 받았을 것이다.

　우리가 고통 받고 우리 능력의 한계에 다다르면 우리들은 신을 찾는다. "참호에 있으면 누구나 신을 찾는다." 라는 말도 있다. 하지만 우리는 왜 절망적인 상황이 될 때까지 기다리는가? 왜 매일 우리의 힘을 새롭게 하지 않는가? 왜 일요일까지 기다리는가? 나는 평일 오후에 텅 빈 교회에 들르곤 한다. 내가 너무 바빠서 단 몇 분도 차분히 영적인 것에 대해(나 자신에 대해) 생각할 시간이 조금도 없다고 생각되면 나는 스스로에게 이렇게 말한다. "잠깐만, 데일 카네기. 왜 이렇게 바빠, 이 사람아? 잠깐 멈추고 생각을 정리해 보자고."

　그런 때면 나는 열려있는 아무 교회나 들어간다. 나는 개신교 신자이지만 평일 오후에 자주 5번가에 있는 성패트릭 성당에 들어가 나는 30년 후면 죽지만 교회가 가르치는 위대한 영적인 진리는 영원하다는 생각을 하며 기도를 한다. 이렇게 기도를 하면 예민했던 신경들이 차분해지고, 몸이 편안해지면서 내 관점도 명료해지고 일의 가치를 재정립하는데 큰 도움이 된다. 당신도 이렇게 해보면 어떨까?

　지난 6년 동안 이 책을 쓰면서 사람들이 공포와 걱정을 기도로 극복했던 구체적인 경우와 사례들을 많이 모았다. 내 서류 캐비닛에 꽂혀있는 파일에는 이런 사례들로 넘쳐난다. 그 전형적인 예로 낙담하고 의기

소침했던 책 판매원 존 R. 앤서니의 이야기를 해보자. 지금 앤서니씨는 텍사스 주 휴스턴에서 변호사로 일하고 있다. 다음은 그의 이야기이다.

"22년 전 저는 변호사사무실을 닫고 법률서 전문 출판사에서 일하게 되었습니다. 제가 주로 하는 일은 변호사에게 필수적인 법률 책을 법조인들에게 파는 것이었습니다. 저는 그 일에 철저히 훈련되어 있었습니다. 판매에 필요한 화술이 있었고, 어떤 부정적인 반응에도 설득력 있게 답을 할 수 있었습니다. 고객을 방문하기 전에 변호사로서의 고객의 지위, 고객이 하는 일의 성격, 고객의 정치성향과 취미까지 완벽하게 파악했습니다. 고객과 상담을 하면서 이런 정보들을 적절하게 잘 활용했습니다. 그런데 어딘가 문제가 있었습니다. 주문을 받을 수가 없었습니다!

저는 점점 낙담했습니다. 시간이 흐를수록 노력을 배로 많이 했지만 비용을 상쇄할 만한 판매를 할 수 없었습니다. 두려움이 점차 제 안에 자랐습니다. 고객을 방문하는 것이 두려울 정도가 되었습니다. 고객의 사무실을 방문하기 전에 너무 두려워져서 사무실 복도를 몇 번 왔다 갔다 하거나 밖에 나가서 사무실 주변을 서성거리기도 했습니다. 그렇게 소중한 시간을 한참이나 허비하면서 순전히 의지력으로 사무실문이라도 박살낼 정도의 용기가 생기면 떨리는 손으로 살며시 손잡이를 돌렸습니다. 고객이 자리에 없기를 바라면서 말이죠.

판매 책임자는 제가 주문을 좀더 받지 못하면 월급을 줄 수 없다고 엄포를 놓았습니다. 집에 있는 아내는 자신과 세 아이들의 식료품 살 돈이 필요하다고 간청했습니다. 걱정이 저를 사로잡았습니다. 날이 갈

수록 더 절망적이 되었습니다.

무엇을 할지 알 수 없었습니다. 앞서 말한 대로 고향의 변호사 사무실을 이미 닫았기 때문에 기존의 고객들도 모두 끊겨버렸습니다. 이제 저는 무일푼이었습니다. 숙박료를 낼 돈도 없었습니다. 고향으로 돌아갈 돈도 없었고 설사 고향의 돌아갈 돈이 있다고 해도 패배자가 되어 고향으로 돌아갈 용기도 없었습니다.

마침내 불행한 하루를 마치고 터벅터벅 힘없이 호텔방으로 걸어갔습니다. '오늘이 마지막이야.' 저는 이렇게 생각했습니다. 완전히 상심하고 절망적이었습니다. 어느 쪽으로 향해야 할 지 알 수 없었습니다. 죽든지 살든지 아무래도 좋았습니다. 처음으로 세상에 태어난 것이 원망스러웠습니다. 그날 저녁거리로 따뜻한 우유 한잔이 전부였지만 그마저도 마실 수가 없었습니다. 저는 그날 밤 왜 절망에 빠진 사람들이 호텔 창문을 열고 뛰어내리는 지 이해할 수 있었습니다. 제게 용기가 있었으면 저도 그렇게 했을 것입니다. 저의 삶의 목적이 무엇인지 곰곰이 생각하기 시작했습니다. 알 수가 없었습니다.

의지할 사람이 없었기 때문에 하나님께 의지했습니다. 기도하기 시작했습니다. 하나님께 제게 빛을 주시고 어두운 절망의 황야를 헤쳐 나갈 수 있는 지혜를 달라고 간절하게 기도했습니다. 하나님께 고향의 아내와 자식들을 먹일 수 있도록 돈을 벌게 해달라고 간절하게 기도했습니다. 기도를 마치고 눈을 떴는데 그 외로운 호텔방 서랍에 놓여있는 성경책을 보았습니다. 성경책을 펴고 외롭고 걱정 많고 패배한 사람들에게 영감을 주었을 그 아름다운 불멸의 약속을 읽었습니다. 예수님이 그의 제자들에게 어떻게 걱정을 막을 수 있는가를 가르치신 말씀을 읽었습니다.

목숨을 부지하려고 무엇을 먹을까, 무엇을 마실까 걱정하지 말고, 몸을 감싸려 무엇을 입을까 걱정하지 마라. 목숨이 음식보다 소중하지 않느냐? 공중의 새를 보아라. 씨를 뿌리지도 않고, 거두지도 않고, 곳간에 모으지도 않으나, 너의 하나님은 그것들을 먹이신다. 너희는 새보다 귀하지 아니하냐? 그러므로 너희는 먼저 그의 나라와 그의 의를 구하라. 그리하면 이 모든 것을 너희에게 더하여 주시리라.

기도를 하고 말씀을 읽는 동안 기적이 일어났습니다. 긴장이 사라졌습니다. 걱정, 두려움이 마음을 따뜻하게 해 주는 용기와 희망, 승리의 믿음으로 변화되었습니다.

호텔 방값을 치를 돈도 없었지만 저는 행복했습니다. 몇 년 만에 처음으로 걱정 없이 푹 잤습니다.

다음날 아침 고객 사무실의 문이 열릴 때까지 기다릴 수 없었습니다. 비가 오고 추운 날씨였지만 당당한 걸음걸이로 첫 번째 고객의 사무실에 도착했습니다. 힘차게 문을 열고 고개를 들고 활기차게 정중한 태도로 얼굴에 웃음을 띠고 이렇게 말했습니다.

'안녕하세요. 스미스씨! 저는 법률 서적회사의 존 앤서니입니다!'

'아, 그러세요.' 고객 역시 의자에서 일어나 손을 내밀며 웃으며 제게 말했습니다.

'만나서 반갑습니다. 이리 앉으시지요.'

몇 주 동안 판 것보다 더 많은 책을 그 날 하루에 팔았습니다. 그날 저녁 개선장군처럼 의기양양하게 호텔로 돌아갔습니다! 새로운 사람이 된 것처럼 느껴졌습니다. 새롭고 의기양양한 마음을 갖게 되었으니 실제로 새로운 사람이었습니다. 그날 저녁식사는 우유가 아니었습니다. 제대로 차린 스테이크를 먹었습니다. 그날부터 제 판매실적은 정상을 향해 치솟았습니다.

22년 전 텍사스 마아릴로의 작은 호텔에서 저는 다시 태어났습니다. 그 다음날 외적인 상황은 예전과 마찬가지였지만 마음속에는 엄청난 변화가 일어났습니다. 하나님과의 관계를 깨닫게 되었습니다. 일개 인간일 때는 쉽게 패배하지만 하나님의 힘이 내면에 있는 살아있는 인간일 때는 결코 패배하지 않습니다. 제 인생에서 그 일이 일어났으니 확실히 압니다.

'구하라 그러면 너희에게 주실 것이요, 찾으라 그러면 찾을 것이요, 문을 두드리라 그러면 너희에게 열릴 것이다.'"

일리노이에 사는 L. G. 베어드 부인은 엄청난 비극에 직면했을 때 무릎을 꿇고 "오 하나님, 당신 뜻대로 하옵소서!" 이렇게 기도해서 평화와 안정을 찾을 수 있었다고 말했다.

"어느 날 저녁 전화벨이 울렸습니다. 전화벨이 14번 울리고 나서야 전화를 받았습니다. 병원에서 걸려온 전화가 틀림없었습니다. 저는 겁에 질려 있었습니다. 제 막내아들이 죽어가고 있었습니다. 아들은 뇌막염에 걸려 페니실린을 처방했지만 체온이 오르락내리락하고 있었습니다. 의사들은 이 질병이 뇌를 타고 올라가 뇌종양으로 발전해 죽지 않을까 걱정했습니다. 제 예상대로 서둘러 오라는 병원에서 걸려온 전화였습니다.

대기실에서 기다리고 있던 저희 부부가 어떤 심정이었을지 짐작하시리라 생각합니다. 다른 사람들 모두 아기를 안고 있는데 우리는 다시 아기를 품에 안을 수 있을 지 걱정하며 앉아있었습니다. 마침내 진료실에 들어갔는데 의사의 표정을 보고 가슴이 철렁 내려앉았습니다. 의사의 말은 더 큰 공포였습니다. 우리 아기가 살아날 확률이 4분의 1에 불과하다는 말이었습니다. 혹시 아는 의사가 있으면 상담해보는 것이 좋겠다고 말했습니다.

집에 가는 길에 남편은 이성을 잃고 주먹으로 자동차 핸들을 치면서 이렇게 말했습니다. '베츠, 나는 절대 우리 아기를 포기할 수 없어.' 남자가 우는 것을 본 적이 있나요? 그것은 유쾌한 경험이 아닙니다. 우리는 차를 세우고 교회에 가서 우리 아기를 데려가는 게 신의 뜻이라면 그 뜻에 따르겠다는 기도를 하기로 결정했습니다. 저는 교회 의자에 주저앉아 눈물을 흘리며 이렇게 말했습니다. '내 뜻대로 하지 마시고 당신 뜻대로 하소서.'

제가 이 말을 하자마자 마음이 편해졌습니다. 오랫동안 느껴보지 못했던 평화가 제게 찾아왔습니다. 집에 오는 길에 계속 이 말을 되풀이했습니다. '내 뜻대로 하지 마시고 당신 뜻대로 하소서.' 그날 밤 몇 주만에 처음으로 푹 잤습니다. 며칠 후에 의사가 전화해서 아기가 고비를 넘겼다고 말해주었습니다. 이제 네 살 된 우리 아기를 튼튼하고 건강하게 해주신 하나님께 감사드립니다."

남자들은 종교를 여자들이나 아이들, 성직자를 위한 것으로 여긴다. 남자들은 자신이 혼자 잘 싸울 수 있는 '사나이'라고 으스댄다.

남자들이 '사나이 중에 사나이'가 매일 기도를 한다는 것을 알게 되면 얼마나 놀랄까? '사나이 중에 사나이' 잭 뎀시는 자기 전에 항상 기도를 한다고 말했다. 밥을 먹을 때도 항상 하나님께 감사기도를 하고 밥을 먹고, 시합을 앞두고 훈련을 할 때에도 매일 기도를 하고, 시합 중에도 종이 울리기 전에 항상 기도한다고 말했다. "기도는 내가 용기와 자신감을 갖고 싸울 수 있는 힘을 준다."고 그는 말한다.

'사나이 중에 사나이' 코니 맥은 기도를 하지 않고는 잘 수 없다고 말했다.

'사나이 중에 사나이' 에디 리켄베커는 자신은 기도로 구원받았다고 말했다. 그는 매일 기도한다.

제너럴 모터스와 US스틸의 전직 간부이자 국무장관을 역임한 '사나이 중에 사나이' 에드워드 R. 스테티니우스는 매일 아침저녁으로 지혜를 달라고 기도한다고 내게 말했다.

한 시대를 풍미한 가장 위대한 금융가 '사나이 중에 사나이' J. P. 모건은 토요일 오후에 월스트리트에 있는 트리니티 교회에 혼자 가서 무릎을 꿇고 기도를 드렸다.

'사나이 중에 사나이' 아이젠하워가 영미 연합군의 최고사령관직을 맡기 위해 영국으로 갈 때 가져간 유일한 책은 성경이었다.

'사나이 중에 사나이' 마크 클라크 장군은 전쟁 중에 매일 성경을 읽고 무릎 꿇고 기도했다고 말했다. 장제스 총통이 그랬고, 몽고메리 장군이 그랬다. 트라팔가 전의 넬슨 경도 그랬다. 워싱턴 장군과 로버트 리 장군, 스톤월 잭슨 장군을 비롯해 수많은 전쟁영웅들이 그랬다.

이 '사나이 중에 사나이'들은 윌리엄 제임스의 말에 담긴 진리를 알고 있었다.

"우리와 하나님 사이에는 상호 관계가 있다. 우리 자신을 하나님께 맡기면 우리의 운명이 완성된다."

많은 '사나이 중에 사나이'들이 이 진리를 깨닫고 있다. 미국에 교인 수는 현재 7천 2백만 명에 달하고 있다. 이것은 유례없이 많은 숫자이다. 전에 말했듯이 과학자들도 종교에 귀의하고 있다. 〈인간, 아직 알려지지 않은 존재〉를 쓰고, 과학자에게 주어지는 최고의 영예인 노벨상을 수상한 알렉시스 캐럴 박사가 그 예이다. 캐럴 박사는 〈리더스 다이제스트〉지와의 인터뷰에서 이렇게 말했다.

"기도는 인간이 낼 수 있는 가장 강력한 형태의 에너지이다. 그것은 지구중력만큼이나 실제적인 힘이다. 의사로서 나는 모든 치료가 실패하고 나서 순전히 기도의 힘으로 질병과 우울에서 일어난 사람들을 많이 보았다…… 기도는 라듐처럼 빛을 내며 스스로 에너지를 발생시키는 에너지원이다… 기도를 통해 인간은 자신을 모든 에너지의 근원이 되는 무한한 힘으로 향하게 함으로서 자신의 유한한 에너지를 증대시킨다. 우리가 기도할 때 우리 자신을 우주를 움직이게 하는 강력한 원동력에 연결시킨다. 우리는 이 힘의 일부가 우리가 가장 취약한 부분에 할당되기를 기도한다. 심지어 기도를 하면서 인간의 부족함은 채워지고 우리는 힘을 얻고 치유되어 일어날 수 있게 된다…… 하나님께 간절히 기도하면 우리의 몸과 영혼이 건강하게 변화된다. 비록 짧게 기도하더라도 기도를 하면 반드시 좋은 결과가 일어난다."

버드 제독은 "우리 자신을 우주를 움직이는 강력한 원동력에 연결시킨다."는 말이 무슨 뜻인지 알고 있었다. 그렇게 할 수 있는 그의 능력이 인생 최대의 시련을 견딜 수 있게 해주었다. 그는 그의 책에서 이 이야기를 하고 있다.

1943년 남극의 오지인 로스 배리어의 빙설 밑에 묻힌 채 오두막 안에서 다섯 달을 보낸 적이 있다. 그는 남위 78도 아래 유일한 생명체였다. 오두막 위에는 맹렬한 눈 폭풍이 끊임없이 휘몰아쳤다. 기온은 영하 63도까지 내려갔다. 그는 끝없는 밤의 장막에 휩싸였다. 어느 순간 그는 자신이 난로에서 나오는 일산화탄소에 천천히 중독되고 있다는 사실을 알았다. 그가 무엇을 할 수 있겠는가? 도움을 줄 수 있는 곳은 123마일이나 떨어져있었고 설사 그에게 온다고 해도 족히 서너 달은 걸릴 것이었다. 난로와 환기장치를 수리했지만 여전히 연기가 새어나왔다. 가끔씩 정신을 잃고 쓰러지기도 했다. 그는 바닥에 완전히 의식을 잃고 누워있었다. 그는 먹을 수도 잠을 잘 수도 없었다. 너무 힘이 없어서 침대를 벗어날 수 없었다. 아침에 눈을 뜰 수 있을까 걱정이 된 적도 많았다. 그는 자신이 오두막 안에서 죽고 시신은 눈보라 속에 파묻힐 거라 확신했다.

무엇이 그의 목숨을 구했을까? 어느 날 깊은 절망에 빠져서 그는 일기를 꺼내 자신의 인생철학을 쓰려하고 있었다. "우주에서 **인류는 혼자가 아니다.**" 그는 이렇게 썼다. 그는 머리위의 별과 행성의 규칙적인 움직임에 대해 생각했다. 영원히 빛나는 태양이 언젠가 남극 구석구석을 비추리라는 생각을 했다. 그래서 그는 일기에 이렇게 적었다. "나는 혼자가 아니다."

지구 끝의 얼음 구덩이에 혼자 있지만 혼자가 아니라는 이 깨달음이 리처드 버드를 살렸다.

"나는 그 생각이 나를 견디게 했음을 안다. 살면서 자신 안에 잠재

되어있는 능력을 다 쓰기는 커녕 근처에라도 가는 사람은 거의 없다. 우리 안에는 결코 사용한 적이 없는 능력의 샘이 있다."

리처드 버드는 하나님께 의지함으로서 이런 능력의 샘을 사용하는 법을 알게 되었다.

글렌 A. 아놀드는 일리노이 주 옥수수 밭에서 버드 제독이 남극의 빙설에서 배운 교훈과 같은 교훈을 깨달았다. 일리노이에서 보험 중개인으로 일하고 있는 아놀드 씨는 자신이 걱정을 극복한 방법에 대해 이렇게 말했다.

"8년 전 이제 마지막이야 라고 생각하며 현관문을 열었습니다. 그리고 차에 타고 강 쪽으로 운전했습니다. 나는 실패자였습니다. 한 달 전에 제가 이루어 놓은 모든 것이 무너졌습니다. 전기 설비회사가 망했고, 어머니는 임종을 앞두고 있었습니다. 아내는 두 번째 아이를 임신 중이었습니다. 의료비 청구서가 산더미처럼 쌓여갔습니다. 사업을 시작하면서 차며 가구며 할 것 없이 저당 잡힐 수 있는 것은 모두 저당 잡혔습니다. 심지어 보험 약관 대출까지 받았습니다. 이제 모든 것이 날아갔습니다. 더 이상 견딜 수 없었습니다. 차를 타고 강을 향해 달렸습니다. 모든 것을 끝내고 싶었습니다.

시내에서 몇 마일 떨어진 곳에 차를 멈추고 차에서 내려 땅바닥에 주저앉아 아이처럼 울었습니다. 그리고 나서 정신을 차리고 생각을 하기 시작했습니다. 걱정에 사로잡혀 우왕좌왕하는 대신 건설적으로 생각하려고 노력했습니다. 상황이 얼마나 안 좋은가? 더 나빠질 수 있는가? 정말 희망이 없는가? 상황을 개선하기 위해 내가 할 수 있는 일은 무엇인가?

그때 모든 문제를 하나님께 맡기기로 결심했습니다. 기도를 시작했습니다. 정말 열심히 간절하게 기도했습니다. 내 생명이 기도에 달려있는 양 간절히 기도했습니다. 그리고 실제로 내 생명이 기도에 달려있었습니다. 그런데 이상한 일이 일어났습니다. 제 모든 문제를 하나님께 맡기자 몇 달 동안 느끼지 못했던 마음의 평화가 밀려왔습니다. 거기에 30분을 앉아 울면서 기도했을 겁니다. 그러고 나서 집으로 돌아와 아이처럼 평화롭게 잠들었습니다.

다음날 아침에 일어났을 때 전과 다른 자신감이 생겼습니다. 모든 것을 하나님께 맡겼으니 더 이상 두려울 것이 없었습니다. 그날 아침 자신 있게 고개를 꼿꼿이 들고 백화점에 가서 전기 기구 판매원 자리를 구하고 있다고 당당하게 이야기했습니다. 예상대로 일자리를 구할 수 있었습니다. 전쟁으로 전기기구 산업 전체가 망하기 전까지 좋은 실적을 냈습니다. 그러고 나서 보험 판매를 시작했습니다. 그게 바로 5년 전일입니다. 이제 모든 빚을 다 갚았습니다. 귀여운 아이도 세 명이나 있고, 집도 있고 차도 있고 생명보험에 2만 5천 달러나 들어놓았습니다.

지금 돌이켜 보면 모든 것을 잃고 낙담하여 강으로 차를 몰았던 일이 얼마나 다행인지 모릅니다. 그런 비극으로 인해 하나님께 의지하게 되었으니까요. 전에는 꿈꾸지도 못하던 평화와 안정을 누리고 있습니다."

왜 종교는 우리들에게 평화와 안정, 불굴의 정신력을 주는 것일까? 윌리엄 제임스는 이렇게 말했다.

"잔물결 치는 표면에 큰 파도가 치더라도 심연은 결코 흔들리지 않는다. 이와 마찬가지로 더 크고 영원한 진리를 믿는 사람에게 시시각각

변하는 운명의 부침은 큰 의미가 없다. 신앙이 깊은 사람은 흔들리지 않고 냉정함을 잃지 않으며 운명이 요구하는 의무에 차분하게 대비한다."

우리가 걱정하고 근심할 때 하나님께 의지해보면 어떨까? 임마누엘 칸트가 말했듯이 "우리가 믿음이 필요하기 때문에 하나님에 대한 믿음을 받아들이는 게 어떨까?" 우리 자신을 "우주를 움직이는 강력한 원동력"에 연결 시켜보는 것이 어떤가?

당신이 성격상 아니면 교육으로 인해 종교적인 사람이 아니더라도, 당신이 철저한 회의론자이더라도, 기도는 당신의 생각 이상으로 당신을 도울 수 있다. 기도는 실용적인 것이기 때문이다. 실용적이라 함은 무슨 뜻인가? 하나님을 믿건 안 믿건 간에 모든 사람들이 공유하는 3가지 아주 기본적인 심리적 욕구를 충족시켜주기 때문에 기도는 실용적이다.

1. 기도는 우리를 괴롭게 하는 것이 무엇인지 정확히 말로 표현할 수 있게 도와준다. 4장에서 문제가 애매모호한 상태로 남아있는 한 해결이 불가능하다는 것을 보았다. 기도는 우리의 문제를 종이에 적어 내려가는 것과 아주 비슷하다. 누군가에게 문제해결을 도와달라고 부탁하고자 한다면 설사 그 대상이 하나님일지라도 말로 표현하지 않으면 안 된다.

2. 기도는 우리에게 짐을 나 혼자 지는 것이 아니라 짐을 누군가와 나누어진다는 느낌을 가지게 한다. 무거운 짐을, 우리를 가장 많이 괴롭히는 문제를 전적으로 혼자 감당할 정도로 강한 사람은 없다. 때때로 우리 걱정이 너무 사적인 것이어서 가족이나 친구에게도 털어놓을 수 없는 것이 많다. 그럴 때는 기도만이 도움이 된다. 어떤 정신과 의사들은 우리가 긴장이 되고 고민에 시달릴 때 누군가에게 우리 문제를 털어

놓는 것만으로도 치료 효과가 있다고 한다. 우리가 다른 사람에게 말할 수 없을 때 하나님께 항상 말할 수 있다.

3. 기도는 실천을 가능하게 해준다. 기도는 실천으로 가는 첫 단계이다. 무엇인가를 이루게 해달라고 매일 기도하는 사람은 실제로 이루어낸다. 기도만으로 성취를 위해 노력한다는 말이다. 세계적으로 유명한 과학자 알렉시스 캐럴 박사는 이렇게 말한다. "기도는 인간이 발생시킬 수 있는 가장 강력한 에너지이다." 그러니 기도를 한번 해보는 것이 어떤가? 하나님이라 부르건, 알라라고 부르건, 성령이라고 부르던 자연의 신비한 힘이 우리를 도와주는 한 뭐라고 불러야하는지 싸울 필요는 없다.

지금 당장 이 책을 덮고, 문을 잠그고, 무릎 꿇고 앉아 마음의 짐을 덜어놓자. 믿음을 잃었다면 신에게 믿음을 달라고 기도해라. 7백 년 전에 성 프란체스코가 쓴 아름다운 기도문을 반복해서 읽어보아라.

주님,
저를 당신의 도구로 써주소서.
미움이 있는 곳에 사랑을,
다툼이 있는 곳에 용서를,
분열이 있는 곳에 일치를,
의혹이 있는 곳에 신앙을,
그릇됨이 있는 곳에 진리를,
절망이 있는 곳에 희망을,

어두움에 빛을,

슬픔이 있는 곳에 기쁨을

가져오는 자 되게 하소서.

위로받기 보다는 위로하고,

이해받기보다는 이해하며,

사랑받기보다는 사랑하게 하여 주소서.

우리는 줌으로써 받고,

용서함으로써 용서받으며,

자기를 버리고 죽음으로써 영생을 얻기 때문입니다.

6장

―

다른 사람의 비판을
걱정하지 않는 방법

1 죽은 개는 아무도 걷어차지 않는다

1929년 미국 교육계에 센세이션을 불러일으킨 사건이 일어났다. 전국에서 학식 있는 사람은 모두 그 사건을 보기 위해 시카고로 몰려들었다. 로버트 허친스라는 청년이 웨이터, 벌목 노동자, 가정교사, 빨랫줄 판매원으로 일하면서 공부해 예일대를 졸업했다. 예일대를 졸업하고 8년이 지나 그 청년은 미국에서 가장 유명한 대학교 중의 하나인 시카고대의 총장으로 취임했다. 그의 나이 고작 30세였다. 믿을 수 없는 일이었다. 나이든 교육자들은 고개를 내저었다. 이 '천재 청년'에 대한 비판이 산사태처럼 쏟아졌다. 너무 젊다느니, 경험이 없다느니, 교육관이 비뚤어져 있다느니 이러쿵저러쿵 말이 많았다. 심지어 신문마저 공격에 가담했다.

그가 취임하던 날 한 친구가 메이나드 허친스의 아버지에게 이렇게 말했다. "오늘 조간신문에 아드님을 비판하는 사설을 읽고 깜짝 놀랐습니다."

"그래? 좀 심했나보군. 하지만 아무도 죽은 개는 차지 않는다는 사실을 명심하게." 라고 허친스의 아버지가 대답했다.

그렇다. 중요한 사람일수록 그 사람을 걷어차는 사람들은 더 큰 만족을 얻는다. 나중에 에드워드 8세가 된 영국의 윈저 공은 황태자 시절에 이 사실을 직접 체험했다. 그는 그 당시 데본셔의 다트머스 대학교에 다니고 있었다. 미국으로 치면 아나폴리스의 해군사관학교에 해당하는 대학이다. 황태자가 14살 쯤 되었을 때 해군 장교 한 사람이 그가 울고 있는 것을 보고 무슨 일이냐고 물었다. 그는 처음에는 말하지 않으려 했지만 사실을 털어놓고 말았다. 해군사관생도들이 자신을 발로 찬다는 것이었다. 사관학교 학장은 생도들을 소환해서 황태자가 고자질을 한 것이 아니라고 설명하고 왜 황태자를 거칠게 다루는지를 물었다.

좀처럼 사실을 이야기하지 않으려던 생도들은 마침내 나중에 자신들이 해군 장교나 함장이 되면 예전에 왕을 걷어찬 적도 있었다는 말을 하고 싶어서 그랬다고 실토했다.

만일 여러분이 걷어차이고 비판을 받는다면 그 사람은 이렇게 해서 자신이 잘난 것 같은 느낌을 받기 때문에 그렇게 한다는 것을 기억해라. 당신이 무엇인가를 이루었고 관심의 대상이 된다는 것을 의미한다. 많은 사람들은 자신보다 성공하고 똑똑한 사람들을 비난하는데서 쾌감을 얻는다. 내가 이 장을 쓰고 있는 사이에도 어떤 여성에게서 구세군의 창립자 윌리엄 부스 장군을 비난하는 편지를 받았다. 나는 방송에서 부스 장군을 칭찬한 적이 있는데, 이 여성은 부스 장군이 가난한 사람을 돕기 위해 모금한 돈에서 8백만 달러를 횡령했다는 편지를 내게 보낸 것이다. 물론 공금횡령은 말도 안 되는 소리였다. 하지만 이 여성이 기대한 것은 진실이 아니었다. 이 부인은 자신보다 훨씬 높은 위치에 있는 사람을 끌어내리는 데서 오는 비열한 정신적 만족을 구하고 있었을 뿐이다. 나는 그녀의 비열한 편지를 쓰레기통에 버리고 그런 여성과 결혼하지 않게 해주셔서 감사하다는 기도를 드렸다. 그녀의 편지는 부스 장군에 대해서는 어떤 것도 말하고 있지 않지만 자신이 어떤 사람이라는 것은 내게 충분히 알려주었다. 쇼펜하우어는 이런 말을 했다.

"저속한 사람들은 위대한 사람들의 잘못이나 결점에서 커다란 즐거움을 느낀다."

사람들은 예일대 총장이라고 하면 저속하다고 생각하지 않을 것이다. 하지만 전 예일대 총장 티모시 드와이트는 분명 미국 대통령에 출마한 사람을 비판하면서 큰 즐거움을 느꼈다. 예일대 총장은 만약 이 사람이 대통령에 당선되면 "우리는 우리의 아내와 딸들이 합법적인 매춘제도의 희생양이 되어 명예가 더럽혀지고 타락하여 하나님과 사회로부터 미움 받는 존재가 될 것이다." 라고 경고했다.

거의 히틀러를 비난하는 것처럼 들리지 않는가? 하지만 그게 아니라 토머스 제퍼슨을 비난한 말이었다. 어떤 토머스 제퍼슨일까? 독립선언문을 쓴 민주주의의 수호자 토머스 제퍼슨은 아니겠지? 그렇다. 바로 그 토머스 제퍼슨이다.

미국인 중에 "위선자", "사기꾼", "살인자와 다름없는 사람" 이라는 비난을 받을 사람이 누구라고 생각하는가? 신문 풍자만화에 단두대에서 참수를 기다리는 그의 모습이 실렸다. 그가 단두대로 가는 동안 사람들이 그를 야유하고 조롱하고 있었다. 그가 누구였을까? 조지 워싱턴이다.

하지만 앞에 말한 것들은 오래전 일이다. 아마 인간 본성은 그때 이후로 조금 나아졌을 지 모른다. 1909년 4월 6일 개썰매로 북극에 도달해 세상을 놀라게 한 탐험가 피어리 제독의 예를 살펴보자. 그 목표를 위해 오랫동안 용감한 사람들이 고생하고 굶주리고 죽기까지 했다. 피어리 자신도 추위와 굶주림으로 거의 죽을 뻔했다. 발가락에 동상이 심해 잘라내야 했다. 감당하지 못할 재난에 미치는 것이 아닌가 하고 걱정하기도 했다. 워싱턴에 있던 그의 해군 상관들은 피어리가 인기를 얻자 분개했다. 그래서 그들은 피어리가 과학탐사를 한다는 명목으로 돈을 모금해서는 "북극에서 빈둥거리고 있다." 며 그를 모함했다. 그들은 아마 실제로 그렇다고 믿었을 것이다. 믿고 싶은 것을 믿지 않는 것은 불가능하기 때문이다. 피어리를 모함하고 제지하려는 그들의 결의가 굳건해서 매킨리 대통령이 직접 명령을 내리고 나서야 피어리는 북극 탐험을 계속 할 수 있었다.

만약 피어리가 워싱턴의 해군 본부에서 행정 사무를 보고 있었다면 그렇게 비난을 받았을까? 아니다. 만약 그랬다면 그는 질투를 불러일으킬 만큼 중요한 인물이 되지 못했을 것이다.

그랜트 장군은 피어리 제독보다 더한 경우를 겪었다. 1862년에 그랜트 장군은 북군에게 최초의 승리를 안겨주었다. 오후 한나절 동안에만 얻은 승리였지만 이 승리가 하룻밤에 그랜트 장군을 국가적인 영웅으로 만들었다. 이 승리는 멀리 유럽에서까지 큰 반향을 일으켰고 메인 주에서 미시시피의 강둑까지 승리를 축하하는 교회 종이 울리고 축포가 터졌다. 하지만 대승리를 거둔지 6주도 지나지 않아 체포되어 군통수권을 박탈당하고 말았다. 그는 모멸감과 절망감에 눈물을 떨어뜨렸다.

왜 그랜트 장군은 승리의 절정을 누리고 있을 때 체포되었을까? 그 이유는 오만한 상관들의 질투 때문이었다.

부당한 비판은 칭찬의 변형된 형태라는 것을 기억해라. 누구도 죽은 개는 차지 않는다는 것을 기억해라.

2 이렇게 하면 비판을 받아도 상처받지 않는다

나는 언젠가 '송곳눈', '지옥의 악마'라는 별명을 가진 스메들리 버틀러 소장과 인터뷰를 한 적이 있다. 그를 기억하는가? 미국 해병대 지휘관 중에 가장 허세가 심하기는 했지만 가장 화려했던 장군.

그는 내게 그가 젊었을 때 인기를 얻고 싶어 했고 모든 사람에게 좋은 인상을 남기고 싶어 했다고 말했다. 그 당시에는 아주 작은 비판도 그를 아프게 했지만 30년 동안 해병대 생활을 하면서 그의 낯가죽이 두꺼워졌다.

"나는 자주 욕설을 듣고 모욕을 당했네. 똥개니 독사니 스컹크니 하는 욕도 들었어. 상급자들이 내게 욕을 했지. 영어에 있는 온갖 욕을 다 들었어. 신경쓰이냐구? 요즘은 누가 내 욕을 해도 돌아보지도 않아."

아마 왕년의 '송곳눈' 버틀러 소장은 비판에 너무 무감각해졌는지 모르겠다. 하지만 한 가지는 확실하다. 우리들 대부분은 우리에게 쏟아지는 사소한 조롱이나 공격을 너무 심각하게 받아들인다. 몇 년 전에 〈뉴욕 선〉지의 기자가 내 성인 교육 강좌 공개수업에 참가한 후 나와 내가 하는 일을 웃음거리로 만들었다. 내가 화를 냈느냐고? 나는 그것을 개인적 모욕이라고 생각해서 〈선〉지의 중역이었던 길 하지스에게 전화를 걸어 조롱하는 기사가 아니라 사실을 실어달라고 강하게 요구했다.

지금 생각해보면 그 당시 내 방법이 부끄럽다. 이제 생각해보니 그 신문을 산 사람 가운데 절반은 그 기사를 읽지 않았을 것이다. 그 기사를 읽은 절반의 사람들도 그 기사를 단순한 여담으로 생각했을 것이다. 그 글을 읽고 고소해했던 사람들도 몇 주 지나지 않아 그 기사를 잊어버렸을 것이다.

사람들은 당신이나 나에 대해 생각하지 않고 우리에 대한 이야기는 신경 쓰지 않는다. 아침식사 전에 아침식사를 먹고, 그리고 그 후로도 계속해서 자정을 10분 넘은 시각에도 사람들은 자기 자신에 대해서만 생각한다. 사람들은 당신이나 내가 죽었다는 뉴스를 생각하는 것보다 자신의 경미한 두통에 대해 더 많이 걱정할 것이다.

심지어 당신이나 내가 사기를 당하거나, 조롱을 받거나, 배신을 당하거나, 등에 칼을 맞거나 우리의 절친한 친구들에게 배신을 당해도 자기 연민에 빠지지 말자. 대신에 이 일이 바로 예수에게 일어난 것이라고 기억하도록 하자. 예수의 12제자 중 한명은 오늘날로 치면 19달러의 돈을 받고 배신자가 되었다. 12제자 중 또 다른 한명은 그가 어려움에 빠지자 공개적으로 그를 부인하고 예수를 알지도 못한다고 세 번이나 공언했다. 이것이 예수에게 일어난 일이다.

사람들이 나를 비난하지 못하게 할 수는 없지만 나는 더 중요한 것을 할 수 있다는 것을 오래전에 깨달았다. 그런 부당한 비난이 나를 흔들리게 하느냐는 내가 결정할 수 있다.

좀더 구체적으로 이야기해보자. 나는 모든 비판을 무시하라고 주장하는 것이 아니다. 결코 그런 말이 아니다. 내 말은 부당한 비판을 무시하라는 것이다. 나는 예전에 엘레노어 루즈벨트 여사에게 그녀가 어떻게 부당한 비판에 대처하는지 물어본 적이 있다. 여사는 백악관에 살았던 어떤 영부인보다도 더 열렬한 친구와 더 맹렬한 적을 가졌을 것이다.

여사는 어렸을 때 병적으로 소심해서 다른 사람들이 뭐라고 할지 항상 겁을 냈었다고 말했다. 그녀는 어느 날 비판이 두려워 루즈벨트의 누나에게 조언을 청했다. "바이 고모, 나는 이런 저런 일을 하고 싶어요. 하지만 비판을 받을까 두렵습니다."

루즈벨트의 누나는 그녀의 눈을 보며 이렇게 말했다.

"마음속에서 네가 옳다는 판단이 들면 다른 사람들이 이야기하는 것에 절대 신경 쓰지 마."

엘레노어 루즈벨트는 이 조언이 그녀가 백악관의 여주인이 되었을 때 마음의 지주가 되었다고 말했다. 비판을 피할 수 있는 유일한 방법은 도자기 인형이 선반에 있는 것만큼 가만히 있으면 된다. "무엇을 해도 비판을 받을 것입니다. 어쨌든 비판을 받을 것이니까 마음이 옳다고 느끼는 대로 하세요." 그것이 그녀의 충고였다.

매튜 C. 브러쉬가 월 스트리트에 잇는 아메리칸 인터내셔널 코퍼레이션의 사장으로 있을 때 그가 비판에 예민하게 반응하는지 물었다.

"젊은 시절에는 비판에 예민하게 반응했어요. 회사의 모든 직원들이 내가 완벽하다고 생각하기를 바랐어요. 직원들이 그렇게 생각하지 않으면 걱정이 되었지요. 처음에는 나와 의견이 다른 사람의 비위를 맞추려고 노력했습니다. 하지만 내가 그렇게 하니까 다른 직원들을 화나게 만들었습니다. 화난 사람을 달래려 하면 다른 직원들이 또 동요했지요. 마침내 내가 비판을 피하려고 반감을 무마하고 수습하려고 하면 할수록 적이 늘어난다는 사실을 깨달았습니다. 마침내 스스로 이렇게 말했지요. '남의 윗사람 노릇을 하는 한 비난을 받을 거야.' 이 생각이 나를 도와주었습니다. 그때부터 내가 할 수 있는 한 최선을 다하고 쏟아지는 비판에 괴로워하지 않고 낡은 우산이라고 받쳐 들고 비판이 잦아들기를 기다리기로 했어요."

딤즈 테일러는 이보다 한걸음 더 나아갔다. 비판이 쏟아져도 웃어넘겼다. 그가 뉴욕 필하모닉 심포니 오케스트라의 공연 중 쉬는 시간에 해설을 하고 있었는데 한 여자가 그에게 당신은 "거짓말쟁이, 배신자, 독사, 멍청이"라고 쓴 쪽지를 보냈다. 테일러 씨는 자신의 책 〈인간과 음악〉에서 이렇게 말한다.

"그 여성은 내 이야기를 좋아하지 않았나보다."

다음 주 방송에서 테일러는 이 편지를 라디오 방송에서 읽었다. 그리고 며칠 후에 똑같은 여자에게서 또 편지를 받았다. "여전히 내가 거짓말쟁이, 배신자, 독사, 멍청이라는 변하지 않는 의견을 표현하더군요." 비판을 이렇게 받아들이는 사람을 존경하지 않을 수 없다. 그의 침착함과 흔들리지 않는 정신과 유머감각에 경의를 표한다.

찰스 슈왑은 프린스턴 학생회에게 연설을 하면서 그의 제철 공장에서 일하던 늙은 독일인에게서 가장 중요한 교훈을 배웠다고 고백했다. 그 독일인은 전쟁 중에 다른 노동자들과 전쟁에 대해 열띤 토론을 벌였다. 다른 노동자들이 그를 강물에 던져버렸다. "그가 내 사무실로 왔을 때 그는 온몸이 진흙탕 물에 젖어 있었습니다. 그를 강물에 던진 사람들에게 뭐라고 말했냐고 물었는데 그는 이렇게 대답했습니다. '나는 그냥 웃고 말았지요.'"

슈왑씨는 늙은 독일인의 말 "그냥 웃지요."를 그의 인생관으로 삼았다.

그 인생관은 당신이 부당한 비판을 받을 때 특히 도움이 된다. 당신에게 말대꾸 하는 사람에게는 한마디 할 수 있지만 그냥 웃는 사람에게 무슨 말을 할 수 있겠는가?

링컨이 그에게 쏟아지는 비판에 일일이 대응하는 것이 바보 같은 짓임을 몰랐다면 남북전쟁의 스트레스로 쓰러지고 말았을 것이다. 그가 자신을 비판하는 사람들을 어떻게 대했는지에 대한 기록은 문학의 고전이 되었다. 맥아더 장군은 전쟁동안 사령부의 책상에 이 구절을 붙여 놓았다. 윈스턴 처칠 경도 그의 서재 벽에 이 구절을 액자로 만들어 걸어놓았다.

"내가 받는 모든 공격에 답변을 하지 않더라도 읽어보려고만 해도 지금의 일을 그만두고 다른 모든 일을 찾는 것이 낫다. 내가 아는 한 최선을 다하고 있다. 마지막까지 최선을 다할 것이다. 결과가 좋으면 내게 뭐라고 하든 상관없다. 결과가 나쁘면 열 명의 천사가 내가 옳다고 해도 도움이 되지 않는다."

규칙 2

최선을 다해라. 그러고 나서 낡은 우산이라도 하나 펴서 비판의 비가 목덜미로 흐르지 못하게 해라.

3 내가 저지른 바보 같은 일들

내 서류함에는 "FTD"라는 색인이 붙은 폴더가 있다. "내가 저지른 바보 같은 일들 Fool Things I Have Done"의 약자이다. 그 폴더에 내가 저질렀던 바보 같은 일들을 적어놓았다. 대부분 비서에게 기록하게 하지만, 어떤 것은 너무 개인적이고, 너무 어리석어서 비서들에게 말하기조차 부끄러운 것이 있다. 그런 것은 내가 직접 적어놓는다.

나는 아직도 내가 15년 전에 "FTD" 폴더에 넣어놓은 나에 대한 비판을 기억하고 있다. 내가 내 자신에게 솔직했다면 지금쯤 "FTD" 메모들로 서류함은 넘치고 있을 것이다. 지금으로부터 3천 년 전 사울 왕이 했던 말 "나는 어리석었다. 참으로 많은 잘못을 저질렀다."라는 말이 딱 내말이다.

"FTD" 폴더를 꺼내 읽을 때마다 내가 평생 안고가야 할 가장 어려운 문제 데일 카네기를 어떻게 관리할 것인가 하는 문제에 큰 도움이 된다.

나는 어려움을 겪을 때 다른 사람 탓을 하곤 했다. 하지만 나이가 들고 현명해 질수록 내게 닥친 거의 모든 불행은 내 탓임을 깨달았다. 많은 사람들이 이 사실을 깨달았다.

나폴레옹은 세인트 헬레나 섬에서 이렇게 말했다.

"내 몰락은 누구도 아닌 내 잘못이다. 나야 말로 내 최대의 적이었으며 내 비참한 운명의 원인이다."

내가 아는 사람 중에 자기 긍정과 자기 관리에 관해서 예술의 경지에 이른 사람 이야기를 하겠다. 그의 이름은 H. P. 하웰이다. 1944년 7월 31일 뉴욕에 있는 엠베서더 호텔 약국에서 그가 갑작스러운 죽음을 맞이했다는 소식에 월 스트리트는 깜짝 놀랐다. 그는 미국 금융계의 리더로 상업신탁은행 이사회 회장일 뿐 아니라 몇몇 대형 기관장이었기 때문이다. 정규교육은 많이 받지 못하고 시골 가게 점원으로 사회생활을 시작했지만 나중에는 US 스틸의 재무담당이 되었고 계속 지위와 세력을 키워나갔다.

"오랫동안 그날 있었던 약속을 기록해두었습니다. 우리 식구들은 나를 위해 토요일 밤에는 아무 계획도 잡지 않았습니다. 토요일 저녁은 자기 점검과 반성도 하고 칭찬도 하는 나만의 시간을 가졌습니다. 저녁 식사 후에 혼자 조용히 수첩을 펴고 모든 인터뷰, 토론, 모임에 대해 생각해봅니다. 자문하지요. '그때 내가 무슨 실수를 했지?' '뭘 잘했지? 어떻게 했으면 더 잘할 수 있었을까?' '그 경험에서 무엇을 배울 수 있지?' 이렇게 한 주를 살펴보면 기분이 안 좋을 때도 있었습니다. 가끔은 엄청난 실수에 놀란 적도 있었습니다. 물론 해가 갈수록 실수들은 많이 줄었지요. 해를 거듭할수록 자기 분석이 내게 큰 도움이 되었습니다."

아마 H. P. 하웰은 벤자민 프랭클린의 아이디어를 빌렸을 것이다.

벤자민 프랭클린은 토요일 밤까지 기다리지 않고 매일 밤 자기반성을 했다. 그는 자신이 13가지 심각한 잘못을 저지른 것을 발견했다. 그 중 세 가지 잘못은 시간낭비, 사소한 일에 흥분한 것, 다른 사람과 논쟁한 것이다. 현명한 프랭클린은 이 결점을 극복하지 못하면 앞으로 나갈 수 없음을 깨달았다. 그래서 그는 자신의 결점 중 하나와 일주일 동안 매일 싸웠다. 그리고 그 싸움에서 누가 이겼는지 매일 기록했다. 그 다음 주에 그는 다른 단점 하나를 선택하고 글러브를 끼고 공이 울리면 링 가운데로 나와 나쁜 습관과 싸웠다. 프랭클린은 자신의 단점과의 싸움을 2년 넘게 계속했다.

그가 미국인이 가장 사랑하고 미국에서 가장 영향력 있는 사람이 된 것은 놀라운 일이 아니다.

앨버트 허버드는 이렇게 말했다 ： "모든 사람은 하루에 적어도 5분 동안은 바보가 된다. 지혜란 그 한계를 넘지 않는 것이다."

소인배는 사소한 비판에도 분노하지만 대인배는 자신을 욕하고 비난하고 "서로 먼저 가겠다고 길을 다투는" 사람에게 배우려고 애쓴다. 이것을 월트 휘트먼은 이렇게 표현했다 ： "당신은 당신을 존경하고, 당신에게 공손하게 대하고 당신을 위해 길을 비켜주는 사람에게서만 교훈을 배웠는가? 당신을 거부하고, 비난하고, 당신과 서로 먼저 가겠다고 길을 다투는 사람에게서 배운 적이 없는가?"

적이 우리 또는 우리의 일을 비난하기 전에 우리가 먼저 하자. 우리의 적이 한마디라도 하기 전에 우리가 우리의 약점을 먼저 찾아내서 고치자. 찰스 다윈은 이렇게 했다. 사실 그는 15년 동안 자기 비판을 하면서 살았다. 다윈은 자신의 불멸의 저서 〈종의 기원〉 탈고를 끝냈을 때

창조에 대한 혁명적인 개념이 교육계와 종교계에 엄청난 충격을 줄 것이라 예상했다. 그래서 그는 자신의 비판자가 되어 무려 15년 동안을 자신의 자료를 점검하고 자신의 추론을 검증하고 자신의 결론을 비판하면서 보냈다.

누군가가 당신을 "바보"라고 욕한다면 당신은 어떻게 하겠는가? 화를 낼 것인가? 분노할 것인가? 링컨은 이렇게 했다. 링컨 내각의 국방장관 에드워드 스탠튼이 한번은 링컨을 "바보"라고 불렀다. 스탠튼은 링컨이 자신의 일에 개입을 해서 화가 났다. 한 이기적인 정치인의 청을 들어주어, 링컨은 어떤 부대를 옮겨 배치하라는 명령을 허가했다. 스탠튼은 링컨의 명령을 따르기를 거부했을 뿐 아니라 그런 명령을 재가한 링컨은 바보천치라고 욕했다. 무슨 일이 일어났을까? 링컨이 스탠튼이 한 말을 들었을 때 조용히 이런 말을 했다.

"스탠튼이 내가 바보라고 말했으면 내가 바보인거지. 스탠튼이 하는 말은 거의 항상 맞아. 내가 직접 가서 스탠튼과 이야기해봐야겠어."

링컨은 스탠튼을 보러갔다. 스탠튼은 그 명령이 잘못되었다고 확신했고 링컨은 그 명령을 철회했다. 링컨은 그 비판이 진실 되고, 지식에 기반을 둔 것이고, 자신에게 도움을 주기 위한 비판이라면 겸허히 받아들였다.

우리도 그런 종류의 비판은 받아들여야 한다. 우리는 네 번 중에 세 번 이상 옳을 수 없기 때문이다. 적어도 시어도어 루즈벨트는 그가 대통령으로 재임하던 시절 잘해야 네 번 중에 세 번 이상 옳을 수 없다고 말했다. 심오한 과학자 아인슈타인도 자신의 결론의 99퍼센트는 잘못

되었다고 고백했다.

라 로슈포푸코는 이렇게 말했다.

"적의 생각이 우리 자신의 생각보다 더 진실에 가깝다."

나는 그의 말이 어느 정도 진실이라고 생각한다. 하지만 누군가가 나를 비판하기 시작하면, 상대방이 무슨 말을 하려는지 제대로 알지도 못하고 나도 모르게 자동적으로 방어에 들어간다. 이럴 때마다 나는 내자신이 혐오스럽다. 비판이나 칭찬이 정당한 것에 상관없이 우리는 모두 비판에 분개하고 칭찬에 기뻐하는 경향이 있다. 우리는 논리의 동물이 아니다. 우리는 감정의 동물이다. 우리의 논리는 캄캄하며 폭풍이 몰아치는 감정의 바다에서 흔들리는 작은 돛단배와 같다.

누군가가 우리를 흉보는 소리를 들으면 우리 자신을 방어하려고 노력하지 말자. 모든 바보는 다 자신을 방어한다. 겸손하고 훌륭하게 대처해보자. 우리를 비판하는 사람을 어리둥절하게 만들어보자. "나를 비판하는 사람이 나의 다른 잘못들을 알았으면, 그는 지금보다 더 심하게 나를 욕할 거야."라고 말하면서 박수를 받아보자.

앞 장에서 나는 우리가 부당하게 비난을 받으면 어떻게 해야 하는지 이야기했다. 하지만 당신이 부당하게 비판을 받아서 화가 나기 시작하면 다른 방법을 써보자. 잠깐 멈추고 말해보자.

"잠깐만! 나는 완벽과는 거리가 먼 사람이야. 아인슈타인이 자신이 99퍼센트 틀리다고 했으면 나는 아마 적어도 80퍼센트는 틀리겠지. 어쩌면 이런 비난을 받을 만 할지도 몰라. 만약 그렇다면 그 비판에 감사하고 뭔가 얻으려고 노력해보자."

펩소던트 회사 대표 찰스 럭맨은 밥 호프를 방송에 내보내느라 일 년에 수백만 달러를 쓴다. 하지만 그는 그 프로그램을 칭찬하는 편지는 보지도 않고 비판하는 편지만 골라서 본다. 그 비판에서 뭔가를 배울 수 있다는 것을 알고 있다.

포드사는 회사의 관리와 운영에 문제를 찾아내기 위한 조치로 최근 종업원들에게 설문조사를 실시하고 회사에 대한 비판을 해달라고 적극적으로 요청했다.

내 지인 중에 서슴없이 비판을 요청하던 전직 비누 세일즈맨이 있다. 그가 처음 콜게이트사의 비누를 판매하기 시작했을 때 주문량이 작았다. 그는 일자리를 잃지 않을 까 걱정이 되었다. 비누나 가격에는 문제가 없는 것을 알았기 때문에 문제는 자신이라고 생각했다. 판매에 실패했을 때 그는 무엇이 문제인지 거래처 주변을 서성대며 생각했다. 내가 너무 애매모호하게 말했나? 내가 열정이 부족했나? 가끔 그는 거래처에 가서 이렇게 말했다.

"비누를 팔러 다시 온 것이 아닙니다. 당신의 조언과 비판을 받고 싶어 왔습니다. 제발 제가 몇 분전에 비누를 팔러 왔을 때 무슨 잘못을 했는지 알려주십시오. 저보다 훨씬 경험도 많으시고 성공하셨으니 잘 아시리라 생각됩니다. 제게 비판의 말을 해주십시오. 가차 없이 솔직하게 해주십시오."

이런 자세로 그는 많은 친구를 사귈 수 있었고 소중한 충고를 얻었다.

그가 나중에 어떻게 되었는지 궁금한가? 그는 세계에서 가장 큰 비누 제조회사인 콜게이트사의 사장이 되었다. 그의 이름은 E. H. 리틀이다.

H. P. 하웰이나 벤자민 프랭클린, E. H. 리틀이 했던 대로 할 수 있

는 사람은 대단한 사람이다. 아무도 보지 않을 때 거울 속을 들여다보고 자신이 이런 종류의 인물에 속하는지 자문해보라.

규칙 3

우리가 했던 어리석은 행동들을 기록하고 우리 자신을 비판하자. 우리가 완벽할 수는 없으니 E. H. 리틀이 했던 대로 해보자. 다른 사람에게 편향되지 않은, 도움이 되는, 건설적인 비판을 요청하자.

다른 사람의 비판을 걱정하지 않는 방법

규칙 1. 부당한 비판은 칭찬의 변형된 형태라는 것을 기억해라. 누구도 죽은 개는 차지 않는다는 것을 기억해라.

규칙 2. 최선을 다해라. 그러고 나서 낡은 우산이라도 하나 펴서 비판의 비가 목덜미로 흐르지 못하게 해라.

규칙 3. 우리가 했던 어리석은 행동들을 기록하고 우리 자신을 비판하자. 우리가 완벽할 수는 없으니 E. H. 리틀이 했던 대로 해보자. 다른 사람에게 편향되지 않은, 도움이 되는, 건설적인 비판을 요청하자.

7장

걱정과 피로를 막고
늘 활기차게 사는
6가지 방법

1 하루를 한 시간씩 더 늘리는 방법

고민에 대한 책을 쓰면서 왜 피로 예방법에 대해 쓰고 있을까? 답은 간단하다. 피로가 종종 걱정을 불러오기 때문이다. 모든 의사들이 피로가 신체 저항력을 떨어뜨려 감기나 다른 수백 가지 질병에 노출되게 한다고 말할 것이다. 정신과 의사는 피로가 공포와 걱정이라는 감정에 저항력을 떨어뜨린다고 말할 것이다. 그러니 피로를 예방하는 것이 걱정을 예방하는 방법이 될 수 있다.

내가 "걱정을 예방하는 방법이 될 수 있다."라고 말했다면 완곡하게 표현한 것이다. 에드먼드 제이콥슨 박사는 더 강하게 말한다. 제이콥슨 박사는 긴장완화에 관해 〈적극적 휴식〉, 〈당신은 쉬어야 한다〉의 책 두 권을 썼다. 시카고 임상생리학 연구소 소장으로 오랫동안 휴식이 의학적 치료의 방법으로 사용될 수 있는지에 대한 연구를 진행해왔다. 그는 긴장되거나 감정적인 상태가 "완벽하게 이완된 상태에서는 존재하지 않는다" 라고 주장했다. 이완되어 있을 때에 걱정을 계속할 수가 없다.

피로와 걱정을 예방하기 위한 첫 번째 규칙 : 자주 쉬어라. 피곤하기 전에 쉬어라.

이것이 왜 중요한가? 피곤은 엄청난 속도로 쌓이기 때문이다. 미군은 계속된 실험을 통해 군 훈련으로 오랜 세월 단련된 젊은 남자일지라도 군장을 내려놓고 매 시간 10분씩 쉬면 더 잘 행군하고 더 오래 버틸 수 있다는 것을 알아냈다. 그래서 육군은 이런 방침을 시행하고 있다. 당신의 심장은 미군처럼 똑똑하다. 당신의 심장은 매일 혈액을 온몸에 순환시키기 위해 활동한다. 이것은 유조차 하나를 가득 채우는 양이다. 심장이 하루에 소모하는 에너지는 석탄 20톤을 3피트 높이로 퍼올리는 에너지와 같다. 심장은 이렇게 엄청난 일을 50년, 70년 아니 어쩌면 90년 동안 한다. 심장이 어떻게 견딜 수 있을까? 하버드 의대의 월터 B. 캐넌 교수는 이렇게 설명한다.

"대부분의 사람들은 심장이 하루 종일 일한다고 생각한다. 사실 심장이 한번 수축할 때마다 일정한 휴지기가 있다. 1분에 70번 박동을 한다고 하면 심장은 24시간 중에 단지 9시간만 일을 하는 셈이다. 전체적으로 보면 심장은 하루에 15시간 쉬는 셈이다."

제2차 세계 대전 중에 윈스턴 처칠은 60대 후반에서 70대 초반의 나이였지만 몇 년 동안 하루에 16시간씩 일하며 전쟁을 지휘했다. 놀라운 기록이다. 그의 비결이 무엇일까? 그는 매일 아침 11시까지 침대에서 보고서를 읽고, 명령을 내리고, 전화통화를 하고 중요한 회의를 주최했다. 점심 식사 후에 다시 침대로 가서 한 시간 동안 낮잠을 잤다. 저녁에 다시 침대로 가서 8시 저녁식사시간까지 2시간 동안 잤다. 그는 피로에서 회복한 것이 아니라 피로를 예방했다. 자주 쉬었기 때문에 그는 맑은 정신으로 자정이 넘어서까지 일을 계속할 수 있었던 것이다.

존 록펠러에게는 두 가지 놀라운 기록이 있다. 그는 그 당시 누구보다 더 많은 부를 축적했으며 또한 98세까지 장수했다. 그가 어떻게 그렇게 할 수 있었을까? 주된 이유는 그의 집안이 장수집안이기도 했지만 다른 이유는 그가 점심에 30분 동안 낮잠을 자는 습관이 있었기 때문이다. 사무실 소파에 누워 잠을 자곤 했는데 그가 이렇게 쉴 때에는 미국 대통령이 전화를 걸어도 그를 깨울 수 없었다.

다니엘 W. 조슬린은 그의 명저 〈왜 피곤한가?〉에서 이렇게 말한다.

"휴식은 아무것도 하지 않는 것이 아니다. 휴식은 치유의 과정이다."

짧은 휴식은 회복시키는 힘이 크므로 5분간의 짧은 낮잠도 피로를 예방하는데 큰 도움이 된다. 왕년의 유명 야구선수 코니 맥은 경기 전에 낮잠을 안자면 다섯 번째 이닝 무렵에는 완전히 지치지만 5분이라도 자면 피곤함을 느끼지 않고 더블헤더를 치를 수 있다고 말했다.

엘레노어 루즈벨트에게 12년 동안 영부인으로 있으면서 살인적인 스케줄을 어떻게 소화할 수 있는지 물었을 때 그녀는 사람들을 만나거나 연설을 하기 전에 의자나 소파에 앉아서 눈을 감고 20분 동안 휴식을 취한다고 말했다.

메디슨 스퀘어 가든 대기실에서 로데오 경기에서 최고 인기 선수인 진 오트리를 인터뷰한 적이 있었다. 대기실에 군용침대가 있는 것을 보았다. 진 오트리는 "저 침대에 누워서 경기 중간에 한 시간정도 낮잠을 잡니다. 할리우드에서 영화 촬영을 할 때는 큰 안락의자에서 하루에 2~30분 눈을 붙입니다. 그렇게 하면 기운이 납니다."

에디슨은 자신의 놀랄만한 에너지와 지구력은 자고 싶을 때마다 자는 습관 덕분이라고 말했다.

헨리 포드의 80세 생일 직전에 인터뷰 한 적이 있었다. 그의 모습이 생기있어 보여 비결을 물었더니 그는 이렇게 대답했다.

"나는 앉을 수 있으면 서있지 않고 누울 수 있으면 절대 앉아있지 않습니다."

현대 교육의 아버지 호레이스 만도 나이가 들면서 이렇게 했다. 안티옥 대학의 총장시절 그는 소파에 비스듬히 누워 학생들과 면담했다.

나는 어떤 할리우드 영화감독에게도 같은 방법을 시도해보라고 권했다. 그는 그 방법이 기적 같은 효과가 있었다고 내게 말해주었다. 할리우드 최고 감독 중에 한 명인 잭 처톡의 이야기이다. 그가 몇 년 전에 나를 찾아왔을 때 그는 MGM영화사의 단편 영화 파트를 맡고 있었다. 피곤하고 지쳐서 강장제, 비타민, 약 할 것 없이 모든 방법을 시도해보았다. 하지만 어떤 것도 크게 도움이 되지 않았다. 나는 그에게 매일 휴가를 갈 것을 권했다. 하지만 어떻게? 그의 사무실에서 보조 작가들과 회의를 할 때 몸을 쭉 펴고 누워 휴식을 하면 그게 휴가였다.

2년 전에 내가 그를 다시 만났을 때 그는 이렇게 말했다.

"제 주치의가 기적이 일어났다고 말해요. 예전에는 단편 영화 제작 회의를 하면서 의자에 긴장한 상태로 앉아 있었어요. 이제 회의 중에는 사무실 소파에 몸을 쭉 펴고 누워서 회의를 합니다. 20년 동안 요즘처럼 기분이 좋은 적이 없습니다. 전보다 하루 2시간씩 더 일하지만 피곤함을 느낄 수 없어요."

이 방법을 당신에게 적용해보면 어떨까? 당신이 속기사면 에디슨이나 샘 골드윈이 한 것처럼 사무실에서 낮잠을 잘 수는 없을 것이다. 당신이 회계사라면 상사와 재무에 관한 이야기를 하면서 소파에 몸을 뻗고 누울 수는 없을 것이다. 하지만 당신이 소도시에 살고 집에 점심식사를 하러 갈 수 있으면, 점심 식사 후에 10분 동안의 짧은 낮잠은 잘 수 있을 것이다. 조지 마샬 장군이 그 방법을 사용했다. 전시에 미군을 지휘하면서 조금의 틈도 없어서 그는 오후에 휴식을 취해야 했다. 당신이 나이 50이 넘었고, 너무 바빠서 그렇게 할 수 없다면, 지금 당장 당신이 가입할 수 있는 모든 생명보험에 가입하는 것이 좋을 것이다. 요즘엔 죽음이 갑자기 찾아온다. 당신의 아내는 당신의 보험금을 받아 젊은 녀석과 재혼을 생각할지도 모른다.

오후에 낮잠을 잘 수 없다면 저녁 식사 전에 적어도 한 시간 동안 누워있어도 된다. 이것이 칵테일보다 훨씬 싸다. 그리고 장기적인 관점에서 보면 5,467배 더 효과적이다. 당신이 5시, 6시 아니면 7시쯤에 한 시간 쯤 더 자면 당신의 활동시간을 한 시간 더 늘릴 수 있다. 왜냐하면 저녁식사 전 한 시간의 낮잠과 밤에 6시간씩 자는 수면시간을 합한 7시간은 연속적으로 자는 8시간의 수면보다 더 낫기 때문이다.

육체노동자는 휴식을 많이 할수록 일을 더 많이 할 수 있다. 프레드릭 테일러가 베들레헴 철강회사의 과학 경영 엔지니어로 일하면서 이 사실을 증명했다. 그는 한 명의 노동자가 대략 하루에 12.5톤의 강철을 화물차에 운반하면 정오쯤 되면 지쳐버린다는 사실을 발견했다. 그는 모든 피로의 요소를 과학적으로 분석해 이 노동자들이 하루에 한 명당 12.5톤이 아니라 47톤의 강철을 운반할 수 있다고 주장했다. 지금까지 그들이 하던 작업의 4배의 일을 해도 지치지 않는다는 것을 계산해냈다. 하지만 그 사실을 증명해야 했다.

테일러는 슈미트 씨를 선택해서 스톱워치에 따라 일을 하도록 했다. 슈미트씨 옆에 한사람이 시계를 들고 따라다니면서 이렇게 말했다. "자 강철을 들고 걸으세요… 이제 앉아서 쉬세요… 이제 걸으세요… 이제 쉬세요."

무슨 일이 일어났을까? 다른 사람들은 12.5톤밖에 운반하지 못한 반면 슈미트 씨는 47톤의 강철을 하루에 운반했다. 프레드릭 테일러가 베들레헴 제철회사에서 일한 3년 동안 그가 이런 속도로 일하지 않은 날은 하루도 없었다. 슈미트 씨는 지치기 전에 쉬었기 때문에 그렇게 할 수 있었다. 그는 한 시간에 26분을 일하고 34분은 쉬었다. 일하는 시간보다 쉬는 시간이 많았다. 하지만 다른 사람보다 4배나 일을 더 많이 했다. 이 사실을 믿을 수 없으면 프레드릭 윈슬로 테일러의 책 〈과학적 관리론〉 41~62페이지를 읽어보라.

다시 한 번 말한다. 자주 쉬어라. 심장이 하는 대로 해라. 피곤해지기 전에 쉬어라. 그러면 당신의 하루가 한 시간씩 늘어날 것이다.

2 피로의 원인과 대처법

여기 놀랍고 중요한 사실이 있다. 인간은 정신노동만으로는 절대 피곤해질 수 없다. 이상한 소리처럼 들리지만 몇 년 전에 과학자들이 인간의 두뇌가 피로의 과학적 정의인 "작업량의 감소" 에 이르지 않고 얼마나 오래 일할 수 있는지 실험해 보았다. 놀랍게도 과학자들은 두뇌를 통과하는 혈액이 피로의 증상을 보이지 않는다는 것을 발견했다. 만약 육체노동자의 혈관에서 혈액을 채취하면 그 혈액이 독성 피로물질로 가득 차 있는 것을 발견할 것이다. 하지만 알버트 아인슈타인의 뇌에서 혈액을 채취하면 저녁 시간이어도 피로 독성물질이 보이지 않을 것이다.

뇌만 보면 뇌는 8시간 아니면 12시간동안 활동한 후에도 처음처럼 원활한 활동을 한다. 뇌는 전혀 피로를 느끼지 않는다. 그렇다면 무엇이 당신을 피곤하게 하는가?

정신과 의사는 피로는 우리의 정신적, 감정적 태도에 기인한다고 주장한다. 영국에서 가장 저명한 정신과 의사 J. A. 하드필드는 그의 저서 〈힘의 심리학〉에서 다음과 같이 설명하고 있다.

"우리를 괴롭히는 피로의 대부분은 정신적인 것에서 온다. 단순히 육체적인 원인에서 오는 피로는 매우 드물다."

미국의 가장 유명한 정신과 의사 A. A. 브릴 박사는 한걸음 더 나아가 "건강한 신체를 가진 사무직 근로자가 피로를 느끼는 이유는 100퍼센트 심리학적인 요인 즉 감정적인 요인 때문이다." 라고 주장한다.

어떤 종류의 감정적 요인이 사무직 노동자를 지치게 하는가? 기쁨? 만족? 아니다! 절대 아니다! 지루함, 분노, 인정받지 못하는 느낌, 무력감, 서두름, 걱정, 근심-이런 감정적인 요소들이 사무직 근로자를 피곤하게 하고 감기에 잘 걸리게 하고, 일의 능률을 떨어뜨리고, 두통을 겪게 한다. 그렇다. 우리의 감정이 우리 몸에 긴장을 유발하기 때문에 우리는 피곤해진다.

메트로폴리탄 생명보험사가 발간한 피로에 대한 책자에서 이 점을 지적하고 있다.

"고된 노동에서 생기는 피로는 잠을 충분히 자거나 쉬면 회복된다. 고민, 긴장, 감정적 동요가 피로를 유발하는 3대 요인이다. 육체적 또는 정신적 활동이 원인인 것처럼 보여도 이 3대 요인들이 실제 원인이다. 긴장을 풀어라! 중요한 일을 위해 에너지를 비축해라."

당신이 어디에 있던지 당장 멈추고 당신을 자세히 살펴보아라. 이 문단을 읽으면서 인상을 찌푸리고 있는가? 미간에 주름이 느껴지는가? 의자에 편하게 앉아 있는가? 어깨를 구부정하게 하고 앉아있지는 않은가? 얼굴 근육이 경직되어 있는가? 당신의 몸이 오래된 봉제인형처럼 이완되어 있지 않다면 당신은 지금 이 순간 신경과 근육이 긴장을 하고 있는 것이다. 당신은 긴장되어 있고 피로한 상태이다!

우리는 정신노동을 하면서 왜 불필요한 긴장을 하고 있을까? 조슬린은 이렇게 말했다. "내가 느끼는 가장 큰 장애물은 대부분의 사람이 노력하고 있다는 느낌이 들어야 제대로 일하는 것이고 그렇지 않으면 제대로 일하지 않고 있다고 생각하는 것이다."

그래서 우리는 집중을 할 때 인상을 찌푸리고 어깨를 구부린다. 우리는 우리의 근육에 우리가 노력하는 모습을 보이라고 요구한다. 그렇게 한다고 해서 우리 뇌의 활동에는 아무런 영향을 주지 않는데도 말이다.

놀랍고 비극적인 진실을 이야기해주겠다. 돈이라면 1달러도 낭비하지 않는 사람들이 에너지는 주정뱅이 선원처럼 마구 낭비한다.

신경성 피로에 대한 답은 무엇일까? 휴식! 휴식! 바로 휴식이다! 일을 하면서 휴식하는 방법을 배워라!

쉽다고? 그렇지 않다. 평생 해온 습관을 바꿔야 할지 모른다. 하지만 노력할 만한 가치가 있다. 습관을 바꾸면 당신의 삶이 달라진다! 윌리엄 제임스는 그의 책 〈휴식의 복음〉이라는 수필에서 이렇게 말하고 있다.

"미국인들의 과도한 긴장, 변덕, 숨 가쁨, 강렬함 등은 나쁜 습관일 뿐 그 이상도 그 이하도 아니다."

긴장도 습관이고 이완도 습관이다. 나쁜 습관은 없애면 되고 좋은 습관은 만들면 된다.

어떻게 이완할 것인가? 마음부터 할까, 아니면 신경부터 할까? 둘 다 시작할 수 없다. 항상 먼저 근육부터 풀어주어야 한다!

한번 해보자. 우선 눈부터 시작하자. 이 책을 읽다가 페이지의 마지막에 이르면 뒤로 기대고 눈을 감아라. 조용히 눈을 향해 이렇게 말해라.

"쉬어라, 쉬어. 긴장하지마라. 찡그리지 마라. 그냥 쉬어라." 이 말을 일분동안 천천히 반복해라.

몇 초 후에 눈의 근육들이 당신의 말대로 되는 것을 느끼지 못했는가? 어떤 손이 긴장을 거두어 가는 것을 못 느꼈는가? 믿기 어렵겠지만 이 일분 동안에 이완의 기술에 대한 모든 비밀을 체험했다. 같은 방식으로 턱, 얼굴 근육, 목, 어깨, 온몸을 이완시켜주어라. 하지만 가장 중요한 기관은 눈이다. 시카고 대학교의 에드먼드 제이콥슨 박사는 눈의 근육을 완전히 이완할 수 있으면 당신의 모든 고민을 잊을 수 있을 것이라고까지 말했다. 눈이 긴장을 푸는데 있어서 이토록 중요한 이유는 눈이 몸이 소비하는 신경 에너지의 4분의 1을 소비하기 때문이다. 시력에 문제가 없는 사람들이 "눈의 피로"로 고생하는 것도 바로 이것 때문이다. 대부분의 사람들이 눈을 혹사시키고 있다.

유명한 소설가 비치 바움은 어렸을 때 어떤 노인을 만났는데 그가 그녀 인생에서 가장 중요한 교훈을 가르쳐 주었다고 말한다. 그녀는 넘어져서 무릎이 까지고 손목을 다쳤다. 노인이 그녀를 일으켜주었다. 그는 예전에 서커스 광대였다. 그가 그녀의 옷을 털어주면서 이렇게 말했다.

"네가 다치는 이유는 네가 긴장을 푸는 방법을 몰라서 그렇단다. 낡아서 헐렁거리는 양말처럼 네 몸이 부드러워야 해. 이리 와라. 어떻게 하는지 보여줄게."

그 노인은 비키 바움과 다른 아이들에게 넘어지는 법, 공중제비를 넘는 법을 가르쳐 주었다. 그는 강조했다.

"네 몸을 헐렁거리는 양말이라고 생각해. 그러면 긴장을 풀 수 있을 거야!"

당신은 언제 어디에서든 긴장을 풀 수 있다. 다만 휴식을 취하기 위해 노력하지는 말아라. 휴식은 긴장과 노력을 없애는 것에서 시작된다. 편안함과 휴식을 생각해라. 눈, 얼굴 근육을 풀면서 이렇게 말해라.

"쉬어라…… 쉬어라…… 편히 쉬어라."

얼굴 근육에서 에너지가 흘러 몸의 중심으로 흐르는 것을 느껴라. 당신이 아기처럼 긴장이 없다고 생각해라.

위대한 소프라노 가수인 갈리쿠르치가 이 방법을 사용했다. 갈리쿠르치는 공연 전에 모든 근육을 풀고 거의 입이 벌어지도록 아래턱의 힘을 빼고 의자에 앉아서 쉰다. 무척 좋은 방법이다. 이렇게 해서 무대에 오르기 전 그녀는 긴장을 풀 수 있었다. 긴장이 풀리니 피로하지도 않았다.

긴장을 푸는데 도움을 줄 다섯 가지 방법을 알려주겠다.

1. 이 방면에 최고의 책 중의 하나인 데이비드 헤럴드 핑크 박사가 쓴 〈긴장으로부터의 해방〉이라는 책을 읽어보아라. 또한 다니엘 W. 조슬린이 쓴 〈왜 피곤한가?〉도 반드시 읽어보아라.

2. 수시로 쉬어라. 낡은 양말처럼 몸을 부드럽게 만들어라. 일할 때 몸을 항상 이완시켜야 함을 상기시키기 위해 낡은 밤색 양말을 책상위에 올려놓는다. 양말이 없으면 고양이가 그 역할을 대신할 수 있다. 양지에서 졸고 있는 고양이를 안아본 적이 있는가? 안으면 물에 젖은 신문처럼 사지가 축 늘어진다. 인도의 요가 수련자들은 이완의 기술을 마스터하기 위해 고양이를 관찰

한다고 한다. 나는 피곤하고, 신경쇠약에 걸리고, 불면증, 걱정, 위궤양으로 고생하는 고양이를 본적이 없다. 고양이처럼 이완하는 법을 배우면 당신도 이런 괴로움에서 벗어날 수 있을 것이다.

3. 가능하면 편안한 자세로 일해라. 몸의 긴장이 어깨 통증과 신경 피로를 불러온다.

4. 하루에 4~5번 자신을 점검해봐라. "실제보다 일을 어렵게 만들고 있지 않은가?" 이렇게 하면 이완의 습관을 기르는데 도움을 줄 것이다. 데이비드 헤럴드 핑크 박사가 말한 것처럼 심리학을 잘 아는 사람들 둘 중에 하나는 이 습관을 가지고 있다.

5. 하루일과가 끝났을 때 자신에게 물어보아라. "얼마나 피곤한가? 피곤하면, 정신 노동 때문이 아니라 그 일을 하는 방식 때문에 피곤한 것이다."

다니엘 W. 조슬린은 이렇게 말한다. "나는 하루 일과가 끝나면 내가 피곤한 정도로 업무 성과를 측정하지 않고 피곤하지 않은 정도로 업무 성과를 측정한다. 피곤하거나 짜증이 나면, 질적으로나 양적으로 비효율적인 날이었다고 확신하게 된다." 미국의 모든 사업가가 이 교훈을 배운다면, 극도의 긴장으로 인한 질병이 급감할 것이고, 피로나 고민으로 요양소나 정신병원을 찾는 사람의 수도 줄어들 것이다.

3 가정주부가 피로에서 벗어나
젊음을 유지하는 방법

지난 가을의 어느 날 내 비서가 세상에서 가장 특이한 의학 강좌에 참석하러 보스턴에 갔다. 그 모임은 일주일에 한번 보스턴 의료원에서 열리고 환자들은 모임에 참가하기 전에 정기적이고 철저한 검진을 받는다. 그러나 사실 이 강좌는 심리치료 강좌이다. 응용 심리학 강좌라고 불리기는 하지만, 강좌의 목적은 걱정으로 질병에 걸린 사람들을 치료하는 것이다. (전에는 1기 멤버의 제안대로 생각 조절 강좌라고 불렸다.) 주된 환자는 감정적으로 이상이 있는 가정주부들이다.

어떻게 이 강좌가 개설되게 되었을까? 1920년 윌리엄 오슬러 경의 제자였던 조셉 H. 프랫 박사는 보스턴 의료원을 찾는 외래환자들 중 대다수가 육체적으로는 아무런 문제가 없음을 발견했다. 하지만 그들은 신체가 겪을 수 있는 모든 증상을 보이고 있었다. 어떤 여자의 손은 관절염으로 너무 굽어서 손을 쓸 수가 없었다. 다른 환자는 위암의 증세인 극심한 고통을 겪고 있었다. 다른 사람들은 요통, 두통, 만성피로 또는 막연한 통증으로 고생하고 있었다. 이런 통증을 느끼고 있지만 검진을 해보면 이 여자들의 몸에는 아무런 이상이 없었다. 예전 의사들은 이것이 모두 상상에 의한 질병, 마음에서 비롯된 질병이라 치부해왔다.

하지만 프랫 박사는 이 환자들에게 집에 가서 잊어버리라고 말하는 게 전혀 도움이 되지 않는다는 것을 깨달았다. 이 여성들 대부분은 아프고 싶지 않았다. 고통을 잊는 것이 그렇게 쉬운 일이면 그들은 당연히 그렇게 했을 것이다. 그러면 어떻게 해야 하는가?

그는 의학적 효과를 의심하는 사람들의 반대를 무릅쓰고 이 강좌를 개설했다. 이 강좌를 통해 많은 기적이 일어났다! 이 강좌가 시작된 이후 18년 동안 많은 환자들이 치료되었다. 어떤 환자들은 교회에 출석하듯이 종교적으로 이 강좌에 참여해 온 사람도 있다. 내 비서가 그 강좌에 9년 동안 한 번도 빠지지 않고 참석한 여성과 이야기를 했다. 그녀가 처음 의료원에 왔을 때 신장과 심장에 병이 있었다. 그녀는 걱정이 많고 긴장을 해서 시력을 잃은 적도 있다고 한다. 하지만 지금 그녀는 자신감이 생겼고 활발하고 완벽한 건강을 자랑한다. 그녀는 40세 정도로밖에 보이지 않았지만 그녀 무릎에는 손자가 자고 있었다. 그녀는 이렇게 말했다. "예전에는 가족 문제로 얼마나 걱정이 많은지 죽고 싶을 지경이었습니다. 하지만 이 의료원에 와서 걱정이 얼마나 쓸데없는 것인지 알게 되었습니다. 걱정을 멈추게 되었죠. 제 인생은 평온하다고 자신 있게 말할 수 있습니다."

그 강좌의 의학 고문인 로즈 힐퍼딩 박사는 이렇게 말한다.

"걱정을 줄이는 최고의 치료는 문제를 믿을 만한 사람에게 털어놓는 것입니다. 우리는 이것을 카타르시스라고 부르지요. 환자가 이 강좌에 오면, 그들은 자신들의 문제가 마음속에서 사라질 때까지 털어놓습니다. 걱정을 아무에게도 이야기하지 않고 혼자 품고 있으면 정신적인 긴장을 야기합니다. 우리는 모두 우리의 문제를 다른 사람과 나누어야 합니다. 세상에 나의 이야기를 들어주고 이해해 줄 수 있는 사람이 있다고 느껴야 합니다."

내 비서는 자신의 걱정을 이야기한 후에 큰 위안을 얻은 한 여성을 목격했다. 그녀가 처음 이야기를 시작했을 때는 감아놓은 용수철 같이 긴장해 있었다. 하지만 점차 이야기를 계속할수록 진정되기 시작했다. 인터뷰의 끝에 그녀는 웃고 있었다. 문제가 해결된 것일까? 아니다. 문제는 그리 간단한 것이 아니었다. 누군가에게 털어놓고, 조언을 얻고, 동정을 얻자 변화가 일어났다. 실제로 변화를 일으킨 것은 말 안에 숨겨져 있던 엄청난 치유의 힘이었다.

심리분석은 어느 정도 이런 말의 치유력을 토대로 하고 있다. 프로이드 시대 이후 정신분석학자들은 환자가 그냥 말을 하는 것만으로도 내적 불안을 해소할 수 있다는 것을 알고 있었다. 왜 그럴까? 아마 말하는 것만으로도 우리는 문제에 대해 어느 정도 파악할 수 있고, 더 잘 이해할 수 있기 때문이다. 아무도 완벽한 해답을 가지고 있지 않지만 다른 사람에게 "털어 놓는 것", "마음속에서 꺼내 놓는 것" 만으로도 즉각적인 위안이 된다.

그러니 다음에 감정적인 문제가 생기면, 털어놓고 말할 사람을 찾아보는 것이 어떤가? 눈에 보이는 아무나 잡고 징징대고 불평을 해서 귀찮은 존재가 되라는 말이 아니다. 우리가 믿을 수 있는 사람을 정해서 약속을 만들자. 친척일 수도 있고, 의사, 변호사, 목사님 또는 신부님일 수도 있다. 정하고 나서 그 사람에게 이렇게 말하자.

"저는 당신의 도움이 필요합니다. 제게 문제가 있습니다. 제가 말하는 동안 제 말을 들어주십시오. 제게 조언을 해주십시오. 제가 보지 못하는 시각으로 문제를 보실 수 있을 것입니다. 조언을 못해주셔도 제가 말씀 드리는 동안 그저 앉아서 들어주시기만 해도 제게는 큰 도움이 될 것입니다."

그러나 고민을 털어놓을 사람이 없으면 생명의 전화를 이용하는 것도 좋은 방법이다. 이곳은 보스턴 의료원과는 아무 관련이 없다. 생명의 전화는 세계에서 가장 특이한 조직 중에 하나이다. 이 단체는 원래는 자살을 방지하기 위해 만들어졌다. 하지만 시간이 가면서 불행하고 감정적으로 도움이 필요한 사람들에게 상담을 제공하는 것으로 영역을 넓혔다. 생명의 전화에서 상담을 해오고 있는 로나 보넬 양과 이야기 한 적이 있었다. 그녀는 이 책의 독자들이 편지를 보내면 기쁘게 답장을 해주겠다고 내게 말했다. 당신이 뉴욕 5번가 505번지 생명의 전화로 편지를 쓰면 당신의 편지와 당신의 고민에 대해서 비밀이 유지될 것이다. 사실 할 수만 있으면 개인적으로 만날 수 있는 사람에게 고민을 말하는 것이 가장 좋겠지만 그럴 수 없으면 생명의 전화로 편지를 쓰는 것도 좋은 방법이 되겠다.

고민을 이야기하는 것은 보스턴 의료원의 강좌에서 사용하는 주된 방법 중에 하나이다. 보스턴 의료원이 추천하는 가정주부들이 가정에서 사용할 수 있는 다른 방법들을 소개하겠다.

1. 노트나 스크랩북을 준비해라. 당신의 기분을 좋게 하거나 당신에게 와 닿는 시, 기도문, 인용문을 공책에 적어라. 비가 오는 오후 기분이 우울해지면 이 공책에서 우울함을 벗어나게 하는

처방을 찾을 수 있을 것이다. 의료원에 많은 환자들이 몇 년 동안 이 공책을 작성해오고 있다. 그들은 이 노트를 "마음에 맞는 예방주사"라고 부른다.

2. 다른 사람의 단점에 대해 너무 오래 생각하지 마라. 확실히 당신 남편에게는 단점이 있다! 그가 성인군자라면 그는 당신과 절대 결혼하지 않았을 것이다. 그 강좌의 한 여성은 자신이 점점 잔소리하고 사나운 얼굴의 아내가 되어가고 있다고 느끼고 있었는데 이런 질문을 받고 그런 행동을 멈추게 되었다. "당신의 남편이 죽으면 어떻게 하시겠습니까?" 그녀는 그 생각에 충격을 받아 곧바로 자리에 앉아 남편의 장점을 적어내려가기 시작했다. 그녀는 꽤 많은 장점을 찾을 수 있었다. 만일 당신도 주먹이나 휘두르는 폭군과 결혼했다는 느낌이 들면 이렇게 해 보는 게 어떨까? 남편의 장점을 읽고 나면 지금의 남편이 최고의 남자라는 생각이 들것이다.

3. 이웃에 관심을 가져라! 같은 동네 사람들에게 우호적이고도 건강한 관심을 가져라. 자신이 너무 배타적이라 친구가 하나도 없다고 생각하던 여자는 그녀가 만나게 될 사람에 대한 이야기를 지어보라는 주문을 받았다. 그녀는 전차에서 그녀가 만나는 사람들에 대한 배경과 생활을 지어내기 시작했다. 그들의 삶이 어떠한지 상상하려 노력했다. 그녀는 고통에서 치유되어 어디에서나 사람들에게 말을 걸게 되었고 행복하고 매력적인 여성으로 변했다.

4. 자기 전에 내일의 계획을 세워라. 그 강좌는 많은 주부들이 끝

이 없는 집안일에 언제나 바쁘고 정신이 없다는 것을 알아냈다. 일이 끝나는 법이 없었다. 그들은 언제나 시간에 쫓겼다. 쫓기고 있다는 생각과, 걱정을 없애기 위해 그 강좌에서는 주부들에게 매일 밤 다음날 계획을 세우라는 제안을 했다. 무슨 일이 일어났을까? 더 많은 일을 하는데도 피곤하지가 않았다. 자신감과 성취감을 느끼게 되었다. 시간이 남아 휴식을 취하고 예쁘게 치장할 시간도 생겼다. (모든 여성은 하루 중에 시간을 내서 치장해야 한다고 생각한다. 내 생각에 자신이 예쁘다고 생각하는 사람은 신경과민에 걸리지 않는다.)

5. 마지막으로 긴장과 피로를 피해라. 휴식해라! 휴식! 긴장과 피로만큼 당신을 늙어보이게 하는 것은 없다. 피로만큼 당신의 아름다움과 상큼함을 망치는 것은 없다. 내 비서는 보스턴 사고 조절 강좌에 한 시간 동안 참가했다. 그 강좌에서 폴 E. 존슨 박사는 우리가 이전 장에서 이미 다룬 휴식의 원칙을 설명했다. 이렇게 이완하는 과정을 하면서 내 비서는 의자에 앉은 채 깜빡 졸았다! 육체적인 이완을 이렇게 강조하는 이유가 무엇일까? 다른 의사들과 마찬가지로 이 강좌를 진행하는 사람들은 사람들에게서 걱정이라는 괴물을 몰아내기 위해서는 이완해야 한다는 것을 알고 있기 때문이다.

그렇다. 가정주부인 당신은 쉬어야 한다! 당신에게는 아주 좋은 점이 있는데 바로 원할 때는 언제나 누울 수 있다는 것이다. 이상하게 들리겠지만 딱딱한 바닥이 스프링이 있는 침대보다는 쉬기에 더 좋다. 딱딱한 바닥은 척추에 좋다.

당신이 집에서 할 수 있는 운동 몇 가지를 소개하겠다. 이 운동들을 일주일 동안 해보고 당신의 얼굴과 기분에 어떤 변화가 생기는지 살펴 봐라.

a. 피곤하다고 느껴지면 언제든지 바닥에 똑바로 누워라. 할 수 있는 한 몸을 쭉 펴라. 구르고 싶으면 굴러라. 이렇게 하루 두 번 해라.

b. 눈을 감아라. 존슨 교수가 추천한대로 이런 말을 하면 좋다. "태양은 머리위에 비치고 있다. 하늘은 파랗고 반짝거린다. 자연은 고요하게 세상을 지배하고 있다. 나는 자연의 아이로 우주와 조화를 이루고 있다." 아니면 기도를 해도 좋다.

c. 음식이 오븐에 있거나 시간이 없어서 누울 수 없다면 의자에 앉아서도 거의 같은 효과를 거둘 수 있다. 딱딱하고 똑바로 앉을 수 있는 의자가 좋다. 의자에 이집트 동상처럼 똑바로 앉아라. 손바닥을 아래로 해서 손을 편안히 허벅지에 내려놓아라.

d. 이제 천천히 발가락에 힘을 준 다음에 힘을 빼라. 다리에 힘을 준 다음에 힘을 빼라. 이렇게 전신의 근육에 힘을 주었다가 빼라. 목까지 하고 나서 머리를 축구공처럼 세게 돌려라. 당신의 근육을 향해 "쉬어라. 쉬어라." 라는 말을 계속 해라.

e. 천천히 숨을 쉬어 신경을 가라앉혀라. 몸 깊숙한 곳에서부터 숨을 쉬어라. 인도의 요가수행자들의 말이 맞다. 규칙적인 호흡이 신경을 안정시키는 최고의 방법 중에 하나이다.

f. 얼굴의 주름과 인상에 집중해서 주름과 인상을 펴라. 미간과 입가

의 주름을 펴라. 이렇게 하루에 두 번씩 하면 마사지를 받으러 피부 관리실에 가지 않아도 된다. 아마 이 주름들은 완전히 없어질 것이다!

4 피로와 걱정을 예방하는 4가지 좋은 작업 습관

좋은 작업습관 1. 지금 하는 일과 관계없는 서류를 모두 치워라.

시카고 노스웨스턴 철도 사장 롤랜드 윌리엄스는 이렇게 말한다.

"책상위에 잡다한 서류로 가득한 사람은 지금 당장 필요한 서류만 남기고 책상을 깨끗이 치우면 업무를 더욱 쉽고 정확하게 처리한다는 것을 알게 될 것이다. 이것이야 말로 효율성을 높이는 첫 번째 방법이다."

워싱턴 D. C. 에 있는 국회도서관에 가면 천정에 시인 포프가 쓴 구절을 볼 수 있다.

"질서는 하늘의 제 1법칙이다."

질서는 사업에서도 제 1의 법칙이 되어야 한다. 하지만 실상은 어떤가? 보통 사업가의 책상은 몇 주째 들여다보지 않은 서류들로 어지럽혀 있다. 사실 뉴올리언스 신문 발행인은 비서에게 책상정리를 시켰더니 자신이 2년 동안 잃어버린 줄 알고 있던 타자기를 찾았다는 이야기를 한 적이 있다.

처리되지 않은 우편물과 보고서, 메모로 어지러운 책상을 보는 것만으로도 혼란스럽고 긴장되고 걱정이 된다. "해야 할 일은 많은데 처리할 시간이 없다."는 생각을 계속하게 되어서 긴장되고 피로를 느낄 뿐아니라 고혈압과 심장질환, 위궤양 등의 원인이 되기도 한다.

펜실베니아 의대 존 스토크 교수는 미국의학협회에서 발표한 논문에서 "환자의 심리상태에서 무엇을 살펴보아야 하는가"라는 제목으로 11개의 상황을 나열했다. 그 중 제 1항목은 다음과 같다.

"의무감 : 끝없이 펼쳐져 있는 해야 할 일들."

하지만 책상을 정리하는 것, 결정을 내리는 것 같은 기본적인 절차가 고혈압과 의무감을 피하는데 도움이 될까? 유명한 정신과 의사 윌리엄 새들러 박사는 이런 단순한 방법으로 신경 쇠약에서 벗어난 환자에 대해 말한다. 그 사람은 시카고 대기업의 중역이었다. 그가 새들러 박사의 진료실에 왔을 때 그는 긴장되고 걱정이 많았다. 이대로 가면 사태가 악화될 것을 알고 있었지만 일을 그만둘 수는 없었다. 그는 도움이 필요했다. 새들러 박사는 다음과 같이 말했다.

"환자가 자신의 이야기를 하는 동안 제 전화벨이 울렸습니다. 병원 호출이었습니다. 문제 해결을 뒤로 미루는 대신 곧바로 결정을 내리고 그 자리에서 일처리를 했습니다. 전화를 끊자마자 곧바로 전화벨이 울리더군요. 또 긴급한 문제여서 시간을 내서 토의를 마쳤습니다. 세 번째 방해를 한 것은 위독한 환자에 대한 제 조언을 듣기위해 진료실을 찾은 동료였습니다. 그 동료와 이야기를 마치고 환자에게 기다리게 해서 미안하다고 했습니다. 하지만 그는 기분이 좋아보였습니다. 그의 표정은 올 때와는 완전히 달라보였습니다."

"사과하지 마십시오, 의사선생님!" 환자는 새들러 박사에게 말했다. "지난 10분 동안 제 문제가 무엇인지 파악했습니다. 사무실에 돌아가서 제 근무 습관을 고쳐야겠습니다. 가기 전에 박사님 책상을 좀 봐도 될까요?"

새들러 박사는 책상 서랍을 열어 보여주었다. 문구류 몇 개를 제외하고 서랍은 비어있었다.

"처리하지 않은 서류는 어디에 두십니까?"

"전부 처리했습니다!"

"회신하지 않은 편지는 어디에 보관하시나요?"

"전부 회신했습니다! 편지를 내려놓기 전에 회신을 끝냅니다. 그 자리에서 비서에게 구술해 답장을 보냅니다."

6주 후, 그 임원이 새들러 박사를 자신의 사무실에 초대했다. 그는 확 달라져 있었고 그의 책상도 달라져 있었다. 그는 책상 서랍을 열고 책상 안에 처리하지 않은 업무가 하나도 없음을 보여주었다.

"6주전에 저는 2개의 사무실에 3개의 책상이 있었습니다. 일은 산더미처럼 쌓여있었습니다. 일이 언제 끝날지 장담할 수 없었습니다. 선생님과 상담을 하고 돌아와서 보고서와 오래된 서류들을 깨끗이 정리했습니다. 이제 저는 책상을 하나만 쓰고, 일이 생기면 바로 처리하기 때문에 미해결 업무는 더 이상 없습니다. 가장 놀라운 것은 건강이 완전히 회복되었습니다."

미국 대법원장을 지낸 찰스 에반스 휴즈 판사는 이렇게 말했다.

"사람들은 과로로 죽지 않는다. 사람들은 에너지의 분산과 걱정으로 죽는다."

그렇다. 에너지의 분산과 일이 절대 끝날 것 같지 않기 때문에 생기는 걱정이 그 원인이다.

좋은 작업 습관 2. 일의 경중에 따라 일처리를 해라.

전국 체인을 가지고 있는 시티즈서비스컴퍼니의 설립자 헨리 도허티는 급여를 아무리 많이 줘도 찾을 수 없는 두 가지 능력이 있다고 말했다.

그 귀중한 능력의 첫 번째는 사고력이고, 두 번째는 일의 경중에 따라 일처리를 하는 능력이다.

무일푼으로 출발하여 12년 후에 펩소던트 회사의 대표가 된 청년 찰스 럭맨은 연봉은 십만 달러에 자산은 백만 달러이다. 그는 헨리 도허티가 거의 찾을 수 없다고 말한 두 가지 능력 덕분에 자신이 성공했다고 말한다.

"제가 기억할 수 있는 아주 오래전부터 새벽 5시에 일어났습니다. 그 시간이 다른 어떤 때보다 집중이 잘 되기 때문입니다. 일어나서 그날 계획을 세우고 일의 경중에 따라 계획을 세웁니다."

미국에서 가장 성공한 보험 세일즈맨 중 하나인 프랭클린 베트거는 하루 계획을 세우는데 새벽 5시까지 기다리지 않는다. 그는 전날 밤에 다음날 보험을 얼마나 팔지 목표를 세운다. 그날 실패하면 판매하지 못한 양이 다음날에 추가된다.

나는 오랜 경험을 통해 일의 경중에 따라 일을 하기가 쉽지 않다는 것을 안다. 하지만 중요한 일을 가장 먼저 한다는 계획이 무작정 일을 하는 것보다 좋은 결과를 가져온다는 것은 알고 있다.

조지 버나드 쇼에게 중요한 일을 가장 먼저 한다는 엄격한 규칙이 없었다면 그는 아마 작가로서 실패하고 평범한 은행원으로 남아있었을 것이다. 그의 계획은 매일 5장의 글을 쓰는 것이었다. 그 계획은 9년 동안의 가슴 아픈 무명기간 동안에도 계속 5장씩 글을 쓰게 만들었다. 그 9년 동안 그는 고작 30달러밖에 못 벌었다. 하루에 1페니씩 번 셈이다. 그의 책 속 인물 로빈슨 크루소도 매일 계획을 세웠다.

좋은 작업 습관 3. 문제가 생겼을 때 결정을 내리는데 필요한 사실을 알고 있다면 그 자리에서 해결하라. 결정을 뒤로 미루지 마라.

내 강좌 수강생이던 하웰 씨는 U. S 철강회사 이사회의 멤버였다. 이사회가 열리면 아주 오래 시간을 끌었다. 안건은 많았지만 결정되는 것은 몇 건에 불과했다. 그 결과 이사회에 참석한 사람들은 검토해야 할 보고서를 한 보따리씩 집에 들고 가야 했다.

마침내 하웰 씨는 한 번에 한 가지 의제만 처리하자고 이사회를 설득했다. 그렇게 하자 뒤로 미루는 것도 없어졌다. 추가 자료가 필요한 의제도 있었고, 해야 하거나 하지 말아야 하는 안건도 있었다. 하지만 한 번에 한건씩 처리하니 다음으로 미뤄지는 안건은 없어졌다. 결과는 놀라웠다. 모든 안건이 처리되었다. 일정표가 깨끗해졌다. 이사회 위원들은 더 이상 서류를 들고 집으로 가지 않아도 되었다. 미결 안건 때문에 걱정할 일이 없어졌다.

U. S. 철강회사의 이사진에게만 좋은 규칙이 아니라 우리들에게도

좋은 규칙이다.

좋은 작업 습관 4. 조직하고, 위임하고, 관리하는 법을 배워라.

많은 사업가들이 책임을 다른 사람에게 위임할 줄 모르고 모든 일을 자기 혼자 처리하다 요절한다. 그렇게 하면 잡무와 혼란에 억눌리고 걱정, 근심, 긴장감에 사로잡힌다. 책임을 위임하는 것은 물론 힘든 일이다. 나에게도 그 일은 아주 어렵다. 나 또한 책임을 부적격자에게 위임해서 큰 곤란을 겪었던 적이 있다. 하지만 권한을 위임하는 것이 어렵지만 관리자들은 고민, 긴장, 피로를 피하기 위해서 권한을 위임해야 한다.

큰 사업체를 가진 사람이 조직하고, 관리하는 법을 몰라 50대나 60대 초반에 심장질환으로 죽는 경우가 많다. 구체적인 예가 필요한가? 그러면 신문 부고란을 보라.

5 피곤 · 걱정 · 분노의 원인
권태를 없애는 방법

피곤함의 주된 원인은 권태이다. 속기사인 앨리스의 예를 들어보자. 앨리스는 어느 날 밤 완전히 지쳐서 퇴근했다. 그녀는 너무 피곤했고 두통에 요통까지 있었다. 지쳐서 저녁도 먹지 않고 자고 싶었다. 어머니가 간청해서 그녀는 저녁식사자리에 앉았다. 전화가 울렸다. 춤추러 가자는 남자친구의 전화였다! 그녀의 눈이 반짝거렸다. 기분이 갑자기 좋아졌다. 그녀는 위층으로 뛰어 올라가 푸른 색깔의 드레스를 입고 새벽 3시까지 춤을 추었다. 집에 돌아왔을 때 하나도 피곤하지 않았다. 사실 너무 기분이 좋아서 잠을 이룰 수 없었다.

앨리스가 퇴근했을 때 그녀가 정말로 피곤했을까? 물론이다. 그녀는 일이 지겹고 삶이 따분해서 지쳐있었다. 세상에는 앨리스와 같은 사람이 너무 많다. 어쩌면 당신도 그 중의 한 사람일지 모른다.

사람이 피곤한 것은 육체적 고단함보다도 감정적인 상태가 더 큰 원인이 된다. 몇 년 전에 조셉 바맥 박사는 그의 책 〈심리 기록〉에서 지루함이 어떻게 피로를 유발하는지를 보여주는 실험을 소개했다. 바맥 박사는 학생들을 재미가 없는 실험에 참여하게 했다. 결과는 어땠을까?

학생들은 피곤을 느끼고 졸렸으며 두통과 눈 통증을 호소했다. 어떤 학생들은 위경련이 일어났다. 이 모든 게 "상상"이었을까? 아니다. 학생들에게 신진대사 테스트를 실시한 결과 지루함을 느낄 때는 혈압과 산소소비량이 줄고, 일에 흥미와 즐거움을 느끼면 신진대사의 속도가 증가했다.

우리가 재미있어 하는 일을 할 때는 지치지 않는다. 나는 최근에 캐나다 로키 산맥에 있는 루이즈 호수 근처로 휴가를 다녀왔다. 코랄 크리크를 따라 내 머리보다 높은 관목을 헤치고, 통나무에 걸려 넘어지고 때로는 베어놓은 목재에 넘어지기도 하면서 8시간동안 송어 낚시를 했지만 전혀 피곤하지 않았다. 왜일까? 재미있고 송어를 6마리나 잡았다는 성취감에 마음이 들떴기 때문이다. 하지만 낚시가 지겨웠다면 내가 어떻게 느꼈을 것이라 생각하는가? 해발 7천 피트도 넘는 고지대에서 격렬한 활동을 했으니 완전히 지쳐버렸을 것이다.

산악등반과 같은 활동에서 고된 육체적 활동보다는 지루함이 사람을 더 힘들게 한다. 미니아폴리스 은행가 킹맨은 이 사실을 완벽하게 증명할 수 있는 이야기를 해주었다. 1943년 7월 캐나다 정부는 캐나다 산악인 클럽에 왕실 근위대 소속 군인들의 산악 등반에 필요한 가이드를 보내달라고 요청했다. 캥맨 씨도 가이드의 한 사람으로 뽑혔다. 그는 나이대가 42세에서 59세에 이르는 가이드들이 어떻게 젊은 군인들을 이끌고 빙하와 설원을 횡단하고 40피트에 이르는 깎아지른 절벽을 로프와 작은 발 디딤대만을 이용해 올랐는지 말해주었다. 그들은 마이클 봉과 바이스프레지던트 봉, 그리고 다른 이름 없는 봉우리들을 올랐다. 15시간동안 등반을 하고 나자 바로 얼마 전 6주간의 힘든 훈련을 끝내고 온 이 군인들은 완전히 지쳐 탈진하고 말았다.

군인들은 훈련에서 단련하지 않은 근육들을 사용해서 지친 것이었을까? 유격훈련을 통과한 사람이면 코웃음을 칠 것이다! 그들이 지친 것은 등반이 너무 지루해서 였다. 얼마나 피곤하면 어떤 대원은 저녁도 먹지 않고 잠이 들었다. 하지만 군인들보다 나이가 2배에서 3배가 많은 가이드들도 지쳤을까? 지치기는 했지만 탈진할 정도는 아니었다. 가이드들은 저녁을 먹고 몇 시간이나 자지 않고 그날의 경험을 이야기했다. 그들이 지치지 않은 것은 재미있었기 때문이다.

콜럼비아 대학의 에드워드 손다이크 박사가 피로에 대한 실험을 진행할 때 그는 청년들에게 끊임없이 흥밋거리를 제공하여 거의 1주일 동안이나 재우지 않았다. 그 후에 박사는 이렇게 발표했다.

"작업 능력 감소를 가져오는 원인은 지루함이다."

당신이 정신노동자라면 당신이 하는 일이 당신을 피곤하게 하는 경우는 거의 없다. 당신이 하지 않은 일 때문에 피곤해진다. 지난 주 계속해서 업무가 중단되었던 때를 생각해봐라. 편지에 회신도 못하고 약속은 취소되고 여기저기서 문제가 터진다. 그날은 모든 일이 꼬였다. 아무 일도 완벽하게 끝내지 못하고 당신은 지쳐서 퇴근했다.

다음날은 모든 일이 순조롭게 진행되었다. 어제보다 40배정도 업무효율이 높았다. 일이 많았는데도 산뜻한 기분으로 퇴근할 수 있었다. 당신이나 나나 그런 경험이 있을 것이다.

여기서 교훈은 무엇인가? 바로 이것이다. 피로는 일이 힘들어서가 아니라 걱정, 절망, 분노 때문에 생긴다.

이 장을 쓰면서, 제롬 컨의 재미있는 뮤지컬 코미디 〈쇼 보트〉를 보러 갔다. 코튼 블라섬 호의 선장 앤디는 철학적인 독백을 한다.

"자신이 좋아하는 일을 하는 사람이 행복한 사람이지."

이런 사람들은 정말 운이 좋다. 보다 더 힘 있게 행복하게 일하면서 걱정은 적게 하고 힘도 들지 않는다. 좋아하는 일을 할 때에는 활력이 넘친다. 잔소리하는 아내와 함께 열 블록을 걷는 게 사랑하는 연인과 일 마일을 걷는 것보다 더 지치는 일일지 모른다.

그렇다면 어떻게 해야 하는가? 오클라호마 털사에 있는 석유회사에서 일하는 속기사의 실례를 들어보자. 그녀는 매월 몇 일 동안 석유 리스용 양식에 숫자와 통계표를 적어 넣는 정말 지루한 일을 해야 했다. 이 일이 너무 지루해서 이 일을 좀더 재미있게 만들 수 있는 있는 방법을 고안했다. 그녀는 매일 자신과 시합을 했다. 매일 아침에 작성한 양식의 개수를 새서 오후에 그 기록을 깨려고 노력했다. 매일 그날에 완성한 양식의 개수를 새서 다음날에는 더 많이 작성하려고 노력했다. 그녀는 그녀가 속한 부서의 어떤 속기사 보다 많은 양식을 작성할 수 있게 되었다. 그녀에게 어떤 이익이 있을까? 칭찬? 아니다. 감사 인사? 아니다. 승진? 아니다. 월급 인상? 아니다. 하지만 그렇게 하니 지루함에서 오는 피로를 예방할 수 있었고 정신적인 자극을 주었다. 지루한 일을 재미있게 만들려고 최선을 다했기 때문에 그녀는 에너지가 넘치고, 열정이 넘치고, 여가시간에 더 즐겁게 지낼 수 있었다.

이 이야기는 실화이다. 이 이야기의 속기사가 바로 내 아내이기 때문이다.

자신의 일이 재미있는 것처럼 행동해서 좋은 일이 생긴 다른 속기사의 이야기를 해보겠다. 그녀는 억지로 일을 했었지만 이제는 아니다.

그녀의 이름은 밸리 골든이고 일리노이에 산다. 그녀의 편지를 옮긴다.

"제 사무실에는 4명의 속기사가 있습니다. 가끔씩 일이 갑자기 몰릴 때가 있는데 하루는 부팀장이 제가 편지를 다시 타이핑해야 한다고 주장하기에 제가 반박을 했습니다. 그 편지는 다시 칠 필요가 없이 수정만 하면 된다고 그에게 지적하려고 했지만 제가 다시 작성하지 않으면 다른 사람에게 그 일을 시키겠다고 하는 것입니다. 저는 화가 났습니다. 하지만 그 편지를 다시 작성하면서 제가 하고 있는 일을 하고 싶어서 안달하는 사람들이 밖에 널렸다는 생각이 들었습니다. 또한 그 일을 해서 제가 월급을 받는다는 생각이 들자 기분이 좀 나아졌습니다. 실제로 그 일을 싫어하지만 그 일이 즐거운 것처럼 마음먹기로 했습니다. 그렇게 하자 중요한 발견을 했습니다. 일이 즐거운 것처럼 하면 일이 어느 정도는 즐거워진다는 사실이었습니다. 일을 즐기면 작업속도도 빨라진다는 것을 발견했습니다. 이제는 야근할 필요가 거의 없습니다. 이런 제 태도가 직원들에게 일을 잘하는 사람이라는 인상을 주었습니다. 부장님 한분이 비서가 필요하셨는데 제게 비서를 하겠냐고 물으셨습니다. 물론 잔업에 불만 없겠냐고 물으시더군요. 마음가짐의 변화가 중요하다는 것을 발견하게 된 계기였습니다. 기적 같은 일이 제게 일어났습니다."

골든 양이 사용한 방법은 한스 바이힌겔 교수가 주장한 '마치 ~와 같이'의 철학이다.

당신이 마치 직업을 좋아하는 것처럼 행동하면 실제로 흥미가 생긴다. 그와 동시에 피로와 긴장, 걱정도 줄어들 것이다.

몇 년 전에 할랜 하워드는 자신의 삶을 완전히 변화시키는 결정을 내렸다. 재미없는 지루한 일을 신나는 일로 만들기로 결심한 것이다. 고등학교에서 다른 아이들이 농구를 하거나 여자아이들과 노닥거리는 동안 접시를 닦고, 식탁을 닦고, 식당에서 아이스크림을 담아주는 것이 그의 일이었다. 할랜 하워드는 그 일이 너무 싫었지만 해야 하는 일이었기에 아이스크림은 어떻게 만들어지고, 어떤 성분인지, 어떤 맛은 다른 맛보다 더 맛있는지 등 아이스크림에 대해 공부하기로 했다. 그는 아이스크림과 관련된 화학을 공부했고 고교 화학수업에서 두각을 나타내었다. 그러면서 식품 화학에 관심을 갖게 되어서 매사추세츠 공대에 입학해 음식 공학을 전공했다. 뉴욕 코코아 거래소가 주최한 코코아와 초콜릿 활용에 대한 논문 공모에서 입상했다.

졸업 후 취업을 포기한 그는 고향집 지하실에 실험실을 마련했다. 얼마 지나지 않아 우유의 박테리아 수를 표시해야 한다는 새로운 법률이 생겼다. 할랜 하워드는 곧 14개 회사의 우유의 박테리아를 확인하는 일을 맡아 조수도 두 명 고용했다.

앞으로 25년 후 그는 어떻게 될까? 식품 화학에 종사하는 사람들은 그때쯤이면 은퇴하거나 죽을 것이다. 그리고 그들의 자리가 창의와 열정으로 빛나는 젊은이들로 채워질 것이다. 하지만 할랜 하워드는 그 분야의 리더 중의 한명이 되어 있을 것이다. 반면에 그가 매점에서 아이스크림을 팔았던 동창생들은 실직상태에 정부를 욕하면서 자기들에게는 기회가 없었다고 욕할 것이다. 할랜 하워드도 재미없는 일을 재미있게 만들겠다는 결심을 하지 않았다면 아마 기회를 얻지 못했을 것이다.

공장에서 볼트를 만드는 일을 지겨워하던 청년이 있었다. 그의 이름은 샘이다. 샘은 그만두고 싶었지만 다른 일을 못 찾을까 두려웠다. 어차피 지루한 일을 할 바엔 재미있게 하기로 했다. 그래서 그는 그의 옆에서 작업하는 동료와 시합을 했다. 한 사람이 기계로 거친 면을 다듬으면 다른 사람이 적당한 지름이 되도록 볼트를 가공해야 했다. 그들은 가끔 기계를 바꿔가며 누가 더 많은 볼트를 만드는지 경쟁했다. 샘의 속도와 정확성에 감탄한 작업반장은 그에게 더 좋은 일을 맡겼다. 이것이 그의 승진의 시작이었다. 30년 후 샘 사무엘 보클레인은 볼드윈 기관차 제조공장의 대표가 되었다. 재미없는 일을 재미있게 만들려는 결심을 하지 않았다면 그는 평생 기계공으로 남아 있었을 것이다.

유명한 라디오 뉴스 해설자 칼텐본은 어떻게 지겨운 일을 재미있게 만들었는지 내게 말해주었다. 22살이었을 때 그는 가축 수송선을 타고 가축들에게 사료와 물을 주며 대서양을 건넜다. 영국에서 자전거 여행을 하고 파리에 도착했을 때 그는 무일푼에 배도 고팠다. 카메라를 5달러에 저당 잡히고 그는 파리판 뉴욕 헤럴드에 광고를 내 입체 환등기를 팔게 되었다. 40세가 넘은 사람이라면 구식 입체경을 기억할 것이다. 입체 환등기를 보면 마법 같은 일이 일어났다. 두 개의 렌즈가 두 장의 사진을 입체감 있는 3차원의 사진으로 만들어냈다. 거리감과 놀라운 원근감을 볼 수 있다.

칼텐본은 파리의 이집 저집을 다니며 이 기계를 팔기 시작했다. 불어를 하나도 몰랐지만 그는 첫해에 커미션으로 5천 달러를 벌었다. 그는 그해 프랑스에서 가장 돈을 많이 번 세일즈맨이 되었다. 칼텐본은 이 경험이 하버드대에서의 1년보다 더 자신의 내적 능력을 개발하게 한 경험이었다고 말했다. 그는 프랑스 가정주부들에게 의회 회의록도 팔 수 있는 자신감이 들었다고 말했다.

이 경험으로 프랑스인의 생활방식을 이해할 수 있게 되었고 후에 유럽의 시사문제를 해설하는 데 큰 도움이 되었다.

프랑스어를 못하는 그가 어떻게 뛰어난 세일즈맨이 될 수 있었을까? 그는 직원을 고용해 판매 문구를 완벽한 프랑스어로 작성하게 한 후 그 문구를 암기했다. 벨을 누르고 가정주부가 문을 열면 칼텐본은 형편없이 웃긴 억양으로 암기한 판매 문구를 말했다. 그가 입체 환등기를 보여주면서 주부가 주문을 하면 그는 어깨를 으쓱하며 이렇게 말한다. "아메리칸…… 아메리칸…… " 그런 다음 모자를 벗고 모자 안에 붙여둔 불어 판매 문구를 보여준다. 주부가 웃으면 그도 따라 웃는다. 그런 다음 그녀에게 더 많은 화면을 보여준다.

칼텐본은 이 일이 결코 쉽지 않았다고 고백했다. 하지만 재미있게 일하려고 노력했기 때문에 일을 지속할 수 있었다. 매일 아침 출근하기 전에 그는 거울을 보며 자신을 격려했다.

"칼텐본, 밥을 먹고 싶으면 이 일을 해야 해. 기왕 할 바에 재미있게 하는 게 어때? 매일 초인종을 누를 때마다 네가 스포트라이트를 받고 있는 배우라고 생각하고 너를 쳐다보는 관객이 있다고 생각해봐. 네가 하는 일은 무대 위에서 만큼이나 재미있는 일이야. 그러니 열정적으로 해보자."

칼텐본은 이렇게 매일매일 격려의 말이 두렵고 싫은 일을 많은 돈을 벌어주는 일로 만들어주었다고 말했다.

내가 그에게 성공하고 싶은 미국의 청년들에게 해줄 조언이 없냐고 묻자, 그는 이렇게 말했다.

"잠이 덜 깬 몸을 깨우기 위해 신체적 운동의 중요성은 많이 말하지만 매일 아침 정신적, 심리적 운동이 더 많이 필요합니다. 당신에게 매일 격려를 해주십시오."

자신에게 격려의 말을 하는 것이 바보 같고, 피상적이고 유치한가? 아니다. 이것이야말로 심리학의 정수다. "우리의 삶은 우리가 생각하는 대로 만들어진다." 마르쿠스 아우렐리우스가 18세기 전 〈명상록〉에 쓴 이 말은 오늘날에도 진리다. "우리의 삶은 우리가 생각하는 대로 만들어진다."

하루 종일 자신에게 말함으로써 자신을 용기와 행복, 힘과 평화에 대한 생각으로 이끌 수 있다. 감사한 것들을 자신에게 말하면 마음이 날아갈 듯 가벼워서 노래를 부르고 싶어진다.

올바른 생각을 하면 어떤 일이든 싫증이 덜 난다. 당신의 상사는 당신이 일에 더 흥미를 가져 회사에 더 많은 돈을 벌어다 주기를 원한다. 하지만 상사가 원하는 것은 잊자. 당신이 하는 일을 좋아하면 당신에게 어떤 이익이 있는지만 생각하자. 당신의 일을 좋아하면 행복의 양이 두 배로 늘어난다는 것만 생각하자. 당신은 깨어있는 시간의 절반을 직장에서 보내는데 당신의 일에서 행복을 못 찾으면 어느 곳에서도 행복을 찾을 수 없을 것이다. 하는 일이 즐거워지면 걱정이 사라지고 결국 승진도 하고 월급도 오를 것이다. 설사 그렇게 되지 않더라도 피로가 줄어들고 여가시간을 즐길 수 있게 된다.

6 불면증에서 벗어나는 방법

잠이 안와서 걱정인가? 그렇다면 세계적으로 유명한 법률가 사무엘 운터마이어가 평생 숙면을 취해본 적이 없다는 이야기에 관심이 생길 것이다.

샘 운터마이어가 대학에 진학했을 때 그는 천식과 불면증으로 고생했다. 치료를 받아도 좋아지지가 않아 차선책으로 깨어있는 시간을 최대한 이용하기로 결심했다. 신경쇠약 직전까지 뒤척이면서 잠이 오지 않는 것을 걱정하는 것 대신에 일어나서 공부를 했다. 그 결과 그는 장학생이 되었고 뉴욕 대학의 천재가 되었다.

변호사가 된 후에도 그의 불면증은 계속 되었지만 운터마이어는 걱정하지 않았다. "자연이 나를 돌봐준다." 그는 수면시간은 적었지만 건강했고 뉴욕 변호사 협회의 어떤 젊은 변호사보다 더 열심히 일할 수 있었다. 그는 다른 사람이 잠자는 동안에도 일을 했기 때문에 더 많이 일했다.

22살에 그는 일 년에 7만 5천 달러를 벌어들이고 있었다. 다른 젊은 변호사들이 그의 비결을 배우려고 법정으로 몰려들었다. 1931년 그는 역사상 단일 사건 수임료로 최고액인 백만 달러를 받았다.

그의 불면증은 이때도 여전해서 밤 늦도록 책을 읽고 새벽 5시에 일어나 편지를 썼다. 대부분의 사람이 일을 막 시작하려는 시간에 그의 일은 거의 절반 이상 끝냈다. 그는 평생 단잠은 자지 못했지만 81세까지 살았다. 만약 불면증 때문에 조바심내고 걱정했다면 건강을 해쳤을 것이다.

우리는 인생의 3분의 1을 잠자면서 보낸다. 하지만 아무도 잠의 의미는 모른다. 우리는 잠이 습관이고 휴식이라는 것은 안다. 하지만 개개인이 잠을 얼마나 자야 하는지, 잠을 반드시 자야 하는지에 대해서도 잘 모른다.

제 1차 세계 대전 중에 헝가리 병사 폴 컨은 뇌의 전두엽에 관통상을 입었다. 부상에서 완쾌되었지만 잠을 잘 수가 없었다. 의사가 어떤 방법을 사용해도(의사들은 모든 종류의 안정제, 진정제 심지어 최면까지 시도했다.) 폴 컨은 잠을 자거나 졸리지 않았다.

의사들은 그가 오래 살지 못할 거라고 말했지만 그는 의사들의 예상을 보기 좋게 뒤집었다. 취업을 하고 최상의 건강상태로 오랫동안 살았다. 그는 누워서 눈을 감고 휴식을 취했지만 결코 잠을 자지는 않았다. 그의 경우는 잠에 대한 우리의 믿음을 뒤집는 의학적 수수께끼였다.

어떤 사람들은 다른 사람들보다 더 많은 잠이 필요하다. 토스카니니는 밤에 5시간만 자면 됐지만 캘빈 쿨리지는 10시간 이상은 자야 했다. 쿨리지는 24시간 동안 11시간 잠을 잤다. 토스카니니가 인생의 5분의 1을 잠으로 보낸 반면 쿨리지는 인생의 절반을 잠으로 보낸 셈이다.

불면증에 대한 걱정이 불면증보다 더 나쁘다. 내 수강생 중에 한명인 아이라 샌드너는 불면증으로 자살할 뻔했다.

"저는 정말 제가 미쳐가고 있다고 생각했습니다. 문제는 처음에는 제가 잠을 푹 잘 잤다는 것입니다. 알람시계가 울려도 일어나지 않아서 아침에 자주 지각했습니다. 상사가 경고할 정도였습니다. 만약 계속 늦잠을 자면 해고 되었을 것입니다

제 친구들에게 고민을 말했더니 친구들 중 하나가 자기 전에 알람시계에 집중해보라고 제안했습니다. 그것이 불면증의 시작이었습니다. 알람시계의 째깍거리는 소리에 집착하게 되었습니다. 이 소리에 집중하니 잠이 안와서 밤새 내내 뒤척거렸습니다! 아침이 오면 몸이 안 좋았습니다. 피곤과 걱정으로 몸이 아팠습니다. 이것이 8주 동안 계속되었습니다. 제가 겪은 고생은 말로 표현할 수가 없습니다. 미쳐가고 있다는 생각이 들었습니다. 어떤 때는 잠이 안 와서 마루를 몇 시간이고 서성될 때도 있었습니다. 창문에서 뛰어내려 죽고 싶었습니다!

마침내 주치의를 찾아갔습니다. 주치의 선생님은 이렇게 말씀하시더군요. '아이라. 나는 당신을 도와줄 수 없어요. 아무도 당신을 도울 수 없어요. 당신이 자초한 일이니까. 밤에 잠이 안와도 모든 것을 그냥 잊어보세요. 이렇게 말해보세요. '잠 안자면 어때. 아침까지 깨어있어도 괜찮아.' 눈을 감고 이렇게 말해 봐요. '내가 누워서 걱정하지만 않으면 그게 바로 휴식이야.'

저는 그렇게 했습니다. 2주가 지나자 잠을 잘 수가 있었습니다. 한 달도 안 되어 하루에 8시간씩 잤고 제 신경도 정상으로 돌아왔습니다."

아이라 샌드러를 힘들게 한 것은 불면증이 아니라 불면증에 대한 걱정이었다.

시카고 대학의 나다니엘 클라이트만 박사는 현존하는 어떤 학자보다 잠에 대해 많은 연구를 했다. 그는 세계적 수면 전문가이다. 그는 불면증으로 죽은 사람을 본적이 없다고 주장한다. 물론 불면증으로 걱정을 해서 이 걱정이 면역력을 약하게 할 수는 있다.

클라이트만 박사는 불면증에 대해 걱정하는 사람들은 자신이 생각하는 것보다 잠을 더 많이 잔다고 말한다. "어젯밤에 한숨도 못 잤어."라고 말하는 사람은 아마 모르는 사이에 몇 시간 동안 잠을 잤을 것이다. 19세기 가장 심오한 사상가의 한 사람인 허버트 스펜서는 평생 결혼하지 않고 하숙집에 살면서 그의 불면증에 대한 이야기를 지겹게 했다. 그는 밖의 소음이 들리지 않도록 귀에 "귀마개"를 끼고 신경을 진정시키려 했다. 가끔 잠을 자려고 아편을 사용하기도 했다. 어느날 밤 그와 옥스퍼드대 세이스 교수가 한 호텔방에 묵게 되었다. 다음날 아침 스펜서는 한숨도 못 잤다고 했지만 사실 한숨도 못잔 것은 세이스 교수였다. 그는 스펜서의 코고는 소리에 밤새 잠을 못 잤다.

숙면의 첫 번째 조건은 안정감이다. 아침까지 우리보다 더 큰 어떤힘이 우리를 보살펴준다고 느낄 필요가 있다. 토머스 히슬롭 박사는 영국 의학 협회에서 가진 강연에서 이렇게 말했다.

"나의 오랜 경험에 의하면 단잠을 자게 해주는 최고의 방법은 기도입니다. 의사의 입장에서 말씀드리는 것입니다. 기도를 하면 마음이 안정되고 신경이 진정됩니다."

"하나님께 맡기고 고민을 버리자."

자네트 맥도날드는 그녀가 우울하고 걱정이 되고 잠을 못자면 시편 23장의 구절 "주는 나의 목자시니 내게 부족함이 없으리로다. 그가 나를 푸른 풀밭에 누이시며 쉴만한 물가로 인도하시는 도다." 라고 되뇌는 것만으로도 안정감을 느낀다고 말한다.

당신이 종교가 없으면 물리적인 방법을 이용해 이완하는 법을 배워야 한다. 데이비드 헤럴드 핑크 박사는 그의 저서 〈긴장에서 해방〉에서 긴장을 완화하는 최고의 방법은 자신의 몸에 말을 거는 것이라고 말한다. 핑크 박사에 따르면 말은 모든 종류의 최면의 가장 중요한 요소이다. 계속 잠을 못 자면 그것은 당신이 계속 불면증에 걸리는 말을 하기 때문이다. 불면에서 벗어나려면 최면에서 벗어나야 한다. 몸의 근육들에게 이렇게 말하면 된다. "풀어라. 힘을 빼고 긴장을 풀어라." 우리는 근육이 긴장하면 마음과 신경이 이완될 수 없다는 것을 안다. 잠을 자고 싶으면 근육부터 풀어주어라. 핑크 박사가 추천하고 또 실제로도 효과가 있는 방법은 베개를 무릎 밑에 두고 다리의 긴장을 풀고 팔 밑에도 베개를 두어 팔의 긴장을 푸는 것이다. 턱, 눈, 팔, 다리에 긴장이 풀리는 말을 하면 나도 모르는 사이에 잠이 들것이다. 내가 시도해봐서 안다. 당신이 잠을 잘 못자면 핑크 박사의 책 〈긴장에서 해방〉을 읽어보아라.

불면증을 치료하는 최고의 방법은 정원 손질, 수영, 테니스, 골프, 스키 또는 단순한 육체적 노동 등으로 몸을 피곤하게 만드는 것이다. 이것이 시어도어 드라이저가 한 방법이다. 그가 무명작가 시절 그도 불면증 때문에 걱정이 많았다. 그래서 뉴욕 중앙철도의 근로자로 일을 했다. 힘든 일을 하고나면 너무 지쳐서 먹지도 못하고 잠들어 버렸다.

우리가 피곤할 때 걸으면서도 잘 때가 있다. 내가 13살이었을 때 내 아버지는 돼지들을 화물차에 싣고 미주리 세인트 조로 갔다. 무료 기차표가 두 장이 나와서 아버지는 나를 데리고 가셨다. 인구 4천명 이상의 도시에는 가본 적이 없었던 나는 인구 6만의 세인트 조에 도착하자 흥분으로 들떴다. 6층짜리 고층빌딩도 보고, 전차도 보았다. 아직도 눈을 감으면 전차의 모습이 생생하다. 재미있는 하루를 보내고 아버지와 나는 미주리 레이븐우드로 돌아오는 기차를 탔다. 새벽 2시에 도착한 우리는 농장까지 4마일을 걸었다. 이 이야기의 핵심은 바로 이 부분이다. 나는 너무 피곤해서 졸았는데 꿈을 꾸면서도 계속 걷고 있었다. 졸면서 말을 타기도 했다.

극도로 피곤하면 천둥이 와도 아니 심지어 전쟁의 위험 속에서도 잠이 온다. 유명한 신경과 의사 포스터 케네디는 1918년 영국 제 5군단이 후퇴할 때 병사들이 너무 지쳐서 길바닥에 드러누워 혼수상태처럼 잠을 자는 모습을 본적이 있다고 내게 말해주었다. 병사들은 손가락으로 눈꺼풀을 들어도 깨지 않았다. 그들의 동공은 안구 위쪽을 향해 돌아가 있었다.

"그 이후로 잠이 안 오면 눈동자를 눈 위쪽으로 돌립니다. 몇 초 지나지 않아 하품이 나기 시작하고 졸리기 시작합니다. 그것은 내가 통제할 수 없는 반사행동입니다."

아직까지 잠자기를 거부하는 방식으로 자살을 한 사람은 아무도 없다. 의지력이 아무리 강해도 잠을 이길 수는 없다. 먹지 않고는 버틸 수 있지만 잠을 자지 않고는 버틸 수 없다.

자살에 대한 얘기를 하다 보니 헨리 링크 박사가 〈인간의 재발견〉이라는 책에서 말한 것이 기억난다. 링크 박사는 걱정이 많고 우울한 사람들을 많이 인터뷰한다. "두려움과 걱정을 극복하는 법" 이란 장에는 자살을 원하는 환자 이야기가 나온다. 링크 박사는 논쟁을 해봤자 상황이 악화될 것이라는 것을 알았기에 환자에게 이렇게 말했다. "자살이 하고 싶으면, 영웅적인 방법으로 해보세요. 죽을 때까지 뛰어보는 것은 어떻습니까?"

그 환자는 한 번이 아니라 여러 번 그 방법을 시도해보았다. 뛸 때마다 기분이 좋았다. 세 번째 밤 링크 박사가 의도한 일이 일어났다. 그는 너무 피곤해져서 죽은 듯이 잠을 잤다. 나중에 그는 동호회에 가입해서 시합에 나가게 되었다. 곧 그는 영원히 살고 싶다고 생각할 정도로 상태가 좋아졌다.

불면증으로 걱정하고 싶지 않다면

1. 잠을 잘 수가 없으면 사무엘 운터마이어가 했던 대로 일어나서 졸릴 때까지 일을 하거나 책을 읽어라.
2. 잠 못 자서 죽은 사람은 없다는 사실을 기억해라. 수면부족보다 불면증에 대한 걱정이 더 나쁘다.
3. 기도를 하거나 시편 23편을 반복해서 읽어라.
4. 몸을 이완시켜라. 〈긴장에서 해방〉이라는 책을 읽어라.
5. 운동해라. 몸이 힘들면 자게 되어있다.

걱정과 피로를 막고 늘 활기차게 사는 6가지 방법

규칙 1. 피곤하기 전에 쉬어라.

규칙 2. 일을 하면서 이완하는 법을 배워라.

규칙 3. 가정주부라면 집에서 피로를 풀어 건강과 미모를 유지해라.

규칙 4. 네 가지 좋은 작업습관을 가져라.

        a. 업무와 관계있는 서류를 빼고 책상을 치워라.

        b. 일의 경중에 따라 일을 해라.

        c. 문제가 생기면 그 자리에서 바로 처리해라.

        d. 조직하고, 위임하고, 관리하는 법을 배워라.

규칙 5. 걱정하고 피곤하지 않으려면 일에 열정을 불어넣어라.

규칙 6. 수면부족으로 죽은 사람은 아무도 없다. 불면증보다는 불면
증을 걱정하는 것이 더 나쁘다.

8장

행복하고 성공하는
일을 찾는 방법

1 인생에서 중요한 결정 두 가지 중 하나

(이 장은 아직 하고 싶은 일을 찾지 못한 젊은이들을 위한 글이다. 이 장의 내용은 평생 당신의 삶에 커다란 영향을 미칠 것이다.)

당신이 18세 이하라면, 인생에서 가장 중요한 두 가지 결정을 해야 할 것이다. 그 결정은 당신의 인생, 행복, 수입, 건강에 큰 영향을 끼칠 것이다.

이 두 가지 결정이 무엇인가?

첫째, 어떻게 돈을 벌 것인가? 농부, 우체부, 화학자, 삼림 감시원, 속기사, 수의사, 대학교수, 햄버거 가게 주인…… 무엇이 될 것인가?

둘째, 당신의 배우자로 어떤 사람을 선택할 것인가?

이 두 가지 결정은 도박 같다. 해리 에머슨 포스딕은 그의 책 〈모든 것을 꿰뚫어 보는 힘〉에서 이렇게 말했다.

"모든 젊은이들이 직업을 선택하는 것은 도박과 같다. 이 선택에 인생을 걸어야 한다."

직업을 선택할 때 어떻게 하면 위험성을 줄일 수 있을까? 가능하면 즐길 수 있는 일을 선택해라. 타이어 제조사인 굿리치사의 데이비드 굿

리치 회장에게 사업에서 성공하기 위한 첫 번째 조건을 물었더니 그는 이렇게 답했다.

"즐겁게 일을 하십시오. 당신이 하는 일을 즐기면 오래 일할 수 있고 전혀 일처럼 느껴지지 않을 것입니다. 노는 것처럼 느껴지지요."

에디슨이 그 좋은 예이다. 정규 교육도 받지 못했지만 미국 산업을 바꿔놓은 에디슨은 그의 연구실에서 먹고 자며 하루에 18시간씩 일했다. 하지만 이것은 그에게 고생이 아니었다. "나는 평생 하루도 일 해본 적이 없습니다. 모든 것이 재미있었으니까요."

그가 성공한 것이 당연하다.

언젠가 찰스 슈왑도 이와 비슷한 말을 했다.

"어떤 일이든 사람이 무한한 열정을 가지면 성공할 수 있다."

하지만 하고 싶은 일이 무엇인지도 모르는데 어떻게 일에 대한 열정을 가질 수 있겠는가. 듀폰에서 수천 명의 직원을 채용했으며 현재 아메리칸 홈프러덕트 컴퍼니에서 노무관리 부책임자로 일하고 있는 에드나 커는 이렇게 말했다.

"최고의 비극은 많은 젊은이들이 자신이 정말로 무엇을 하고 싶은지를 모른다는 것입니다. 일을 해서 월급만 받고 어떤 것도 얻지 못하는 인생만큼 불행한 인생도 없습니다."

심지어 대학 졸업자들도 제게 와서 이렇게 말합니다.

"저는 다트머스에서 학사 학위를 받았습니다. (또는 코넬에서 석사 학위를 받았습니다.) 귀사에서 제가 할 수 있는 일이 있을까요?" 그들은 자신이 무슨 일을 할 수 있는 지도 모르고 자신이 하고 싶은 일이 무엇인지도 모른다. 그러니 장밋빛 꿈을 가지고 인생을 시작한 젊은이들이 40세에 완전히 절망해서 신경쇠약에 걸리는 것도 놀라운 일이 아니다. 사실 올바른 직업을 찾는 것은 당신의 건강에도 중요하다. 존스 홉킨스의 레이먼드 펄 박사는 한 보험회사와 공동으로 장수 요소를 찾아내기 위한 연구를 진행했다. 그는 "적성에 맞는 직업"을 목록의 높은 순위에 올려놓았다. 그는 토머스 칼라일과 마찬가지로 이렇게 말했을 것이다.

"자신의 일을 찾아낸 사람은 축복받은 사람이다. 더 이상의 축복을 바라지 마라."

나는 최근에 소코니 베튜엄 오일 컴퍼니의 인사 책임자인 폴 보인튼과 저녁식사를 했다. 지난 20년간 그는 7만 5천명이 넘는 구직자들을 인터뷰했다. 그는 〈취업을 위한 6가지 방법〉이라는 책을 썼다. 나는 그에게 "젊은 사람들이 구직과정에서 하는 가장 큰 실수는 무엇입니까?"라는 질문을 했다.

"젊은 사람들은 자신이 무엇을 원하는지를 모릅니다. 자신의 미래의 행복과 평화가 그 직업에 달렸는데 몇 년이면 헤질 양복을 사는 데 더 많은 생각을 하니 경악할 일입니다."

당신은 어떻게 할 수 있을까? 직업 상담사의 도움을 받을 수도 있을 것이다. 당신이 상담하는 상담사의 능력과 성격에 따라 득이 될 수도 해가 될 수도 있을 것이다. 이 직종은 완벽하지는 않지만 전망은 좋다. 직업 상담사를 어떻게 활용할 수 있을까? 당신은 직업 훈련이나 직업에 대한 조언을 얻을 수 있을 것이다. 미국의 대도시와 중소도시에도 이런 서비스가 있다. 당신이 퇴역 군인이라면 보훈처에서 일자리를 알선해줄 것이다. 당신이 퇴역 군인이 아니라면 도서관이나 지역 교육센터에 문의해서 직업 교육을 받을 수 있을 것이다. 많은 고등학교와 대학에도 직업 안내 센터가 있다. 당신이 시골에 산다면 주립 직업 안내 서비스 담당자에게 편지를 써 보아라. 공공기관 말고도 YMCA, YWCA나 구세군 같은 민간단체의 서비스를 이용할 수도 있을 것이다.

그런 단체들은 방향 제시만 해줄 뿐이지 결정은 당신이 해야 한다. 그들은 종종 실수를 하기도 한다. 어떤 직업 상담사는 단지 어휘력이 좋다는 이유로 작가가 될 것을 권했다. 말도 안 되는 일이다! 글을 잘 쓰는 것은 자신의 생각과 감정을 독자에게 잘 전달하는 것이다. 어휘력이 좋을 필요가 없다. 좋은 작가가 되려면 생각, 경험이 풍부해야 한다. 단어를 많이 아는 수강생에게 작가가 되는 것이 어떻겠느냐고 조언한 그 직업상담사는 한 가지는 성공했다. 행복한 속기사를 절망에 빠진 소설가 지망생으로 만들었다.

내가 말하고자 하는 바는 직업 상담사들도 실수를 한다는 것이다. 여러 명의 직업 상담사의 상담을 받고 그들의 의견을 종합해서 결론을 내리는 것이 필요하다.

걱정을 주제로 한 책에 이런 내용이 있는 것이 이상하다고 생각할지 모르겠다. 하지만 이상할 것이 없다. 많은 걱정, 후회, 좌절들이 자기가 싫어하는 일에서 생긴다. 당신의 아버지나 이웃, 직장상사에게 물어보아라. 존 스튜어트 밀 같은 위대한 지성도 "잘못된 직업선택은 사회의 중대한 손실"이라고 주장했다. 세상에서 가장 불행한 사람들은 자기의 일을 싫어하는 사람들이다.

군대에서 문제를 일으키는 사람이 누구인지 아는가? 바로 배치를 잘못 받은 사람이다. 나는 전투 사상자를 말하는 것이 아니다. 유명한 심리학자 윌리엄 메닝거는 세계대전 당시 육군 신경정신 부서의 총 책임자였다.

"우리는 육군에서 선발과 배치의 중요성을 배웠습니다. 배치 받은 업무의 중요성을 확신하는 것이 필수적입니다. 흥미가 없거나, 자신의 재능을 제대로 인정받지 못한다고 느끼거나 부서배치를 잘못 받았다고 느끼면 실제 부상은 아니더라도 마음에 병이 생깁니다."

실생활에서도 자신의 일을 싫어하면 문제가 발생한다. 필 존슨의 예를 들어보자. 필 존슨의 아버지는 세탁소를 운영하고 있었고 아들도 가업을 잊기를 바랐다. 하지만 필은 세탁소 일을 싫어해서 빈둥대고 주어진 일만하고 그 이상의 일은 하지 않았다. 며칠씩 결근할 때도 있었다. 그의 아버지는 야망 없고 게으른 아들 때문에 직원들 볼 면목이 없었다.

어느 날 필 존슨은 그의 아버지에게 기계공장에 기계공이 되고 싶다고 말했다. 노동자가 되겠다고? 아버지는 충격을 받았다. 하지만 필은 자신의 뜻대로 했다. 그는 작업복을 입고 일했다. 세탁소에서 보다 더 힘든 일도 해냈다. 그는 오랜 시간 일했지만 더 즐겁게 일했다. 그는 엔지니어링에 관심이 있어 엔진을 배웠다. 1944년 필 존슨이 죽었을 때, 그는 보잉사의 사장이었으며 전쟁을 이기는 데 큰 도움이 된 공중요새를 제작하고 있었다. 만약 그가 세탁소에 처박혀 있었다면 그와 세탁소는 어떻게 되었을까? 내 생각에 그는 세탁소 사업에 실패했을 것이다.

가족 간의 다툼이 일어나겠지만 나는 젊은이들에게 이렇게 말하고 싶다. 당신의 가족이 원한다고 해서 억지로 가업을 잇지 마라. 원하지 않으면 그 직업을 선택하지 마라. 하지만 부모님의 조언은 잘 생각해보아라. 부모님은 당신보다 2배는 오래 사셨으니 오랜 세월동안 많은 경험들로 지혜로우시다. 하지만 최종적으로 결정을 하는 것은 당신이어야 한다. 직업에서 행복하거나 불행한 사람은 당신 자신이니 말이다.

이제 직업 선택에 있어 몇 가지 제안을 하고자 한다. 그 중 몇 개는 경고이다.

1. 직업 상담사를 선택할 때 다음의 다섯 가지 요소를 살펴보아라.

다음은 미국의 저명한 직업상담전문가인 컬럼비아 대학의 해리 덱스터 키슨 교수의 제안이다.

a. 직업 적성을 찾아주는 마법의 시스템이 있다고 자랑하는 사람에게는 가지 마라. 골상학자, 점성술사, 손글씨 감정가, 성격분석가 등이 그런 사람들이다. 그들의 '시스템' 은 효과가 없다.

b. 어떤 직업이 당신에게 잘 맞는지 알려주는 검사를 해주겠다는 사람에게 가지 마라. 이런 사람들은 직업 상담가들이 중요시하는 신체적, 사회적, 경제적 조건들을 무시한다.

c, 직업에 대한 적절한 자료를 가지고 상담과정에서 이를 적극 활용하는 직업 상담사를 찾아라.

d. 철저한 직업 상담을 위해서 적어도 한번 이상의 상담이 필요하다.

e. 절대 우편으로 직업 상담을 받지 마라.

2. 사람이 차고 넘치는 직종을 피해라.

미국에서는 2만개 이상의 직업이 있다. 젊은 사람들이 이렇게나 많은 직업이 있다는 사실을 알까? 어느 학교의 경우 남학생의 3분의 2가,

여학생 5분의 4가 2만개의 직종 가운데서 5개의 직업을 선택했다. 사정이 이러니 몇 개의 직종에만 사람이 몰리는 것이 당연하다. 사무직 근로자들이 고용 안정성에 대한 걱정으로 불안과 걱정에 시달리는 것이 놀라운 일이 아니다. 특히 법률, 언론, 라디오, 영화 같은 인기 직종은 조심해야한다.

3. 돈을 벌 가능성이 10분의 1에 불과한 직업은 피해라.

보험 판매를 예로 들어보자. 매년 수천 명의 사람들이 앞으로 어떤 일이 일어날지도 모르고 주저 없이 보험 판매일을 시작한다! 프랭크 베트거는 필라델피아에서 부동산 신탁빌딩을 운영하고 있는데, 그는 20년 동안 미국에서 가장 뛰어난 보험 판매왕 중의 한 명이었다. 그는 보험 판매를 시작한 90퍼센트의 사람은 심한 마음고생과 절망으로 일 년 안에 이 일을 포기한다고 주장한다. 남아있는 10퍼센트의 사람들 가운데 오직 한 사람만이 90퍼센트의 보험을 판매하고 나머지 사람들이 남은 10퍼센트의 보험을 팔려고 애를 쓴다. 다른 식으로 말하면 당신이 생명 보험 판매를 시작하면 당신이 1년 안에 실패해서 그 일을 그만둘 확률은 90퍼센트이다. 그리고 보험을 팔아서 일 년에 만 달러를 벌 확률은 1퍼센트이다. 당신이 보험업계에서 살아남아도 간신히 입에 풀칠할 정도의 수입 이상을 벌 확률은 10퍼센트에 불과하다.

4. 직업을 결정하기 전에 몇 주, 필요하다면 몇 달에 걸쳐서라도 그 직업에 대해 알아낼 수 있는 모든 것을 알아내라!

어떻게? 이미 그 직종에서 10년, 20년 아니면 40년을 종사한 사람들을 찾아가서 이야기를 들어보아라.

그들의 이야기는 당신의 미래에 큰 영향을 미칠 것이다. 내가 20대 초반이었을 때 두 명의 선배에게 조언을 구했다. 지금 되돌아보니 그 두 번의 만남이 내 직업의 전환점이 되었다. 사실 내가 선배들을 만나지 않았더라면 내 인생이 어떻게 되었을지 상상할 수도 없다.

직업 조언을 얻으려면 어떻게 해야 할까? 예를 들어 당신이 건축가가 되기 위해 공부를 하고 있다고 가정해보자. 결정을 하기 전에 당신이 사는 도시와 인접 도시의 건축가를 만나기 위해 몇 주를 보내야 한다. 전화번호부에서 그들의 이름과 주소를 알아낼 수 있다. 그들의 사무실에 전화를 걸어라. 약속을 잡고 싶으면 다음과 같은 편지를 써라.

"부탁 하나만 들어주시겠습니까? 저는 귀하의 조언이 필요합니다. 저는 18세이고 건축을 공부하려고 생각하고 있습니다. 결정을 내리기 전에 귀하의 조언을 듣고 싶습니다.

너무 바쁘셔서 사무실에서 뵐 수 없으면 댁에서라도 30분만이라도 시간을 허락해주신다면 감사드리겠습니다.

제가 묻고 싶은 질문은 다음과 같습니다.

a. 인생을 다시 살 수 있다면, 그때도 건축가가 되고 싶으십니까?

b. 저를 보시고 나서, 제가 건축가로서 성공할 자질이 있는 지 평가해주십시오.

c. 건축 분야 인력이 과포화 상태입니까?

d. 4년 동안 건축을 공부하면 구직이 어려울까요? 처음에 어떤 종류

의 직종을 선택하는 것이 좋습니까?

e. 제 능력이 보통수준이라면 처음 5년 동안 연봉은 얼마나 될까요?

f. 건축가의 장점과 단점이 무엇입니까?

g. 제가 귀하의 아들이라면, 제게 건축가가 되라고 조언하시겠습니까?"

당신이 소심해서 거물을 혼자 만나기가 주저된다면 당신을 도와줄 두 가지 방법이 있다.

첫째, 당신 또래의 친구와 함께 가라. 둘이 가면 자신감이 붙을 것이다. 함께 갈 또래가 없다면 당신의 아버지와 함께 가라.

둘째, 그의 조언을 구하는 것 자체가 이 사람을 칭찬하는 것이 된다. 그는 당신의 제안에 어깨가 으쓱해질 것이다. 어른들은 젊은이들에게 조언하는 것을 좋아한다는 것을 기억해라. 건축가는 아마 그 면담을 좋아할 것이다.

약속 잡을 편지 쓰기가 주저된다면 약속을 잡지 말고 그 사람의 사무실에 방문하여 조언을 부탁해라.

다섯 명의 건축가를 방문했는데 그들이 모두 너무 바빠서 당신을 만날 시간이 없다면 다섯 명의 다른 건축가를 더 방문해라. 그들 중에 몇 명은 당신을 만나줄 것이고 당신에게 소중한 충고를 해줄 것이다.

당신이 인생에서 가장 중요한 결정 중에 하나를 하고 있다는 사실을 명심해라. 행동하기 전에 충분히 사실을 수집해라. 준비하지 않으면 평생을 후회하며 보낼지 모른다.

5. 당신이 한 가지 직업에만 적성이 있다는 잘못된 믿음을 버려라.

보통 사람들이 여러 직업에서 성공할 수 있고 또 보통 사람들이 여러 직업에서 실패할 수 있다. 나의 예를 들어보면 내가 다음의 직업을 공부하고 준비했다면 약간의 성공을 거두지 않았을까 하는 생각이 든다. 내가 말하는 직업은 농사, 과일 재배, 영농 과학, 의학, 판매, 광고, 신문 편집, 교직 그리고 임업이다. 반면에 경리, 회계, 엔지니어링, 호텔 또는 공장 운영, 건축, 무역과 같은 직업을 가졌다면 나는 불행한 실패자가 되었을 것이다.

9장

___

돈 걱정을 줄이는 법

1 모든 걱정의 70퍼센트는 돈 문제다

모든 사람의 재정적 어려움을 해결하는 방법을 알면 지금 이 책을 쓰고 있지 않을 것이다. 아마 백악관 대통령 옆에 앉아 있을 것이다. 하지만 나는 재정 분야 전문가들의 말을 인용해서 현실적인 제안을 해 주고 더 많은 정보를 얻으려면 어디에서 책과 팸플릿을 얻을 수 있는 지 알려줄 수 있다.

〈레이디즈 홈 저널〉의 조사에 따르면 우리 걱정의 70퍼센트는 돈에 대한 것이다. 갤럽 여론조사의 창립자 조지 갤럽의 조사에 따르면 사람들은 자신의 수입이 10퍼센트만 더 오르면 재정적인 걱정은 하지 않을 것이라고 믿고 있다고 말한다. 어떤 경우에는 그 말이 맞고 어떤 경우에는 그 말이 틀린다. 내가 이 책을 쓰면서 예산 전문가 엘지 스태플턴 씨를 만났는데. 그녀는 뉴욕 워너메이커 백화점과 짐벨스 백화점의 고객들에게 재무 상담을 해오고 있다. 또한 돈에 대한 걱정으로 애가 타는 사람들을 위해 개인 상담을 몇 년째 해오고 있다. 그녀가 도와준 사람들은 1년에 천 달러도 못 버는 짐꾼에서 1년에 10만 달러 이상을 버는 경영자에 이르기까지 다양하다. 그녀는 내게 이런 말을 해주었다.

"돈을 많이 번다고 대부분의 사람들이 하는 고민은 해결되지 않습니다. 사실 수입의 증가는 소비의 증가로 이어지고 다시 이것이 두통거리가 되는 경우가 많습니다. 대부분의 사람이 고민하는 이유는 돈이 없어서가 아니라 돈 쓰는 방법을 모르기 때문입니다."

당신은 이 마지막 문장에서 코웃음을 쳤을 것이다. 하지만 스테플턴 씨가 이 말이 모든 사람에게 해당되지 않는다고 말한 것을 기억해라.

많은 독자들은 이렇게 말할 것이다.

"이 카네기란 작자에게 내가 받는 월급으로 살아보라고 해. 한번 살아보면 생각이 달라질걸."

나도 재정적인 어려움이 있었다. 미주리의 옥수수 밭과 건초 창고에서 하루에 10시간씩 힘들게 일했다. 그때 내가 바랐던 유일한 것은 이 힘든 일을 그만 두는 것이었다. 고된 노동의 대가로 내가 받은 돈은 시간당 1달러도 아니고 50센트도 아니고 10센트도 아니었다. 나는 시간당 5센트를 받았다.

나는 욕실이나 수돗물이 없는 집에서 20년 동안 사는 것이 어떤 것인지 잘 안다. 온도가 영하 20도 이하로 내려가는 침실에서 자는 것이 어떤 것인지 잘 안다. 5센트의 차비를 아끼기 위해 몇 마일씩 걷는 것이 어떤 것인지, 구멍 뚫린 신발을 신고 엉덩이에 구멍 난 바지를 입는 것이 어떤 기분인지 잘 안다. 음식점에서 가장 싼 음식을 시켜 먹고, 바지 다릴 돈이 없어 매트리스 밑에 바지를 깔고 자는 것이 어떤 것인지 잘 안다.

하지만 그렇게 어려운 시절에도 한푼 두푼씩 저축했다. 이런 경험의 결과 나는 우리가 빚과 재정적 걱정에서 벗어나려면 어떻게 해야 하는

지 깨달았다. 우리는 기업체가 하는 방법을 사용해야 한다. 우리는 소비계획을 세우고 그 계획에 따라 소비해야 한다. 하지만 우리 대부분은 그렇게 하지 않는다. 이 책의 출판회사 사장인 내 친한 친구 레온 심킨은 많은 사람들이 돈에 관해서 무지하다고 지적한다. 그는 자신이 아는 경리사원 이야기를 해주었다. 그는 자기가 일하는 회사의 재정 사항은 꿰뚫고 있으면서도 자신의 주머니 사정에는 어둡다. 그 사람이 금요일 오후에 월급을 받는다고 치자. 그는 길거리를 가다가 취향에 맞는 코트를 발견하면 월급봉투에서 곧 사라지게 될 집세, 전기세, 기타 다른 고정비용은 생각하지 않고 사버린다. 지금 수중에 돈이 있다는 것 자체가 중요하다. 하지만 이 사람은 자신이 일하는 회사가 이렇게 내키는 대로 사업을 하면 파산할 것이라는 것을 알고 있다.

우리가 생각해야 할 것이 바로 이점이다. 돈에 관한 한 당신은 사업을 하는 것이다.

그렇다면 돈을 관리하는 원칙에는 어떤 것이 있을까? 어떻게 예산을 짜고 계획을 세워야 할까? 7가지 방법을 소개하겠다.

규칙 1

가계부를 써라.

50년 전 아놀드 베넷이 소설가 생활을 시작하면서 그는 가난했다. 그래서 그는 돈을 쓸 때 마다 기록했다. 돈이 어디로 세나 궁금했을까? 아니다. 그는 돈을 정확히 어디에 쓰는 지 잘 알았다. 하지만 기록한다는 자체가 좋았다. 그는 세계적으로 유명해지고 개인 소유의 요트를 가

질 정도로 부자가 되었지만 지금도 계속 가계부를 쓰고 있다.

존 록펠러도 기록했다. 그는 자신이 저녁에 기도하고 잠자리에 들 때 자신의 재정 상태를 정확히 파악하고 있었다.

우리도 가계부를 기록해야 한다. 재정 전문가들은 적어도 한 달 동안, 가능하면 3달 동안 가계부를 작성하라고 조언한다. 이렇게 하면 돈이 들고 나는 것을 정확히 기록할 수 있고 그래야 예산을 세울 수 있다.

돈의 흐름을 잘 알고 있다고? 그렇다면 당신은 천 명 중 한명에 해당한다. 스테플턴 씨는 사람들이 상담 중에 그녀에게 숫자들을 이야기하고 그녀가 그 숫자들을 종이에 적어서 보여주면 깜짝 놀란다고 한다. "제 돈이 이렇게 없어지고 있었나요?" 그들은 믿을 수 없어한다. 당신도 그럴 것이다.

규칙 2

당신에게 맞는 예산안을 마련하라.

스테플턴 씨는 한 마을에 비슷한 집에 살고 자녀수도 같고, 수입이 같더라도 두 가정의 예산 형태는 아주 다를 수 있다고 말한다. 사람들이 다르기 때문이다. 예산은 개인에 맞춰 짜야한다.

예산이 삶에서 모든 즐거움을 없애는 것이 아니다. 예산은 물질적인 안정감을 주기위한 것이고 이는 정신적인 안정감을 주고 걱정을 없애준다. "예산에 맞춰 사는 사람은 다른 사람보다 행복합니다."라고 스테플턴 씨는 말한다.

하지만 어떻게 예산을 짤 것인가. 첫째, 내가 말한 대로 모든 비용을 쭉 적어보아라. 그런 다음 조언을 구해라. 워싱턴 D. C.의 미 농무부에 요청해서 예산에 대한 안내책자를 요청할 수 있다. 밀워키, 클리블랜드. 미니아폴리스와 다른 대도시의 대형 은행에서 당신의 재정 문제에 대한 무료상담을 제공해주고 예산 짜는 것을 도와주는 카운슬러의 도움을 받을 수 있다.

인구 2만 명 이상의 도시에서는 가족 복지 단체들이 재정문제에 대한 무료 상담을 해주고 수입에 맞는 예산을 짤 수 있도록 도와줄 것이다. 이 가족복지 단체들은 직종별 전화번호부에서 사회기관 항목에서 찾을 수 있다. 시장 사무실, 적십자 혹은 지역 기금에 전화를 걸면 당신이 사는 곳에 가족 복지 기관을 알려줄 것이다.

스테플톤 씨에게 다음과 같은 질문을 했다.

"소도시 또는 농장에 사는데 예산 짤 때 도움을 얻고 싶으면 어떻게 해야 합니까?"

"사는 지역에서 가장 큰 신문사에 편지를 써서 예산을 짜는데 도움을 얻을 수 있는 기관을 문의해보거나 아니면 하루 종일 걸리더라도 그 기관을 찾아가서 도움을 받으면 됩니다."

규칙 3

현명하게 돈 쓰는 법을 배워라.

이 말은 돈으로 최대의 가치를 얻는 법을 배우라는 뜻이다. 대기업은 최선의 구매를 위해 구매 담당자나 구매 대행인이 있다. 자산 관리인으로 당신도 그렇게 해야 하지 않겠는가? 당신을 위한 조언 몇 가지를 해주겠다.

1. 워싱턴 D. C.에 있는 문서관리국에 문의해서 구매자와 소비자를 위한 조언으로 가득한 정부 보고서를 보내달라고 요청하라.

2. 1년에 50센트만 내면 농무부가 발간하는 "소비자 가이드"를 한 달에 한번 우편으로 받을 수 있다.

3. 돈을 잘 쓰는 법을 배우는데 1년에 6달러만 지불하면 된다. 컨슈머 리포트에서 발간하는 잡지를 구독해라. 이 잡지는 모든 구매 리포트의 백과사전이다. 각 권은 50센트이고 12월에 발간되는 구매 가이드 종합판은 1달러 75센트이다.

규칙 4

소득이 는다고 고민도 늘리지 마라.

스테플턴 씨는 예산 상담이 가장 힘든 고객은 연 소득 5천 달러 이상의 고소득 가정이라고 말했다. 이유를 묻자 그녀는 다음과 같이 말했다.

"연소득 5천 달러는 대부분의 미국 가정이 바라는 목표입니다. 몇 년 동안 합리적이고 이성적으로 잘 살다가 연소득이 5천 달러에 이르면 목표를 이루었다고 생각하고 소비를 확장하기 시작합니다. 아파트 임대료보다 싸다면서 교외에 집을 마련합니다. 차를 사고, 가구를 사고, 새 옷을 삽니다. 그렇게 하다보면 가계부가 적자로 돌아서기 시작합니다. 소득이 증가한 것에 비해 너무 많은 지출을 했기 때문에 예전보다 덜 행복합니다."

이것은 자연스러운 현상이다. 우리는 모두 풍요로운 인생을 바란다.

하지만 예산에 맞춰 타이트하게 사는 것과 독촉장과 문을 두드리는 추심원이 집에 오는 것 중 어떤 것이 더 행복할까?

규칙 5

대출 받을 경우를 대비하여 신용을 쌓아라.

예기치 않은 일이 발생해서 대출을 받아야 할 때 생명보험증권과 미국 재무부 채권은 현금과도 같다. 하지만 보험을 담보로 대출받을 때 저축성 보험인지 확인해라. 보장성 보험은 일정기간동안 위험에 대비하기 위한 것일 뿐이므로 적립금이 없다. 보장성 보험은 대출 받을 때는 소용이 없다. 그러므로 다음의 규칙을 지켜라. 질문해라! 보험에 가입하기 전에 돈이 필요할 때 환급금을 받을 수 있는 지 확인해라.

대출을 받을 수 있는 보험이 없고, 채권이 없어도 집, 차, 다른 종류의 담보물이 있다고 가정해보자. 어디에서 대출을 받을 것인가? 반드시 은행에서 대출을 받아라. 은행은 누구에게나 동등하게 대출을 해준다. 재정적으로 어려운 상황이라면 은행에 가서 재정문제를 상담하고 계획을 세우고 채무에서 벗어나라. 다시 한 번 강조하는데 담보가 있다면 은행으로 가라!

하지만 담보도 없고, 재산도 없고 당신의 월급밖에 담보물이 없다면 어떻게 할 것인가? 자신을 소중히 생각하는 사람이라면 다음의 말을 명심해서 들어라. 정식 허가를 받은 업체가 아니라면 대부업체는 절대로 이용하지 마라. 소액자금법이 아직 통과되지 않은 일부 서부와 남부에는 허가 받지 않은 고리대금업자들이 활개를 치고 있다. 이 법이 통과된 32개 주의 허가받은 대부업체는 그래도 믿을 만하다. 대부분의 업체는 윤리적이고, 정직하다. 이 대부업체들은 질병 또는 응급상황으로 급전이 필요한 사람들에게 돈을 빌려주고 있다. 위험성이 크고 자금 조달비용도 더 크기 때문에 이자율은 은행보다 높다. 하지만 대부업체에 대한 규제가 없는 지역에 살고 있다면 대부업체에서 대출을 받기 전에 은행에 가서 대부업체 추천을 받아라.

이렇게 하지 않으면 당신은 고리대금업자의 횡포를 당하게 될 것이다. 특히 소액자금법이 통과 되지 않은 지역인 캔사스, 몬태나, 노스다코타, 사우스다코타, 사우스캐롤라이나나 소액자금법이 전면적으로 시행되지 않은 지역인 앨라배마, 아칸소, 조지아, 미시시피, 노스캐롤라이나, 테네시, 텍사스, 와이오밍에서는 주의해서 대출을 받아야 한다. 불법 사채업자들은 은행보다 40에서 50퍼센트 높은 240퍼센트의 이자를 받는다. 그들은 사람들에게서 매년 1억 달러 이상을 빼앗아간다. 그들이 당신이 빚을 못 갚게 하고 당신을 괴롭힐 방법이 15가지나 된다.

규칙 6

질병, 화재, 응급 상황에 대비해라.

보험은 상대적으로 적은 금액으로 모든 종류의 사고, 재난, 응급상황을 대비할 수 있는 방법이다. 욕실에서 미끄러지는 것이나 풍진에 걸리는 것까지 모두 보험으로 대비하라는 것이 아니라 돈이 많이 드는 주요 재난에 대비하라고 조언하는 것이다. 보험으로 대비하는 것이 훨씬 저렴하다.

예를 들어 작년에 병원에 10일간 입원했던 여성을 알고 있는데, 퇴원할 때 그녀는 달랑 8달러만 지불했다! 보험에 가입했기 때문에 돈을 적게 낸 것이다.

사망보험금이 부인에게 일시불로 지급되지 않도록 해라.

당신의 사망 후에 보험금이 가족에게 일시불로 지급되지 않도록 해라.

"갑자기 돈이 생긴 미망인"에게 어떤 일이 일어날까? 생명보험 협회 여성 지부장인 매리언 에벌리 씨는 사망으로 인한 보험금을 일시불로 받는 것보다는 연금형태로 지급하는 것이 좋다고 말한다. 어떤 미망인은 보험금 2만 달러를 일시불로 받고 아들의 사업자금으로 그 돈을 빌려 주었다. 사업은 실패하고 그녀는 가난하게 살고 있다. 또 다른 미망인은 1년에 땅값이 두 배가 된다는 부동산업자의 꾐에 넘어가 공터를 사는데 돈을 다 써버렸다. 3년 후 땅을 팔 때 산 가격의 10분의 1밖에 받지 못했다. 보험금으로 1억 5천 달러를 받은 지 1년도 안되어 복지기금을 받아야했던 미망인도 있다. 이와 비슷한 사례는 수도 없이 많다.

"부인에게 주어진 보험금 2만 5천 달러는 7년도 안되어 없어진다."고 〈뉴욕 포스트〉 경제면 편집자인 실비아 포터가 〈레이디즈 홈 저널〉에서 말했다.

몇 년 전 〈새터데이 이브닝 포스트〉에 이런 사설이 실렸다.

"사회생활을 해본 적도 없고 조언해 줄 은행가도 없는 보통 미망인

들이 그녀에게 접근하는 교활한 사기꾼들의 속임수에 넘어가 보험금
을 위험한 주식에 투자한다는 사실은 널리 알려져 있다. 변호사나 은행
가라면 미망인이나 자녀가 사기꾼들의 속임수에 넘어가 한 남자가 평
생 모은 돈을 날린 사례를 수도 없이 많이 들 수 있을 것이다."

부인과 자녀를 보호하고 싶으면 J. P. 모건에게 배워라. 그는 유언으
로 16명의 상속인에게 유산을 남겼다. 그중에 12명은 여성이었다. 이
여성들에게 현금을 남겼을까? 아니다. 그는 여성들에게 평생 매달 일
정액의 돈을 받을 수 있는 신탁기금을 남겼다.

규칙 8

자녀들에게 돈을 책임감 있게 사용하는 습관을 길러주어라.

〈유어 라이프〉라는 잡지에서 읽은 글이 너무 인상적이었다. 스텔라
웨스턴 터틀이 쓴 글로 자녀에게 경제관념을 어떻게 지도하는 지 자세
히 알려주었다. 그녀는 은행에서 수표책을 받아서 9살 난 딸에게 주었
다. 딸은 주마다 용돈을 받았다. 딸은 그 돈을 엄마에게 맡겼다. 돈이
필요할 때마다 수표를 발행해서 잔액을 확인하게 했다. 딸은 재미있게
돈을 관리하는 책임감을 배우기 시작했다.

훌륭한 방법이다! 학령기의 자녀가 있다면 돈을 잘 쓰는 법을 가르
쳐라. 추천하는 책이 있는데 〈돈 관리법〉이라는 책으로 전미교육협회
에서 발간했다. 그 책에는 머리 자르는 것에서부터 콜라까지 실생활에
유용한 내용이 많다. 이 책에는 대학 졸업 때까지 필요한 예산을 준비
하는 법도 다루고 있다. 내게 고등학교에 다니는 아들이 있는데 아들이

이 책을 읽고 내가 가족 예산을 짜는 것을 도와주었으면 좋겠다.

규칙 9

가정주부도 부엌에서 용돈을 벌 수 있다.

생활비를 아껴 써도 적자라면 짜증내고 걱정하고 불평을 하거나 부업으로 약간의 돈을 버는 것 가운데 한 가지를 할 수 있다. 뉴욕에 사는 넬리 스피어 부인은 방 세 개 아파트에 혼자 살았다. 남편은 죽고, 자녀두 명도 출가했다. 어느 날 아이스크림을 사던 그녀는 맛이 없어 보이는 파이를 보게 되었다. 가게 주인에게 집에서 만든 진짜 파이를 가져올 테니 사지 않겠냐고 물었다. 그는 일단 두 개를 주문했다.

"나는 요리를 잘하지만 조지아에 살 때 하인이 있어서 평생 파이를 12개 이상 구운 적이 없었어요. 파이 주문을 받고 나서 이웃집 여자에게 애플파이 만드는 법을 배웠어요. 그 가게에서 내 파이를 먹은 손님들이 아주 좋아했어요. 그래서 다음날 파이 주문을 5개 받았어요. 그러더니 점차 다른 가게에서도 파이 주문을 했습니다. 2년이 안되어 나는 한 해 파이 5천개를 구웠습니다. 모든 일을 우리 집 작은 부엌에서 했습니다. 일 년에 천 달러를 벌었습니다. 파이 재료 빼고는 다른 비용도 필요 없었습니다."

스피어 부인의 수제 파이의 인기가 너무 좋아서 그녀는 가게를 열고 직원 두 명을 고용해서 파이, 케이크, 빵과 롤을 구웠다. 전쟁 기간 동안 사람들은 그녀의 수제 음식을 사기 위해 한 시간씩 줄을 서서 기다리곤 했다.

"내 인생에서 이렇게 행복했던 적이 없었어요. 하루에 가게에서 12~14시간씩 일해도 일처럼 느껴지지 않으니 피곤하지 않아요. 삶의 활력소입니다. 너무 바빠서 외롭거나 걱정을 할 틈이 없어요. 내 일은 어머니와 남편을 잃고 나서 허무했던 내 삶을 가득 채워주었습니다."

인구 만 명이나 그 이상의 도시에서 다른 여성들도 비슷한 방법으로 돈을 벌수 있겠느냐고 물었더니 그녀는 "그럼요. 물론 할 수 있지요!"라고 대답했다.

올라 스나이더 부인도 같은 이야기를 할 것이다. 그녀는 일리노이의 인구 3만 명의 도시 메이우드에 산다. 그녀도 부엌에서 사업을 시작했다. 남편이 아파서 그녀가 돈을 벌어야 했다. 경험도 없고, 기술도 없고, 자본도 없는 평범한 가정주부인데 어떻게 해야 하나? 그녀는 계란과 설탕을 가지고 부엌에서 사탕을 만들었다. 학교 근처에서 하나에 1페니씩 받고 사탕을 팔았다. 그녀는 아이들에게 말했다. "내일은 돈 더 많이 가져와라. 아줌마가 집에서 만든 사탕을 가지고 매일 여기에 있을 거야." 첫 주에 그녀는 4달러 15센트를 벌었다. 그녀는 자신과 아이들 모두를 행복하게 하고 있었다. 걱정할 시간이 없었다.

그녀는 시카고에서 집에서 만든 사탕을 팔기로 마음먹었다. 그녀는 길거리에서 땅콩을 파는 상인에게 조심스레 다가갔다. 그의 고객은 사탕이 아니라 땅콩을 사러온 사람들이었다. 그 상인은 사탕을 맛보더니 좋아해서 그녀의 사탕을 팔기 시작했다. 첫날에 2달러 15센트의 이익이 생겼다. 그로부터 4년 후 그녀는 시카고에 자신의 첫 가게를 열었다. 작은 가게지만 그녀는 밤에는 사탕을 만들고 낮에는 사탕을 팔았다. 부엌에서 사탕을 만들던 이 주부는 이제 17개의 가게가 있고, 그중

15개는 시카고의 번화가 루프에 있다.

뉴욕의 스피어 부인과 일리노이의 올라 스나이더 부인은 돈 걱정 하는 대신 긍정적인 일을 선택했다. 부엌에서 임대료, 광고비, 직원 월급도 없이 아주 소규모의 사업을 시작했다. 이런 조건이라면 사업이 망할 우려는 없을 것이다.

주위를 둘러봐라. 돈을 벌 수 있는 방법이 많다. 당신이 요리를 잘하면 요리교실을 열어서 돈을 벌 수도 있다. 수강생은 집집마다 찾아다니면서 모으면 된다.

여가 시간을 활용해서 돈을 버는 방법에 대한 책은 시중에 많이 있다. 기회는 많이 있다. 하지만 자신이 판매에 천부적인 재능이 없다면 방문 판매는 하지 말라.

규칙 10

절대 도박하지 마라.

경마를 하거나 슬롯머신에 돈을 넣어서 돈을 벌겠다는 사람들을 볼 때마다 놀란다. 내가 하는 성인 강좌의 수강생 중에 출판업자가 있는데 경마에 대해 아무리 잘 알아도 돈을 벌수가 없다고 말해주었다. 하지만 바보 같은 사람들이 한해에 60억 달러라는 돈을 경마에 쏟아 붓고 있다. 이는 1910년 미국 국가 채무 총액의 6배에 해당한다. 이 출판업자는 정말 싫어하는 사람이 있어서 망쳐놓고 싶으면 경마를 하게 하면 된다고 말했다. 경마정보지에 따라 경마를 하는 사람은 어떻게 되냐고 물었다. "그런 식으로 경마하면 돈을 다 잃죠."

도박을 하기로 했으면 똑똑해야 한다. 확률이 어떻게 되는지 알아보자. 브리지와 포커 게임의 전문가이고 뛰어난 수학자이자 통계학자, 보험계리인인 오스왈드 자코비가 쓴 〈확률 계산하기〉라는 책을 읽어보라. 그 책에는 경마, 룰렛, 크랩스, 슬롯머신, 드로 포커, 스터드 포커, 브리지, 주식을 할 때의 확률이 나와 있다. 이 책은 도박으로 돈을 버는 법을 보여주려 한 것이 아니다. 저자는 도박에서 돈을 딸 확률이 얼마나 되는지 보여줄 뿐이다. 이 책을 살펴보면 힘들게 번 돈을 경마나 카드 또는 슬롯머신에 쏟아 붓는 불쌍한 노름꾼이 불쌍하게 느껴질 것이다.

규칙 11

재정 상태를 개선하지 못해도 바꿀 수 없는 현실에 그만 화내자.

재정 상태를 개선할 수 없어도 우리의 마음가짐을 바꿀 수는 있다. 누구나 재정고민이 있다는 것을 기억하자. 우리는 존스 씨네 만큼 못살아서 안달하고 존스 씨네는 리츠 씨네 만큼 못살아서 안달하고 리츠 씨는 밴더빌츠 씨만큼 못살아서 안달한다.

미국 역사상 유명한 사람들 중에도 재정적으로 어려움을 겪은 사람들이 있다. 링컨과 워싱턴은 대통령 취임식에 참가하기 위해 돈을 빌려야 했다.

모든 것을 다 못 갖는다고 우리의 인생을 걱정과 분노로 망치지 말자. 우리 자신에게 관대해지자. 철학적으로 살자. 에픽테토스는 철학을 이렇게 정의했다.

"행복이 외적인 것에 의지하지 않도록 하는 것이 철학이다."

세네카는 "부족하다고 느끼면 세상을 다 가져도 불행하다."

세상을 다 가져도 하루에 세끼 밖에 못 먹고 침대 하나에 누워 잔다는 사실을 기억해라. 막노동꾼도 그렇게 산다. 그 막노동꾼이 록펠러보다 더 맛있게 먹고 더 편안히 잘 것이다.

재정 고민을 줄이기 위해 다음의 11가지 규칙을 따르자.

1. 가계부를 써라.

2. 당신에게 맞는 예산안을 마련하라.

3. 현명하게 돈 쓰는 법을 배워라.

4. 소득이 는다고 고민도 늘리지 마라.

5. 대출 받을 경우를 대비하여 신용을 쌓아라.

6. 질병, 화재, 응급 상황에 대비해라.

7. 사망보험금이 부인에게 일시불로 지급되지 않도록 해라.

8. 자녀들에게 돈을 책임감 있게 사용하는 습관을 길러주어라.

9. 가정주부도 부엌에서 용돈을 벌 수 있다.

10. 절대 도박하지 마라.

11. 재정 상태를 개선하지 못해도 바꿀 수 없는 현실에 그만 화내자.

데일카네기 자기관리론

초판 발행 2014년 04월 15일
초판 2쇄 발행 2016년 12월 12일
개정판 발행 2020년 03월 03일
개정판 10쇄 발행 2023년 01월 13일
2차 개정판 발행 2023년 10월 10일
2쇄 발행 2024년 11월 21일

지은이 데일 카네기
펴낸이 진수진
펴낸곳 책에 반하다

주소 경기도 고양시 일산서구 대산로 53
출판등록 2013년 5월 30일 제2013-000078호
전화 031-911-3416
팩스 031-911-3417